进行改变生命的操练，察验并活出神的旨意

不再一样

EXPERIENCING GOD

Knowing and Doing the Will of God

[美] 亨利·布莱卡比（Henry Blackaby）

理查德·布莱卡比（Richard Blackaby）

克劳德·金（Claude King）合著

尚维瑞　叶自菁 译

宗教文化出版社

图书在版编目（CIP）数据

　　不再一样 /[美] 亨利·布莱卡比，[美] 理查德·布莱卡比，[美]克劳德·金著.
-- 北京：宗教文化出版社, 2017.12（2018.12重印）
　　ISBN 978-7-5188-0525-9

　　Ⅰ.①不… Ⅱ.①亨… ②理… ③克… Ⅲ.①价值(哲学) – 研究 Ⅳ.①B018

中国版本图书馆CIP数据核字（2017）第317682号

Experiencing God: Knowing and Doing the Will of God
© 2007 by Henry Blackaby, Richard Blackaby, Claude King
Published by LifeWay Press

不再一样

[美]亨利·布莱卡比（Henry Blackaby）
理查德·布莱卡比（Richard Blackaby）
克劳德·金（Claude King）合著
尚维瑞　　叶自菁 译

出版发行：宗教文化出版社
地　　址：北京市西城区后海北沿44号（100009）
电　　话：64095215（发行部）64095221（编辑部）
责任编辑：霍克功
印　　刷：北京柯蓝博泰印务有限公司

版权所有　不得翻印

版本记录：889×1194毫米　16开　　20.75印张　　300千字
　　　　　2018年1月第1版　　2018年12月第2次印刷
书号：978-7-5188-0525-9
定价：68.00元（内部发行）

序　言

1990年，当我们初次完成《不再一样》的写作时，我们并不清楚，神的百姓在内心深处及生活中对经历神居然有那么大的渴慕。他们对神有许多头脑上的知识，却缺乏爱与生命的真实经历，他们知道基督徒生命不只是一场属灵活动。可是，这其中究竟错失了什么，又该如何改善，他们却毫无所知。他们只是很想更深地经历神。

感谢主让我能够认识神，也晓得他的方法，又把威利斯（Willis）和克劳德（Claude V. King）这两位同工带到我身边。神已经预备好要垂听他百姓的呼声：

> 耶和华啊，求你将你的道指示我，将你的路教训我。
>
> 求你以你的真理引导我，教训我，因为你是救我的神，我终日等候你。
>
> 《诗篇》25:4-5

《不再一样》这书的内容正是我生命的信息，是我认识神、与神同行的真实经历，也是我牧养、引导神百姓的方法。在我受邀演讲的许多地方，我都分享这其中的真理。后来不断有人问我："你有没有把所讲的内容写下来？神的百姓实在需要听到这些真理。"这时，负责成人门训的威利斯鼓励我，也给我机会把这些信息写下来，这就是《不再一样》一书的出版由来。

自1990年以来，神使用这个课程感动、改变了数百万人的生命，也影响了世界各地数千家教会。10年后，这书已经发行300多万本，另有47种语言的翻译版，而且几乎各宗派都在使用，神甚至也使用了这书的其他衍生品。我们真的觉得很不可思议，因着神的怜悯和恩典，他居然使用了这么普通的一本书，也使用了像我们这样平凡的人！他恩待我们，可以借着这个课程来传达他的真理。

各方对《不再一样》这书的响应实在令我们惊讶不已，许多人的生命都经历彻底的改变——在监狱、军队，以及各行各业的人，包括：律师、法官、行政总裁、职业选手及政治家。不仅如此，数千所教会及神学院都得到极大的帮助和改变。神使用这些真理影响了世界各地的人，数百宣教士也因为这个课程踏上宣教之路，更有好几百人因此成为牧师、传道人和忠心事主的人。只有天上的神才真正知道他要如何使用《不再一样》这本书。

这书的内容也深深影响了我和家人。从神的恩典中，我们都确实感受到他不断在我们身上做工，为要成就他的旨意，而我们也不断顺服他每一次的引导。当我们寻求成为神恩典的好管家，我们不禁要大声说：

> 人应当以我们为基督的执事，为神奥秘事的管家。所求于管家的，是要他有忠心。
>
> 《哥林多前书》4:1-2

当神赐给我们许多敞开的门，特别是整个家庭，与神的百姓分享他的信息和恩典时，我们也请求所有的朋友和《不再一样》的读者一起为我们祷告：我和妻子玛丽莲、理查德和丽莎、迈克尔、丹尼尔、凯里、汤姆和吉姆、艾琳、马太、考诺、迈尔和吉娜、克里斯塔、史蒂芬、莎拉、诺姆和丹娜、艾米丽、道格拉斯、安妮、凯里和温戴尔、伊丽莎白以及约书亚。

我也要特别感谢金科德，他帮助我们研究拟定这书的初版，也继续忠心地服侍神；还有在"生命之道基督徒资源中心"（LifeWay Christian Resources）工作的人们，他们不断协助改进和供应《不再一样》。

布莱卡比一家

作者简介

布莱卡比（Henry T. Blackaby）乃"布莱卡比国际事工"的创办人，曾为美南浸信会联会各机构负责人之特别助理，包括：国际传道部（The International Mission Board）、北美传道部（the North American Mission Board）、生命之道基督徒资源中心（LifeWay Christian Resources）。父亲为执事、带职牧师，在加拿大协助开设教会。

布莱卡比毕业于加拿大温哥华英属哥伦比亚大学、美国金门浸信会神学院，共获四个荣誉博士学位。神学毕业后，先在旧金山、洛杉矶牧养教会，其后接受邀请，在加拿大萨斯克其万省萨斯克顿市之信心浸信会（Faith Baptist Church）牧会，亦曾担任加拿大温哥华区联会的宣教主任。其著作众多，也于教会和研讨会中讲道，遍及200个国家。现协助数间具规模公司的基督徒行政总裁，提供咨询服务，也接受邀请在白宫及联合国演讲。

布莱卡比与妻子玛丽莲（Marilyn Sue Wells）育有五名儿女：理查德、托马斯、马尔文、诺曼和凯里。这些孩子也响应神的呼召，分别在教会、机构或宣教工场侍奉。

如欲了解布莱卡比及其事工，请到 http://www.blackaby.org；或联络"布莱卡比国际事工"，地址：P.O.Box 16338, Atlanta, GA 30321；（770）603-2900.

克劳德·金（Claude V. King）乃"生命之道基督徒资源中心"总编辑。除撰写《不再一样》课程外，也与韩特（T. W. Hunt）合作撰写《基督的心意》（The Mind of Christ）；个人著作、合著书籍及课程共20余本，包括：《被造生命的规划笔记》（Made to Count Life Planner）、《最初的相遇》（Fresh Encounter）、《智慧的劝诫》（Wise Counsel）、《跟随耶稣的呼召》（The Call to Follow Christ）、《来到主的桌前》（Come to the Lord's Table）、《遇见耶稣基督》（Meet Jesus Christ）及《关怀圈》（Concentric Circles of Concern）。此外，金氏还担任"最后使命事工"（Final Command Ministries）董事会主席。金氏毕业于贝尔蒙特大学（Belmont College）及纽奥良浸信会神学院（New Orleans Baptist Theological Seminary）。

理查德·布莱卡比（Richard Blackaby）为布莱卡比的长子，获历史系博士学位及荣誉博士头衔。曾担任牧者及神学院院长职务，现为"布莱卡比国际事工"的负责人。他与妻子莉萨育有三个孩子：麦克、丹尼尔和凯里。他著有《十架追随者》（Cross Seekers）、《恩典借你流淌》（Putting a Face on Grace）及《无限大能的神》（Unlimiting God），他亦与父亲布莱卡比合著书籍10余本。

编按：

布莱卡比乃本书内容之主要作者；克劳德·金则撰写教学活动资料；理查德负责修订版的内容。

作者所用的事例，多是从他们个人的观点引申。倘若书上提及的其他人也有机会执笔，可能会呈现不同的观点，带来更全面的论述。

目　录

C O N T E N T S

EXPERIENCING GOD

1

·金·句·背·诵·

我是葡萄树，你们是枝子；常在我里面的，我也常在他里面，这人就多结果子；因为离了我，你们就不能作什么。

《约翰福音》15:5

神的旨意
与你的一生

1986年世界博览会

在世界博览会即将在温哥华南举行之际，我们所在的浸信会区联会确信神要我们接触那2200万将要前来博览会的群众，向他们传福音。在温哥华各会堂一共约有2000人。这区区2000人，又怎能对来自世界各地、人数极多的游客产生巨大的影响呢？

博览会举行之前两年，我们开始推行既定的计划。当年，联会的总收入为9000美元，下一年的收入约为16000美元。博览会举行那年，我们制订了一个20.2万①美元的财政预算。其中约35%已经通过众人的奉献达成，其余的65%要借祷告仰赖神的供应。你是否可以靠祷告制订预算呢？当然可以。但是，当你这样做的时候，你是试图去做一件只有神才能做成的事。我们大多数人会怎样做？我们会按自己的能力制订一个实际可行的预算，另外又凭信心制订一个预算。可是，我们真正采用的，往往是那按自己能力行得通的预算，我们并不真正相信神能做任何事。

我们一致认定是神带领我们进行那耗资20多万美元的事工，这20多万美元便成了我们采用的预算的内容。所有成员随即开始祷告，祈求神供应所需，并努力筹备神引导我们在博览会期间当做的一切事。那年的年终，我向负责财务的同工查询我们收到了多少捐献。从加拿大、美国及世界各地，我们一共收到26.4万美元。各地的弟兄姊妹都乐于帮助我们。博览会举行期间，我们就成为桥梁，使得大约2万人得以认识耶稣基督。除了神自己亲自参与，不可能有其他原因解释这件事，唯独神可以做成这件事。神借着一群定意做他仆人、愿意被他塑造、随时听候差遣的子民做成了他的工。

---

① 本书中，我有时会提到一些金额，请不要太在意这些数字，因为它们有各自的时代背景。有些金额，按现今的币值看来可能很少；可是，有些金额对其他国家或区域来说却很庞大。因此，请把焦点放在这些事件所需要的信心上，或是专注在神如何回应需要，适时供应的奇妙上。上例所提到的金额，其实只是表明在按着先前的经验设定预算时，我们究竟拥有多大的信心。

第1天

耶稣是你的道路

你若每天一步一步跟从耶稣，他会保守你行在神的心意中。

真正的基督教信仰不是一种宗教仪式，而是一种爱的关系。

然而，属血气的人不领会神圣灵的事，反倒以为愚拙，并且不能知道，因为这些事惟有属灵的人才能看透。

（林前2:14）

耶稣说："认识你独一的真神，并且认识你所差来的耶稣基督，这就是永生。"（约17:3）"永生"的内涵及这课程的内容是让你认识神及认识神所差来的耶稣基督。认识神并不是透过一套课程或运用某种方法；认识神是与一位至高者建立关系：一种亲密的、爱的关系。神借着这种关系启示他的旨意，并邀请你在他已动工的地方与他同工。你若顺服神，他便会借着你完成只有他才能做成的事情。透过神借着你做工的经历，你便能更深地认识神。

我愿意帮助你进入与神相爱的关系中，帮助你丰丰富富地经历永远的生命。耶稣说："……我来了，是要叫羊得生命，并且得的更丰盛。"（约10:10）你是否愿意拥有丰盛的人生？你若愿意回应神的邀请，与他建立亲密相爱的关系，你便会经历丰盛的人生。

先决条件——与耶稣基督的关系

我假设你已经相信耶稣基督是你的救主，并且承认他是你生命的主。假如你还未做过这个一生中最重要的决定，这个课程对你来说就没什么意义，因为属灵的事，只有那些有基督的灵住在心里的人才能明白（参林前2:14）。

1 假若你感觉有需要接受耶稣作你的救主和主，现在就是你与神处理这件事的时刻，当你阅读下列几段经文的时候，祈求神向你说话：

☐《罗马书》3:23　　世人都犯了罪。

☐《罗马书》6:23　　永生是神白白赐给人的一份礼物。

☐《罗马书》5:8　　因着爱，耶稣为你的罪付上了死的代价。

☐《罗马书》10:9-10　承认耶稣基督是主，并且相信神叫他从死里复活。

☐《罗马书》10:13　祈求神拯救你，他一定会这样做。

信靠耶稣，并接受他所赐永生的礼物，你必须：

· 明白自己是一个罪人，需要与耶稣基督建立一个救赎者与被拯救者的关系。

· 同意神的看法，承认自己有罪。

- 为自己的罪悔改，从罪中回转归向神。
- 请求耶稣施恩拯救你。
- 将生命的主权交给耶稣，让他作你的主。

2 假若你需要协助，可以请你的牧者、执事或一位基督徒朋友帮助。倘若你刚才做出了这个重要的决定，请与他人分享这个好消息，告诉别人神在你生命中所做的事，也请你将这决定与教会的弟兄姊妹分享。

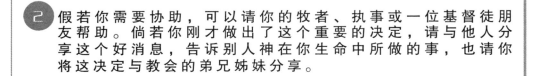

你是否期望更多经历神？

在你的基督徒经历中，你可能因为知道神为你所预备的远较你所经历的更为丰盛而自责。或许你正热切地期待神对你的生命和侍奉的方向做出指引；你也可能遭遇过悲惨的人生经历，面对自己这个破碎的人生，你感到茫茫然不知所措。不管你现在的景况如何，我深切祈求神借着这段与你一同学习的时间，使你能够：

- 当神对你说话的时候，可以聆听得到。
- 清楚认同神在你生命中的作为。
- 相信神，并相信他会成就他的应许。
- 调整你的信念、性格和行为，来适应神和神行事的方式。
- 看明神引导你一生行走的方向及他期望透过你的生命做成的事。
- 清楚知道神在你生命中的作为，并做出适当回应。
- 经历到神透过你做成只有他才能做成的工。

这个课程本身不可能帮助你做到以上7件事。这些事情只有神才能在你的生命中做成。我愿尝试成为你的指导者、鼓励者和敦促者，帮助你通过采取合宜的行动来回应神，以致你与神有一个更亲密的、同行的关系。我会与你分享一些《圣经》原则，那是神一直用来引导我的生活和侍奉的。我会与你分享，当神的子民应用《圣经》的原则来跟从他时，神为他们所做的一些"奇妙事工"。

在课程中的学习活动部分，我会邀请你与神相交，向他做出回应，以致神可以向你启示，让你知道如何在你个人的生命、教会和事工中应用这些原则。

神所差来的圣灵会成为你个人的导师（参约14:26），他就是引导你按着神的旨意应用这些原则的那一位。圣灵会向你启示神自己、他的目的和他对你的引导。耶稣说："人若立志遵着他的旨意行，就必晓得这教训或是出于神，或是我凭着自己说的。"（约7:17）在你里面做工的圣灵，会在你内心印证《圣

圣灵是你的导师。

———

但保惠师，就是父因我的名所要差来的圣灵，他要将一切的事指教你们，并且要叫你们想起我对你们所说的一切话。

（约14:26）

经》的真理。当我向你说明我所领受的《圣经》原则时，你可以倚靠圣灵，印证我所说的是否从神而来。因此，你在祷告、默想及研读《圣经》的时候，与神建立起亲密无间的关系，是参与这课程不可或缺的一件事。

你的最终权威的依据是《圣经》。

《圣经》是神对你说的话语。圣灵尊重神的话，并借着神的道向你说话。《圣经》是你的信心和实践信心的权威依据：你不应倚靠传统、你自己或别人的经验，作为神的旨意和神行事法则的正确权威。经验和传统必须经常用《圣经》的教导加以查验。

在你生命中发生的任何重要事情，都是神在你生命中做工的结果。神对你一生的关注，必远超过你或我对你一生的关注。愿圣灵引领你与这位宇宙的神，就是那位"能照着运行在我们心里的大力，充充足足地成就一切，超过我们所求所想的"神，进入亲密的关系（参弗3:20）。

这本书与你可能熟悉的许多其他书籍不同。本书的设计，并非让你安坐下来，从第一页看至最后一页。我期望你学习、明白《圣经》的原则，并应用在你的生活中。这个具挑战性的目标需要时间。要从这课程获得最大的效益，你必须花时间每天学习一天的功课，切勿在一天内学习几天的功课。你需要时间让所学到的深化在你的思想中，并在生活中彻底实践出来。

学习的目标不是完成课程，而是与神相遇，带来生命的改变。

学习的目标不是完成课程，而是与神相遇，带来生命的改变。你渴慕经历的，是那位至高者——耶稣基督，你必须花时间，多默想，好让圣灵在你生命中把耶稣基督活画出来。

不要漏掉任何学习活动。这些活动的设计方式，是用来帮助你在生活中应用学到的真理，帮助你学习每天与神同行。大部分活动的设计方式，是要带领你借着祷告、默想和研读《圣经》，与神相交，向他做出回应。若你漏掉这些活动，你可能会因而失去一次彻底改变你一生的与神相遇的机会。你会发现要认识并遵行神的旨意，你与神之间的关系是最重要的。没有这个亲密的关系，神便不能在你生命中，并借着你的生命，做他要做的事。

3 请依从指示完成学习活动，然后你可以继续研读课程的内容。

通常在学习活动之后，会有答案提供，以便你可以核对。请在写完你自己的答案后，再阅读我提供的答案。有时候我只要求你提出个人的看法或意见，因此，我便不会提供任何答案。倘若在进行学习活动时遇到困难，或对所提供的答案有疑问，请你在每页旁边的空白处记下你的问题，然后在小组聚会时提出讨论。

你必须出席每星期一次的小组聚会。小组聚会的目的，是帮助你与其他组员一同讨论在过去一个星期学到的功课、分享各人的体验和见证、彼此鼓励、一同祷告。小组的功能要达到最佳效果，组员人数不应多过10人。组员人数过多的话，成员之间的关系便没有那么紧密，彼此间会缺少亲密的交流，缺席人数及退出小组的人数亦会随之增加。假若超过10个人愿意研读这个课程，可以招募更多的组长，每组人数约6至10人。

倘若你开始研读《不再一样》这本书，却没有加入任何一个小组，你可以邀请几位朋友与你一起研读这个课程。你会发现，基督身体中的其他肢体可以帮助你更充分认识明白神的旨意。如果你不与其他人一同参加小组学习，你会错过许多这个课程中可以学到的东西。

耶稣是你的道路

我在加拿大萨斯克其万省萨斯卡通市前后牧会共12年。有一天一位农夫对我说："布莱卡比，有空欢迎到我农庄逛逛。"他给我的指示大致是这样："驶离市区四分之一英里后，在你左边会看见一个红色的大仓库，再驶入下一条公路后便向左转，沿着这条路前进四分之三英里，你便会看见一棵树，转右之后再驶四英里路，你会见到一块大岩石……"我记下他所讲的一切。只有靠神的恩典，我才能最终找到这个农庄。

我第二次去拜访这个农庄的时候，这位农夫伴我一起上路。由于前往农庄的路线有很多，他可以随意选一条路线带我前去。瞧！他成了我的"路线图"，我需要做的，只是听从他的指示。每次他说："转弯！"我便照他的指示做。他带我走的路线是我从未走过的，我自己绝不懂得如何依照那路线再重新走一次。这位农夫成了我的"路线图"，他知道路怎样走。

◢ 当你来到主耶稣面前，寻求他在你一生中的旨意时，你献上的祷告，与下列两个祈求中的哪一个最相似？

□ 1. 主啊，你要我做什么？你要我什么时候去做？我当怎样去做成这件事？我将会在何处做这件事？你要我和谁一同参与这事？请你一并告诉我这件事做成后会有的结果。

□ 2. 主啊，单单告诉我每一步要怎样走，我会照着去做。

我们的祈求岂不是像第一种情况那样吗？我们常常要求神给我们一张详尽的"路线图"，我们对他说："主啊，假若你告诉我要朝哪个方向走，终点站在什么地方，那么我便能开始上路。"

他说："你无须知道路的方向和尽头，你只需要每天一步步跟从我。"只有学会与主亲密同行，相信主会关照他们生活中每个细节的人，才会有这样的响应。我们必须学会像第二个那样祷告。那一位真正知道你循何路径走可以达成神对你一生旨意的，是神自己。耶稣说："我就是道路。"（约14:6）

·他不是说："我会给你指出那条路。"

我 就 是 道 路 、 真
理 、 生 命 。
（约14:6）

· 他不是说：“我会给你一张路线图。”
· 他不是说：“我会告诉你朝哪个方向前进。”
· 他说：“我就是道路。”耶稣知道那条路，他就是你的道路。

5 假若你每一天都行耶稣吩咐你去行的事，你是否相信你会常常走在神要你行走的道路中？

☐ 1. 不相信，耶稣并不知道神对我一生的旨意。
☐ 2. 不相信，耶稣可能会误导我走一条错路。
☐ 3. 哦，耶稣宁愿我耐心等待他告知我一切有关细节后才开始跟从他。
☐ 4. 是，假若我每天一步步跟从耶稣，我便会行在神对我一生的计划中。

当你进到一个地步，能够信靠耶稣一步步带领你，你就会经历一种前所未有的自由。假若你不相信耶稣会这样带领你，那么，面对不可知的前路，你会怎么样？你会在每一次必须转换方向的时候忧虑重重，你会浑身发抖，不能做出任何决定。这绝不是神愿意你去活出的人生。

在我个人的生活中，我发现自己可以放手，让主来引路。我只需注意他每天吩咐我做的事。他交给我许多工作，以致每一天我都过得满有意义。如果我照他的话去做，有一天当他要用我从事一项特殊的任务，我自会行在他的心意中。对我来说，最重要的不是“我明天应该做什么？”而是“神今天要我做什么？”当你每天一步步跟随耶稣，他必定会保守你活在他的旨意当中。

每天一步步跟从神

亚伯兰（后来神将他的名字改为亚伯拉罕）是一个极佳的例子，说明一个《圣经》人物如何每天一步步跟从主。亚伯兰跟从神是凭信心而不是凭眼见。

6 阅读有关亚伯兰蒙召行神旨意的经文，请注意亚伯兰在神要求他跟从之前，他获知多少有关细节。在下面的经文中，把亚伯兰要去的地方及要做的事圈出来。

耶和华对亚伯兰说：“你要离开本地、本族、父家，往我所要指示你的地去。我必叫你成为大国。我必赐福给你，叫你的名为大，你也要叫别人得福。为你祝福的，我必赐福与他；那咒诅你的，我必咒诅他。地上的万族都要因你得福。”

亚伯兰就照着耶和华的吩咐去了，罗得也和他同去。亚伯兰出哈兰的时候年七十五岁。亚伯兰将他妻子撒莱和侄儿罗得，连他们在哈兰所积蓄的财物，所得的人口，都带往迦南地去。他们就到了迦南地。
（创12:1-5）

神说了什么？他所说的话有多具体？"离开"和"去"而已！到哪里去？"往我所要指示你的地去。"

 7 你是否预备好像亚伯兰那样跟从神？

□不，我不认为神会叫我去任何他事前未指示我知道的地方。
□我不太清楚。
□是，我愿意跟从他，凭信心而不凭眼见。
□其他：＿＿＿＿＿＿＿＿＿＿＿＿

许多时候，神呼召人就如他呼召亚伯兰那样，叫人单单跟从他。（在明天的课文中，你会多读到几个例子）。神呼召你每天一步步跟从他，比在你顺服他之前先把所有细节告知你的可能性更大。在我们继续一同学习的时候，你会在许多《圣经》人物的生命中看见这个真理。

8 请读《马太福音》6章33–34节，然后停下来祷告，表示同意：

·他是绝对值得信靠的
·我自己会每天一步步跟从他
·纵使他不告知我一切有关细节，我仍会跟从他
·我会让他成为我的道路

倘若你现在不能同意上述四点，你可以坦诚地向神承认你在他面前的挣扎，恳求他帮助你愿意跟从他的带领，行在他的旨意中。请抓住《圣经》中的应许："你们立志行事，都是神在你们心里运行，为要成就他的美意。"（腓2:13）

天天温习功课

在每天课文的最后部分，我会要求你温习当天的功课，并向神祷告。求他指出课文中一些字句或经文，是要你明白、学习并应用在生活中的。每天课文结束前我会问你三个同样的问题，这些问题是用来帮助你把所学的应用在生活当中。因此，这些问题的答案不是以对或错来衡量。如果神使你发觉课文中有一句话或一节经文对你很有意义，那就是很好的回应了。请你把那句对你有意义的句子或经文，用自己的话表达出来，成为一个祷告，作为向神的回应，并求神让你知道应做些什么，作为你对所认识的真理的回应。每天当你求问神要你对所学的功课做出什么回应时，就是一段你个人安静、祷告的时间。你或许想在课本的空白处写点笔记；神也许在某一天的课文中，向你启示他要你做

你们要先求他的国和他的义，这些东西都要加给你们了。所以，不要为明天忧虑，因为明天自有明天的忧虑；一天的难处一天当就够了。

（太6:33–34）

出的回应。不要让这些思想轻轻溜走，把这些也记下来，以致你可以重温、再思。当神说话的时候，记下他所说的话是非常重要的。你可以用一本笔记簿，记下自己每天的灵修日记。在以后几个单元，我会谈到更多灵修日记的事。

读完今天的课文后，对下列三个问题你的可能回应是：

· **在今天研读的课文中，哪些字句或经文对你最有意义？**

耶稣是我的道路，要活在神的心意中，我并不需要一幅完整的、一目了然的路线图作指引。

· **将这些字句或经文改写为你回应神的祈祷。**

主，纵使我不知道我人生的道路要怎样走，我仍会跟从你。

· **神期望你做什么来回应今天所学习的？**

我无须再为明天忧虑，我相信耶稣会每天一步步带领我。

9 大声读出要背诵的金句，把它写在另一张纸上，背诵下来。

_____

_____

_____

_____

_____

_____

本课摘要

当我每天一步步跟随耶稣，他就会保守我行在神的旨意中。

耶稣是道路，我并不需要任何路线图。

重温今天的功课。祷告求神帮你找出一两句他期望你明白、学习或付诸实践的课文内容或经文，并回答以下问题：

在今天研读的课文中，哪些字句或经文对你最有意义？	将这些字句或经文改写为你回应神的祈祷。	神期望你做什么来回应今天所学习的？
_____	_____	_____
_____	_____	_____
_____	_____	_____
_____	_____	_____

耶稣是你的典范

在参与这个课程及在你一生之中，有时候你会根据自己的经验和智慧去处理问题。这种处理问题的方式，会使你陷入困境中。常常回到《圣经》中寻求真理（让圣灵向你启示《圣经》的真理），才是你处理问题的正确方法。

当你研读《圣经》的时候，不要根据一个单独的事例来下结论，你要注意在整本《圣经》中神是如何做工的。你若认识到神如何透过历史做工，你便可信靠他在你身上以同样方式所做的工作。只有在《圣经》中得到印证，你的经历才是正确的。我从不否定任何人的经历，但是我会保留根据《圣经》来解释这些经历的权利。有时候有些人会不高兴地对我说："不管你怎么说，这是我经历过的。"

我会尽我所能客气地回答："我并不否定你的经历，我只是对你为自己的经历所做的解释提出疑问，因为你的解释与神的话语并不一致。"我们的经历不能成为我们的指导，每一个经历必须透过《圣经》来理解、必须受《圣经》的检视，因为那位在《圣经》中向人启示的神是不改变的（参玛3:6）。

① **看看你是否已掌握这个观念，请回答下列是非题：**

1. 将我自己的经历做出人为的解释，是认识及跟从神的最有效途径。
2. 我应当常常根据我在《圣经》中寻见的真理来评估自己的经历。
3. 如果我不靠着《圣经》中的真理来审核自己的经历，我可能对神的认识产生曲解。
4. 我可以信任神在我生命中做工的方式，与我所见他在整本《圣经》中做事的方式是一样的。

第1题是错的，第2、3、4题全部是对的。你的经历必须从《圣经》的亮光中来理解，经历本身并不是可靠的指引。你也必须小心，切勿把一个单独的经历脱离《圣经》上下文的脉络来理解，你要注意神在整本《圣经》中如何做工。假若你以《圣经》作导师，那么在圣灵的指引下，你永不会走错路。

《圣经》是你的指南

基督徒愈来愈少以《圣经》作为信仰及生活行为的指导方针。由于基督徒不再以《圣经》根本的指引，他们反而寻求属世的方法和途径。这些属世的

耶稣注意父神在何处做工，然后加入与神同工的行列。

注意神在《圣经》中常常怎么说，以及在《圣经》中他做事的方式。

你要根据《圣经》的原则来做决定，以及评估你自己的经历。

因我耶和华是不改变的。

（玛3:6）

方法和途径，看起来好像可以解决属灵的问题。我常用神的话语作为我们行事为人的指引。有人对我说："布莱卡比，这样做并不实际可行。"他们希望我不使用《圣经》的原则，而倚靠属世的方法或个人的经验。作为一个基督的门徒，我不能背弃我在《圣经》中寻得的指引。《圣经》是我信仰及生活上的指南。

你如何让神的话成为你的指引？当我寻求神的指引时，我坚持在神话语中发现的指令。昨天的课文是一个例子。神呼召人跟从他的时候，就是没有事先向他们讲明有关详情，我们知道神正是这样呼召亚伯兰跟从他。此种呼召的模式在整本《圣经》中是否前后一致？

2 阅读下列几段有关神（耶稣）呼召人跟从他的经文。请写下那些被召者的名字，你无须提供任何他们蒙召后发生的事情细节。

1. 《马太福音》4:18–20＿＿＿＿＿＿＿＿＿＿＿＿＿＿＿
2. 《马太福音》4:21–22＿＿＿＿＿＿＿＿＿＿＿＿＿＿＿
3. 《马太福音》9:9＿＿＿＿＿＿＿＿＿＿＿＿＿＿＿＿＿
4. 《使徒行传》9:1–20＿＿＿＿＿＿＿＿＿＿＿＿＿＿＿

在某些情况下，神会向被召者提供较多的细则。在第四、五两天的案例我们会思想摩西的蒙召经历。我们会发现神呼召摩西的时候所揭示的计划蓝图，较诸他在其他案例中揭示的更为详细远大。但是，在每一个事例中，被召者必须紧紧靠近神，才能得着每天的引导。对摩西和以色列的子民来说，神借着日间云柱、夜间火柱引导他们；对彼得、安得烈、雅各、约翰、马太和保罗（这是以上学习活动的答案）来说，神呼召他们的时候只提供很少的细节，基本上他只是说："来跟从我，我会指示你当行的路。"

神对我一生的旨意是什么？

许多人在寻求认识并遵行神旨意的时候，会问这个问题：神对我的一生有何旨意？我在神学院时的一位教授杜平斯博士常常说："如果你问的问题不对，你自然得到一个错误的答案。"有时候我们以为每一个问题必然是合理的，因此，当我们追寻答案却发现出了问题的时候，我们便推断不出错误的根由。所以在追寻答案之先，须注意自己发问的问题是否正确。

神对我一生的旨意是什么？这个问题并不是一个正确的问题。正确的提问应当是：神的旨意是什么？我一旦知道了神的旨意，我便能调整自己的生活来顺应他。换句话说，我要了解神在我所处的环境中有何计划，一旦我知道神在做什么，我便知道我自己当做什么。问题的焦点应当是神，而不是我的一生！

当我愿意学习明白及遵行神旨意的时候，我找不到一个比耶稣更理想的人物可做榜样。耶稣在世33年期间，百分之一百完成了神交给他的每一项任务。他从未忘记遵行父的旨意，他也未曾犯罪。你是否愿意明白耶稣如何知道及遵行神的旨意呢？

3 请读《约翰福音》5章17节，19—20节并回答下列的问题。

    a. 谁常常在做事？ _____

    b. 子凭着自己可以做什么？ _____

    c. 子能够做什么？ _____

    d. 为什么父将自己所做的指给子看？ _____

人无法了解耶稣基督怎么会是完全的神，又是完全的人。我们有限的头脑实在无法完全体会耶稣与父原为一（约10：30）的真理，这方面我们会在后面更多探讨。请务必记住，耶稣确实是道成肉身的神。在这段经文中，耶稣非常清楚地说明他是如何知道自己当做什么，乃是"看见父所作的"，他才做。耶稣知道并遵行神旨意的方法可以列举如下：

耶稣的榜样

· 父神做事直到如今。

· 现今神也要我做事。

· 我不采取主动做任何事。

· 我留心观察，看看父神正在做什么。

· 我按照我看见父神所做的去做。

· 瞧！父神爱我。

· 父神将自己所做的一切事指示给我看。

这个模式对你个人和教会都适用。它并不单是一个逐步认识及遵行神旨意的方程式，它是一种爱的关系，透过这种关系，神能成就他的旨意。我用一句话来总结：注意神在何处做事，然后加入与神同工的行列。

正确的问题是：神的旨意是什么?

我父作事直到如今，我也作事。我实实在在地告诉你们：子凭着自己不能作什么，惟有看见父所作的，子才能作；父所作的事，子也照样作。父爱子，将自己所作的一切事指给他看，还要将比这更大的事指给他看，叫你们希奇。

（约5:17，19-20）

注意神在何处做事，然后加入与神同工的行列。

实况1

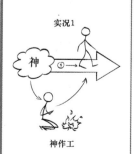

神作工

神常常在你周围做工

现在神正在你所处的环境周围以及你的生命中做工。神子民遭遇的最大悲剧之一，就是他们在渴慕经历神之余，天天面对神，却不懂得如何认出他的作为。到这课程结束的时候，你将会学到许多方法去清楚认出神在你生命及生活中的作为。圣灵与神的话语会指示你、帮助你知道神在何时、在何处做工。一旦知道神在何处做工，你要调整自己的生活来顺应他，与他同工。你将会经历神借着你的一生完成他的工作。当你与神建立了亲密的爱的关系以后，你自然会知道神的旨意并乐于遵行。你也会经历他的实在，是你以往未曾经历过的。只有神可以带领你与他建立这种爱的关系，人并不能在你生命中做成这件事。

4 请翻开书末附录的示意图，读一读所列出经历神的七项实况，把第一句中的"你"字改为"我"，然后写在下面。

_____

_____

_____

_____

_____

在这个礼拜，我们还会进一步思想这七项实况。

重温今天的功课。 祷告求神帮你找出一两句他期望你明白、学习或付诸实践的课文内容或经文，并回答以下问题：

在今天研读的课文中，哪些字句或经文对你最有意义？	将这些字句或经文改写为你回应神的祈祷。	神期望你做什么来回应今天所学习的？
_____	_____	_____
_____	_____	_____
_____	_____	_____
_____	_____	_____

学习做神的仆人

要成为神的仆人，你必须甘心被主塑造，又愿意让主掌管。

《圣经》中有许多经文，论到耶稣以仆人的身份来到世间，完成神救赎人类的心愿。保罗提及耶稣的时候这样说：

你们当以基督耶稣的心为心。他本有神的形像，不以自己与神同等为强夺的，反倒虚己，取了奴仆的形像，成为人的样式。既有人的样子，就自己卑微，存心顺服，以至于死，且死在十字架上。（腓2:5-8）

人子耶稣教导门徒如何做仆人的时候，这样描述他自己在服侍人方面的职分：

你们中间谁愿为大，就必作你们的用人；谁愿为首，就必作你们的仆人。正如人子来，不是要受人的服侍，乃是要服侍人，并且要舍命，作多人的赎价。（太20:26-28）

耶稣也曾经这样提到我们与他的关系：

父怎样差遣了我，我也照样差遣你们。（约20:21）

1 根据上述三段经文（加上你可能已熟悉的其他经文），你是否认为自己应当做神的仆人呢？是□　否□

2 你是否曾经竭尽所能服侍神，却因工作没有实质的果效，感到灰心丧气？是□　否□

3 仆人是什么？用你自己的话，写下你对仆人一词的定义。

_____

_____

你对仆人的定义，是否类似："仆人是一个常常问主人要他做什么，然后把事情做好的人？"世人的观念，认为仆人会到主人面前，问他说："主人，你要我做什么？"主人告诉仆人当办何事，仆人就独自去办理妥当。《圣经》对仆人的观念，并不是这样。做神的仆人与做世人的仆人是截然不同的。世上的主人要你为他做事，而神则是透过你来做事。

窑匠与泥土

耶和华的话临到耶利米说："你起来,下到窑匠的家里去,我在那里要使你听我的话。"我就下到窑匠的家里去,正遇他转轮作器皿。窑匠用泥作的器皿,在他手中作坏了,他又用这泥另作别的器皿。窑匠看怎样好,就怎样作。

耶和华的话临到我说:"耶和华说:以色列家啊,我待你们,岂不能照这窑匠弄泥吗?以色列家啊,泥在窑匠的手中怎样,你们在我的手中也怎样。"

（耶18:1-6）

要成为神的仆人,你必须甘心被主塑造,又要愿意让主掌管。

我对仆人观念的理解,类似窑匠与泥土的关系（参耶18:1-6）。窑匠手中的泥土有两个特点:第一,泥土在窑匠手中,可以被窑匠随心所欲去塑造,以致窑匠可以造成他选择要造的器皿。其次,这个用泥造成的器皿,必须留在窑匠的手中,被他掌管。窑匠造好他选择要做成的器皿后,这器皿本身并没有本领去做任何事情,它只能留在窑匠的手中,被他掌管。就如窑匠把泥土塑造成一个杯子,这杯子只能留在窑匠的手中被他掌管,以致窑匠可以随意使用。

《圣经》对仆人的观念,与世人的观念有很大差别。当你到神面前做他仆人的时候,神首先要求你的是愿意让他塑造你成为他要造成的器皿。这样神便可以掌管你的生命,把你安置在他所选定的地方,并且透过你的生命完成他的计划。杯子本身并不能做任何事情;所以,你也没有任何能力遵行主的命令,除非你在他要你留下来的地方。

④ **回答下列有关做仆人的问题:**

　a. 仆人靠自己可以做成的事有多少? _____

　b. 神透过他仆人做工的时候,有多少是这仆人可以做的? _____

　_____

　c. 一个仆人必须符合哪两个条件,才能被神使用? _____

　_____

仆人必须具备两个条件:（1）甘心被主人塑造;（2）留在主人（窑匠）手中被他掌管。这样,只有主人可以随心所欲使用手中的器皿。仆人断不能靠自己做成任何对神国有价值的事,正如耶稣所说:"子凭着自己不能作什么"（约5:19）和"离了我,你们就不能作什么"（约15:5）。神通过仆人做工,人便能做任何神所能做的事。首先,做仆人的必须顺服、必须遵照指示,但也必须谨记:完成工作的是神自己。

倘若你过去被这世界所影响,如今了解《圣经》的观念后,你服侍神的方式应当有所改变。你不是从神那里接收指示,然后独自去完成工作。你要与神建立关系、顺服他、将生命的方向朝向他,让他做任何他要借着你去做的事。

当以利亚挑战巴力（迦南地方生产之神）的众先知,要证明哪一方的神是真神的时候,以利亚冒着极大的危险做神的仆人。

⑤ **读《列王纪上》18章16-39节并回答下列问题:**

　a. 以利亚是神的仆人。在迦密山的对峙中,以利亚面对多少个供奉假神的先知呢?

　_____

b. 以利亚建议用何种测试，证明哪一方的神是独一的真神？

_____

c. 以利亚怎样处理耶和华的坛？

_____

d. 是先知以利亚还是神自己倡议向假先知提出挑战？

_____

e. 以利亚意图透过这次经历证明什么？

_____

f. 民众如何回应？_____

_____

g. 在这次事件中神做了什么？_____

_____

h. 在这次事件中以利亚做了什么？_____

_____

　　以利亚以一敌850人。假若神没有如以利亚所言，降下火来烧尽燔祭（和祭坛），彰显他自己的作为，以利亚必然彻底败给假先知，他也可能因此付上生命的代价。但以利亚重修耶和华的坛，做神命令他做的一切事。以利亚所做的每一件事，都是顺服神的吩咐，而不是自作主张。他在神吩咐他去的时刻，到神吩咐他去的地方，做神吩咐他做的事。因此，神透过以利亚成就了他自己的旨意。以利亚期望民众承认耶和华是真神，民众的回应正如以利亚所期望的。

　　是以利亚还是神从天上降下火来呢？是神。在整个过程中，以利亚当时正在做什么？单单顺服。以利亚没有本领做神想要做的事；因此，当神做了一件只有他才能做的事，全体民众便知道他就是真神。神成就这事，是借着顺服听命于他的仆人。

6 时间许可的话，读一读下列几个启发性的问题。按顺序思想各问题的答案。在横线上做笔记。

a. 神亲自做工和你独自做工，在工作质量及其长远效果方面，是否会有差别？

_____

b. 在你个人的生活及教会中，你正在做些什么，你是否知道除非神介入，否则那是不可能完成的？我们现在做的事情，若没有神的参与我们会大有成就吗？

_____

_____

c. 我们完成一件工作后，由于看不到属灵果效而感到灰心沮丧，我们是否在做一些只有神才可以做成的事呢？

_____

_____

d. 你觉得为什么我们常常努力了半天却看不到好的成效呢？

_____

_____

_____

不要随便找事情来做，停下来！

不要随便找事情来做

我们习惯了做、做、做！我们常常想找点事情来做。也有人会说："不要在那里闲站了，找点事情来做吧！"

我想神现在正向我们大声呼喊："不要随便找事情来做，停下来！快来与我建立一份爱的关系。你要认识我，调整你的生命来适应我。让我来爱你，让我使用你做工，向你启示我自己。"神呼召我们为他工作的时刻始终会临到，但是，去为神做工之前，我们必须与他建立关系。

耶稣说："我是葡萄树，你们是枝子；常在我里面的，我也常在他里面，这人就多结果子；因为离了我，你们就不能作什么。"（约15:5）耶稣实实在在告诉我们，离了他，我们就不能做什么。你是否相信他？

 翻开本书末附录图，读一遍示意图所列出的七项实况。把第七句（最后一句）加以个人化，将其中的"你"字改为"我"字，写在下面横线上。

_____

_____

_____

神希望你借着亲身的经历，对他有更多的认识：他想与你建立一份爱的关系；他期望你投身于天国大业中；他要借着你完成他的工作。

你是否愿意做神的仆人？你若愿意，你必须知道，主人在哪里，那就是你当在的地方；你必须知道，主人在做何事，那就是你当做的事。耶稣说："若有人服侍我，就当跟从我；我在哪里，服侍我的人也要在那里；若有人服侍我，我父必尊重他。"（约12:26）

8 大声读出要背诵的金句，把它写在另一张纸上。

_____

_____

_____

_____

_____

_____

_____

_____

_____

_____

_____

_____

_____

_____

_____

本课摘要

要成为神的仆人，我必须甘心被主塑造，又愿意留在主的手中，被他掌管。

离开神，我就不能做什么。

神既透过我做工，我便能做任何神所能做的。

当我发现主的所在，我便知道那里就是我需要留下的地方。

当我顺服神我就可凭着经历认识神，神就借着我做成他的工。

重温今天的功课。祷告求神帮你找出一两句他期望你明白、学习或付诸实践的课文内容或经文，并回答以下问题：

在今天研读的课文中，哪些字句或经文对你最有意义？	将这些字句或经文改写为你回应神的祈祷。	神期望你做什么来回应今天所学习的？
_____	_____	_____
_____	_____	_____
_____	_____	_____
_____	_____	_____
_____	_____	_____

起死回生的教会

一家位于市内贫民区的教会，多年来饱受会友人数递减之苦，因为邻近地区在变迁，而很多会友都搬到郊区去了。教会人数已经寥寥无几，大家最后达成协议，就是要解散教会。不过，在解散之前，大家决定要一起读《不再一样》这本书，而课程结束的那天，也就是教会关门之日。

课程一开始，他们就看到书上说"神常常在你周围做工"，对这句话，每个人都暗自窃笑，因为多年来教会从来没有发生过什么不寻常的事。不过，他们还是决定观察看看，神在那个星期会不会做什么事。

那个星期，有个公寓大楼经理来找一名会友，询问她的教会能不能为那个公寓大楼的孩子办什么活动，因为那群孩子无事可做。他说，教会若能提供活动，他可以免费提供公寓大楼的公共空间。后来，教会决定趁着最后这段时间，为孩子们预备一个节目。这个消息一曝光，立刻吸引了一群未婚妈妈，接着又有吸毒者和不良少年也被吸引到教会来。教会里那些少数人物还没弄清楚究竟发生了什么事，已经开拓了几个新的事工，而且几乎每周都有人信主。

课程进行到第13天时，这个"起死回生"的教会开始充满能力，服侍附近的居民。他们不再灰心丧志，因知道神正在他们当中工作，而且从来没有停止过。

神借着他的众仆人行事（上）

第**4**天

我们的举动常常表现得好像神告诉我们他想我们做什么，然后就让我们独自去处理，及至我们需要他帮助，我们可以向他呼求，他便来帮助我们。实际上这并不是《圣经》所启示的情况。神要做一件事的时候，他会向自己的子民启示他将要做的事。神希望透过他的子民或他的仆人，做成一件事。

当神预备借着你做成一件事的时候，他必须把你扭转过来，使你可以从他的角度看事物，因此神会告知你他要做什么事。（以后，我会尝试帮助你，使你明白如何可以清楚知道神在向你说话。）当你知道了神要做什么事之后，你便知道自己当做的事，那就是加入与神同工的行列。一旦你知道神正在你现今的处境中所做的事，你就会发觉自己所过的生活与神所要求的是截然不同。你不能说要跟从神，但又不愿改变自己。

> 你不能说要跟从神，但又不愿改变自己。

经历神的七项实况

下面的示意图（另见于本书书末附录图）是帮你把经历神的"实况"列出，使你知道如何对神在你生命中的作为做出回应。

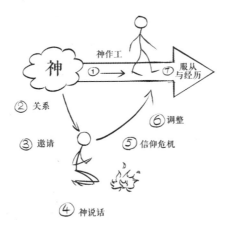

1　**请完成下列的题目，开始学习这七项实况。你可参考上面的数据。**

a. 把那些帮助你记得这七项实况的字或词圈出来。

b. 把这些字或词写在下面：

_____

_____

1. 神常常在你身处的环境中做工。
2. 神寻求与你建立一份持续的、个人的和真实的爱的关系。
3. 神邀请你加入与他同工的行列。
4. 神借着圣灵，透过《圣经》、祷告、境遇和教会启示他自己、他的计划和他做事的方式。
5. 神邀请你与他同工的时候，往往会使你面临信仰的危机，要求你以信心和行动去回应。
6. 你必须在自己生命中做出重大的调整，才能加入与神同工的行列。
7. 当你顺服神，又让他透过你做成他的工作时，你自会借着经历，认识神自己。

c. 慢慢地读出每一项实况，有哪一点你不太明白的，可以把你的问题写在下面：

_____

_____

_____

d. 运用你在b所记下的字和词，能否扼要地记得七项实况。核对答案后，继续回答下一道问题。

e. 在另一张纸上，凭记忆写下每一项实况。无须逐字逐句默写出来，只要掌握到重点即可。

这个课程大部分的内容，会集中讨论这些重要的实况。为了帮助你更充分明白这些实况，我会经常从不同的角度重复讲解这些实况，目的是帮助你学会回应神在你生命中的作为。

在上面的习作中，你所选用的字和词与我所选用的可能不完全相同。我选用了：神／做工、爱的关系、与他同工、神说话、信仰危机、调整、顺服。或许你会问以下这几个问题：

· 与神建立爱的关系要承担什么？

· 我如何得知神在说话？

· 我如何得知神在何处做工？

· 神会要求我做出怎样的调整？

· 在个人生命中做出重大的调整与顺服神二者有何不同？

上述这些问题，是我与许多小组一同研习这课程时被人问及的。在课程余下的单元中，我会尽我所能回答这些问题。

圣经中被神使用人，在生命中有三个共通点：

· 神说话的时候，他们知道是神在说话。

· 他们知道神说了什么。

· 他们知道当做何事来回应神。

你是否渴慕与神有这样的关系，希望他同样能透过你做工呢？他常常想带领你进入这种爱的关系中，我深信这个课程可以帮助你。

摩西的蒙召和侍奉，是说明神如何与《圣经》人物同工的极佳例子。摩西早年的生活及其蒙召的经历记于《出埃及记》第2－4章。《圣经》中另有一些经文帮助我们了解摩西如何知道神的旨意并顺服遵行。让我们来看看摩西蒙召的经历和他对神的回应。（你要先读一读《出埃及记》第2－4章作为背景资料。）

实况1. 神在摩西身处的环境中做工。

以色列人因作苦工，就叹息哀求，他们的哀声达于神。神听见他们的哀声，就记念他与亚伯拉罕、以撒、雅各所立的约。神看顾以色列人，也知道他们的苦情。（出2:23-25）

实况2. 神寻求与摩西建立一种持续的、真实的与个人的爱的关系。

在荆棘火焰中，神采取主动临近摩西，要与摩西建立爱的关系。神告诉摩西，他会与他同下埃及。《出埃及记》《利未记》《民数记》及《申命记》中有许多经文，说明神如何寻求与摩西建立一种持续的爱的关系，下面是其中一个例子：

耶和华对摩西说："你上山到我这里来，住在这里，我要将石版并我所写的律法和诫命赐给你，使你可以教训百姓。"……摩西上山，有云彩把山遮盖。耶和华的荣耀停于西奈山……摩西进入云中上山，在山上四十昼夜。（出24:12、15-16、18）

实况3. 神邀请摩西加入与他同工的行列。

我下来是要救他们（以色列民）脱离埃及人的手，领他们出了那地，到美好宽阔流奶与蜜之地……故此，我要打发你去见法老，使你可以将我的百姓以色列人从埃及领出来。（出3:8、10）

２ 根据前面三段叙述经文，回答下列的问题：

a. 实况1：神已开始为以色列人做什么？

_____

_____

b. 实况2：你能否找出一些事实，证明神要寻求与摩西建立一份个人的、真实的关系？

_____

_____

c. 实况3：神希望摩西如何与他同工？

_____

_____

（1）神有一个计划，他要在摩西的世代实行。虽然摩西是一个生活在沙漠中的流放者，但在神的计划时间和心意中，他是一个适当的人选。在神要拯救以色列民这一时刻，重要的并非神在摩西身上的旨意，而是神对以色列人的心意。

（2）神的计划是要拯救以色列人，摩西就是那一个人。神想要借着他来

主耶和华若不将奥秘指示他的仆人众先知，就一无所行。

（摩3:7）

完成他拯救以色列人这工作。

（3）神一次又一次邀请摩西与他对谈、与他同行。神采取了主动，且与摩西维持一种持续的关系，这关系是以爱为基础。每一天神透过他的"朋友"摩西达成他的计划。（有关这爱的关系的其他例子，可看《出埃及记》33章7节–34章10节或《民数记》12章6–8节。）

神预备要做一件事，他常常向他的子民启示他将行的事（参摩3:7）。神透过他的子民做成他的工，这也是神与你同工的方式。《圣经》是用来帮助你明白神做工的方式的。当神开始在你人生中有所作为的时候，那就是神自己的作为。

由于本课分成上下两部分，今天就在这里停止，明天将会从第四项实况开始。本课摘要留在第5天课文中一并列出。

重温今天的功课。 祷告求神帮你找出一两句他期望你明白、学习或付诸实践的课文内容或经文，并回答以下问题：

在今天研读的课文中，哪些字句或经文对你最有意义？	将这些字句或经文改写为你回应神的祈祷。	神期望你做什么来回应今天所学习的？
_____	_____	_____
_____	_____	_____
_____	_____	_____
_____	_____	_____
_____	_____	_____

神借着他的众仆人行事（下）

昨天，我们学习了神与摩西同工这件事的头三项实况，现在让我们思想最后的四项。

实况4. 神向人说话，为要启示他自己、他的计划和他做事的方式。

> 耶和华的使者从荆棘里火焰中向摩西显现……（神）就从荆棘里呼叫说："摩西！摩西！"他说："我在这里。"神说："不要近前来，当把你脚上的鞋脱下来，因为你所站之地是圣地。"又说："我是你父亲的神，是亚伯拉罕的神，以撒的神，雅各的神。"

> 耶和华说："我的百姓在埃及所受的困苦，我实在看见了；他们因受督工的辖制所发的哀声，我也听见了。我原知道他们的痛苦，我下来是要救他们脱离埃及人的手，领他们出了那地，到美好宽阔流奶与蜜之地……"（出3:2-8）

> "你们中间若有先知，我耶和华必在异象中向他显现，在梦中与他说话。我的仆人摩西不是这样，他是在我全家尽忠的。我要与他面对面说话……"（民12:6-8）

实况5. 神邀请摩西与他同工，使摩西面临一个信仰的危机（挣扎）。要胜过挣扎，摩西需要具备信心，需要有所行动。

从摩西向神讲出以下的话时，可以看出摩西正处于信仰的危机（挣扎）中：

> "我是什么人，竟能去见法老，将以色列人从埃及领出来呢？……我到以色列人那里，对他们说：'你们祖宗的神打发我到你们这里来。'他们若问我说：'他叫什么名字？'我要对他们说什么呢？"

> "他们必不信我，也不听我的话，必说：'耶和华并没有向你显现！'"

> "主啊，我素日不是能言的人，就从你对仆人说话以后，也是这样，我本是拙口笨舌的。"

> "主啊，你愿意打发谁，就打发谁去吧！"（出3:11、13，4:1、10、13）

实况6. 摩西必须在生活中做出重大的调整，以致他能参与神的工作。摩西要胜过挣扎，需要信心和行动。

神向人启示他将做何事，这启示便成为一个邀请，邀请人与他同工。

> 摩西因着信，长大了就不肯称为法老女儿之子。他宁可和神的百姓同受苦害，也不愿暂时享受罪中之乐。……他因着信，就离开埃及，不怕王怒；因为他恒心忍耐，如同看见那不能看见的主。他因着信，就守逾越节，行洒血的礼，免得那灭长子的临近以色列人。他们因着信，过红海如行干地。埃及人试着要过去，就被吞灭了。（来11:24-29）

> 耶和华在米甸对摩西说："你要回埃及去，因为寻索你命的人都死了。"摩西就带着妻子和两个儿子，叫他们骑上驴，回埃及地去，摩西手里拿着神的杖。（出4:19-20）

实况7. 摩西凭着顺服的经历而认识神，神也借着摩西做成他的工。

在《出埃及记》《利未记》《民数记》及《申命记》中有许多经文，说明神如何向摩西启示他自己。当摩西顺服神，神便能借着摩西做成摩西自己不能做的工。下面是《出埃及记》中的一个例子，说明摩西和众民认识神是他们的拯救者。

> 耶和华对摩西说："你为什么向我哀求呢？你吩咐以色列人往前走。你举手向海伸杖，把水分开，以色列人要下海中走干地。我要使埃及人的心刚硬，他们就跟着下去，我要在法老和他的全军……上得荣耀。"
> 摩西向海伸杖，耶和华使用大东风，使海水一夜退去，水便分开，海就成了干地。以色列人下海中走干地，水在他们的左右作了墙垣。埃及人追赶他们……
> 耶和华对摩西说："你向海伸杖，叫水仍合在埃及人并他们的车辆、马兵身上。"摩西就向海伸杖，到了天一亮，海水仍旧复原。
> 以色列人却在海中走干地，水在他们的左右作了墙垣。当日，耶和华这样拯救以色列人脱离埃及人的手，以色列人看见埃及人的死尸都在海边了。以色列人看见耶和华向埃及人所行的大事，就敬畏耶和华，又信服他和他的仆人摩西。（出14:15-17，21-23，26-27，29-31）

1 **回答下列与前面四段叙述经文有关的问题：**

a. 实况4：关于神自己、神的计划和他做事的方式这三方面，神向摩西有何启示？

_____

_____

b. 实况5：神向摩西说话后，摩西在什么事情上对神的信心出现问题？

_____

_____

c. 实况5：根据《希伯来书》第11章，扼要地说明摩西的信心。

_____

d. 实况6：摩西必须做出什么调整？

_____

e. 实况7：神借摩西拯救了以色列民之后，你认为摩西会有什么感受？

_____

_____

神向人启示他将要做什么。这个启示便成为一个邀请，邀请人与他同工。

实况4：神临近摩西，与摩西谈他的计划。神要摩西回埃及去，使他能借着摩西拯救以色列民。神向摩西启示他自己的圣洁、怜悯、权能和他的名字，向摩西表明他要持守对亚伯拉罕的应许，要将应许之地赐给以色列，并许多没有在上述经文中记述的事。

实况5：摩西提出许多异议。他怀疑神是否能够借着他拯救以色列民（参出3:11）；他怀疑以色列民是否会相信耶和华神曾向他显现（参出4:1）；他也不肯定自己是否有足够的口才去完成任务（参出4:10）。在每一种情况下，摩西事实上是怀疑神多于对自己没有信心。摩西面对的是信仰危机：神是否真能做他说过的事？

《希伯来书》的作者，形容摩西的信心，是一种甘愿牺牲自我，对大能的神完全信靠的信心。神一旦向摩西启示他将要做什么，这启示便成为一个邀请，邀请摩西与他同工。

实况6：摩西做出了必要的调整，让神成为他生命的方向。摩西必须完全相信神能照他所说的做成每一件事。然后摩西必须放弃他的工作，离开岳父母的家回埃及去。做出这些调整后，摩西具备了完成神吩咐的条件。这并不表示摩西可以独自为神做工，而是指摩西将要处身于神要做工的地方，使神可以做他起先计划要做的事。摩西是一个甘心被主塑造的仆人，他愿意留在主手中被主掌管，任主差遣使用。因此，神借摩西完成了他的计划。当神借着你的生命做一件惊天动地的事情的时候，你就会在他面前谦卑下来。

实况7：被神这样大大的使用，摩西一定感到自己的不配和卑微。摩西顺服神、照神的吩咐去做，神便借着摩西完成他一切的计划。摩西（和以色列民）愈愿意顺服神，他们对神的认识便愈加增多（参出6:1-8）。

一个平常人会有什么作为？

有一节经文对我很有帮助："以利亚与我们是一样性情的人，他恳切祷告，求不要下雨，雨就三年零六个月不下在地上。他又祷告，天就降下雨来，地也生出土产。"（雅5:17-18）以利亚与我们一样，只是一个平常人，他祷告，神便回应他的祷告。

神借着彼得治好了生来瘸腿的乞丐后，彼得和约翰被召到公会，解释他们所做的事。彼得被圣灵充满、大有胆量向宗教领袖们讲说。请注意领袖们的回应："他们见彼得、约翰的胆量，又看出他们原是没有学问的小民，就希奇，认明他们是跟过耶稣的。"（徒4:13）

你在《圣经》中读到的人全都是平凡的人。但他们与神的关系以及神的作为，使他们变得非凡出众。你有没有注意这句话——宗教领袖们认出彼得和约翰"是跟过耶稣的"？任何一个肯花时间与神建立亲密关系的人，必能看见神透过他的生命，有非凡的作为。

慕迪是一位只受过很少教育、未经按立牧职的鞋店职员。他感到神呼召他去传讲福音。一天清早，慕迪和几个朋友在草田里聚集，一同祷告、认罪，又把自己献给神。亨利·瓦利（Henry Varley）说过："当一个人把自己完完全全奉献给神以后，世人可以拭目以待，看神如何与他同工、借他做工以及在他内心行事。"

> 当一个人把自己完完全全奉献给神以后，世人可以拭目以待，看神如何与他同工、借他做工以及在他内心行事。

慕迪深深被这句话感动。后来，慕迪去聆听伟大的传道人司布真讲道，慕迪心里想："世人可以拭目以待！看神如何与人同工、借人做工，又在人心中行事！"亨利的意思是任何一个人！亨利并没有说这人要受过教育或是才华出众之辈！只是一个人！靠着在他里面的圣灵，他（慕迪）可以成为其中一个这样的人。刹那间，在那露天的长廊里，他明白了一件他以往从未理解的事——站在那里讲道的并不是司布真先生，乃是神自己在工作。神既然可以使用司布真先生，为什么他不能使用我们其余的人呢？为什么我们不当完全俯伏在主的脚前对他说："请差遣我！请使用我！"

慕迪是一个平凡的人，他把自己完完全全献给基督。神借着一个平凡的生命，神开始做超凡的工作。慕迪成为近代伟大的布道家之一。他在英国、美国的复兴聚会中讲道，带领千千万万人归向基督。

> 当你表示没有任何具有重大意义的事会借着你发生，这是你表达了自己对神信心的程度，甚于对自己做出评价。

2 神是否可以借着你的生命、以不平凡的方式做工，为他的国度成就深具意义的事呢？ 是□ 否□

你也许会说："我又不是慕迪。"你并不需要成为慕迪，神也不要你成为慕迪。神只要求你做你自己，并且让他透过你做他要做的事。当你表示没有任何重大意义的事会借着你发生，你表达了自己对神的信心的程度，你的意思是说神没有能力借着你做任何具有重大意义的事。其实，神能够与一个愿意完全奉献自己给他的平凡人同工，借着他去做任何他所喜悦的事。

神的标准不同于人的标准

你无须因神对于卓越的标准与人的标准不同而感到诧异。施洗约翰公开侍奉的时间有多久？大约6个月。耶稣对他的一生有什么评价？"我告诉你们，凡妇人所生的，没有一个大过约翰的。"（路7:28）没有一个大过他！施洗约翰在那6个月完全顺服神，神的儿子便对他的一生表示极大的赞赏。

切莫用世界的标准来评估信仰的一生。许多宗派、牧者、长执和教会都以世界的准则做出评估。试想想，若以世界的标准来衡量，一个人或一家教会也许看起来相当不错，但在神的眼中却极其可惜。照样，一个完全顺服神的人或一家完全顺服神的教会，极得神的喜悦，但在世人的眼中他们可能是无足轻重的。一位牧师是否可以在神安排他所在的小型教会中忠心侍奉，得主喜悦？当然可以，只要那间小型教会是神要安放他的地方。一个人受托所肩负的责任不论轻重，神总期待人向他尽忠，他也会赏赐那忠心服侍他的人。

神最喜欢使用一个平凡的人。保罗说，神特意拣选世上软弱的、卑贱的，这样，人人便知道只有神才可能成就一切，神也因此得着最大的荣耀（参林前1:26–31）。如果你觉得自己既软弱、平凡又能力有限，你正是最合神使用的材料。

3 温习本单元的《圣经》金句，预备好在本周的小组聚会中背诵给另一位组员听。

4 用几分钟的时间为你的小组祷告，让神可以全然凭己意塑造、引导小组中的每个人，完全行在他的旨意中。

本课摘要

神向人启示他将要做什么。

这启示就成为一个邀请，邀请人与他同工。

我不能说要跟从神，但又不愿改变自己。

神希望与一位愿意完全奉献自己给他的人同工，借着他做成主所喜悦的事。

神对于卓越的标准与人的标准不同。

重温今天的功课。祷告求神帮你找出一两句他期望你明白、学习或付诸实践的课文内容或经文，并回答以下问题：

在今天研读的课文中，哪些字句或经文对你最有意义？

_____

_____

_____

_____

_____

将这些字句或经文改写为你回应神的祈祷。

_____

_____

_____

_____

_____

神期望你做什么来回应今天所学习的？

_____

_____

_____

_____

_____

2

·金·句·背·诵·

有人靠车，有人靠马，但我们
要提到耶和华我们神的名。

《诗篇》20:7

以神为中心的生活

《创世记》记录了神借着亚伯拉罕完成他的计划。这并不是亚伯拉罕与神同行的记录。这两句话的中心点并不相同。《圣经》的重点是神自己：罪的本质就是从以神为中心转移到以自我为中心；救恩的本质就是否定自我、拒绝肯定自我。我们必须否定自我，回转过来，过一个以神为中心的生活。这样，神就能透过我们成就他在创世以前早已定下的计划。下面列出的，是对两种不同生命取向的一些描述：

> 要明白及遵行神的旨意，你必须否定自己、回转过来，过一个以神为中心的生活。

以自我为中心	以神为中心
·以自我为生命的中心点	·对神有信心
·为自己及自己的成就感到骄傲	·依靠神，信赖他的能力和供应
·十分自信	·把生活的重心放在神和神的作为之上
·依靠自己和自己的能力	·在神面前谦卑
·肯定自我	·否定自我
·寻求被这个世界接纳，并且与这个世界行事的方式认同	·先寻求神的国和神的义
·从人的角度看问题	·在任何景况中都寻求神的看法
·过自私、平庸的生活	·过圣洁和敬虔的生活

1 用你自己的话，写出"以自我为中心"及"以神为中心"的定义：

以自我为中心 _____

_____

以神为中心 _____

_____

2 下面有三组《圣经》的例子，请在以神为中心的事例前的空格内填上英文字母"G"，在以自我为中心的事例前的空格内填上"S"。

_____1a. 神将亚当和夏娃安置在一个美丽、物产丰富的园子里。神吩咐他们不可吃那分辨善恶树上的果子。夏娃见那棵树的果子悦人的眼目，又能使人有智慧，就摘下果子来吃了。（参创2:16–17；3:1–7）

_____1b. 波提乏的妻子天天来求约瑟与她同寝。约瑟告诉她不能作这恶得罪神。当波提乏的妻子尝试逼约瑟就范之时，约瑟便跑出房外，他宁可被关在监牢，也不愿向试探屈服。（参创39章）

神曾应许把迦南地赐给以色列。摩西打发十二个人去窥探应许之地，并带回有关报告。那地出产丰富，但住在那地的人都身量高大。（参民13－14章）

_____2a. 其中十个探子说："我们不能上去攻击那民，因为他们比我们强壮。"（民13:31）

_____2b. 约书亚和迦勒说："耶和华若喜悦我们，就必将我们领进那地……不要怕那地的居民。"（民14:8－9）

_____3a. 亚撒王在战场上面对古实王谢拉的大军。他说："耶和华啊，惟有你能帮助软弱的，胜过强盛的。耶和华我们的神啊，求你帮助我们，因为我们仰赖你，奉你的名来攻击这大军。耶和华啊，你是我们的神，不要容人胜过你。"（代下14:9－11）

_____3b. 亚撒王和犹大国受到以色列王巴沙的攻击，亚撒从耶和华殿和王宫的府库里拿出金银来，送给亚兰王便哈达，寻求他的帮忙，解决与以色列王的纠纷。（参代下16:1－3）

以自我为中心是一个狡诈的陷阱。从人的角度来看，以自我为中心的生活是多么合情合理。像亚撒王一样，你曾一度逃避以自我为中心，但在不同的情况下你又会跌进这个陷阱。以神为中心的生活，必须每天向自己死，并完全顺服神（参约12:23－25）。1b、2b及3a是以神为中心的事例，1a、2a及3b是以自我为中心的事例。

神的计划而非我们的筹算

要过以神为中心的生活，你必须一生专注神的计划而非自己的筹算。你必须学习从神的角度，而不是从自己的角度看事物。当神开始在这世界做一件事的时候，他会采取主动接近某人，向他讲话。因为神选择了让他的子民参与完成他的计划。

3 回答下列各问题。倘若你不知道问题的答案，可翻阅列出的经节。

a. 当神到挪亚那里，吩咐他建造一只方舟的时候，神准备做什么？（参创6:5－14）

_____

b. 当神探访亚伯拉罕的时候，他准备在所多玛和蛾摩拉做什么？（参创18:16－21；19:13）

_____

一粒麦子不落在地里死了，仍旧是一粒；若是死了，就结出许多子粒来。爱惜自己生命的，就失丧生命；在这世上恨恶自己生命的，就要保守生命到永生。

（约12:24－25）

c. 当神到基甸那里的时候，他准备做什么？（参士6:11-16）

_____

d. 当神在大马士革路上临近扫罗（后改称保罗）的时候，他正准备做
什么？（参徒9:1-16）

_____

e. 在上述每一个事例中，做成每一件事的最重要因素是什么？选择其
中一个答案。

☐ 人要为神做事　　☐ 神正准备做事

神到挪亚那里去的时候，他正准备以洪水毁灭世界。当神准备毁灭所多
玛、蛾摩拉的时候，他告知亚伯拉罕这件事。当神正要把以色列民从米甸人的
欺压中拯救出来的时候，他到基甸那里去。当神已准备好将福音的信息传给外
邦人的时候，他临近扫罗。在每一个处境中，最重要的因素是神正准备做事。

让我们以挪亚为例。他有一切侍奉神的计划又怎么样？由于那将临的毁
灭，这一切的计划岂不是毫无意义吗？挪亚并没有呼求神帮助他完成他梦想要
为神去做的事。神从不要求人梦想去为他做什么。我们不应当自己梦想要为神
做什么，然后呼求神帮助我们去完成它。《圣经》中的模式，是我们首先顺服
神，之后我们安静等候，直至神向我们启示他将会做什么，或我们注意在自己
所处的环境中神正在做什么，然后与他同工。

4 **在下面横线上，写出本周要背诵的金句。**

_____

**重温今天的功课。祷告求神帮你找出一两句他期望你明白、学习或付诸实践的课文内容或经
文，并回答以下问题：**

在今天研读的课文中，哪些 字句或经文对你最有意义？	将这些字句或经文改写为你 回应神的祈祷。	神期望你做什么来回应今 天所学习的？
_____	_____	_____
_____	_____	_____
_____	_____	_____
_____	_____	_____
_____	_____	_____
_____	_____	_____

死囚的奇迹

以神为中心的生活会影响别人的生命。而且心中确信神常常在你的周围做工，也会影响你跟人的关系。

卡拉（Karla Faye Tucker）是美国德州盖兹维（Gatesville）女子监狱的死囚，她在狱中信了主。有热心的基督徒带她研读《不再一样》的课程，她的生命有极大的改变。她开始教导监狱里的死囚认识主耶稣。结果，有很多的死囚也接受主耶稣作个人的救主，还给自己一个新封号叫"重生犯"，因为她们在基督里获得了真正的生命。

神的计划与我们的筹算

谁将以色列的子孙从埃及拯救出来？是摩西还是神？是神！神选择了先与摩西建立关系，神自己可以拯救以色列民。摩西是否尝试自己亲手去处理以色列民的事呢？

在《出埃及记》2章11–15节，摩西为了他同族人的利益，开始展示他自己的实力。倘若摩西尝试以人为的方法去拯救以色列民，可能会发生什么事呢？数以千计的以色列人将会被杀害。摩西尝试自己亲手去处理以色列民的事，因此，他付上了40年在外漂流、在米甸作牧羊人的代价（但也重整了他的生命、过以神为中心的生活）。

神亲自拯救以色列民的时候，有多少人丧掉性命？一个也没有。在神施行拯救的过程中，神甚至使埃及人主动将金银和衣服送给以色列民。埃及被掠夺一空，埃及的军队被摧毁，以色列却没有一个人丧掉性命。

为何我们总不明白，以神的方法做事往往是最好的？我们在自己的教会中造成拆毁及损害教会的事，原因是我们有自己的计划。我们贯彻执行既定的计划，从中我们所得到的，只是我们有限的能力所做到的。神（耶稣）是教会整体的头。当我们让神成为教会的元首，自会发现其中不同之处。神借着一群顺服他的子民，在6个月内完成的工作，肯定远比我们用60年时间自作主张完成的更多。

遵行神的法则

① 阅读下列的经文，并找出神对那些不跟从他法则的人有何回应，然后回答各问题。

我是耶和华你的神，曾把你从埃及地领上来。你要大大张口，我就给你充满。无奈我的民不听我的声音，以色列全不理我。我便任凭他们心里刚硬，随自己的计谋而行。（诗81:10–12）

a. 神已经为以色列民做了什么事？＿＿＿＿＿＿＿＿＿＿＿＿＿＿

＿＿＿＿＿＿＿＿＿＿＿＿＿＿＿＿＿＿＿＿＿＿＿＿＿＿＿

b. 神对他的子民有何应许？＿＿＿＿＿＿＿＿＿＿＿＿＿＿＿＿

＿＿＿＿＿＿＿＿＿＿＿＿＿＿＿＿＿＿＿＿＿＿＿＿＿＿＿

明白神在我身处的环境中要做什么，比告诉神我要为他做什么更重要。

后来摩西长大，他出去到他弟兄那里，看他们的重担，见一个埃及人打希伯来人的一个弟兄。他左右观看，见没有人，就把埃及人打死了，藏在沙土里。第二天他出去，见有两个希伯来人争斗，就对那欺负人的说："你为什么打你同族的人呢？"那人说："谁立你作我们的首领和审判官呢？难道你要杀我，像杀那埃及人吗？"摩西便惧怕，说："这事必是被人知道了。"法老听见这事，就想杀摩西，但摩西躲避法老，逃往米甸地居住。

（出2:11–15）

c. 神的子民如何回应神? _____

_____

d. 神怎样做? _____

_____

2️⃣ **读下列两节经文，看看神对以色列民有什么应许，然后回答问题。**

甚愿我的民听从我，以色列肯行我的道，我便速速治服他们的仇敌，反手攻击他们的敌人。（诗81:13-14）

以色列民若肯听从神，行他的道，他们可以得到什么应许？

_____

3️⃣ **翻阅《希伯来书》3章7-19节，然后回答下面的问题。**
为什么以色列民不能进入应许之地？

_____

我们必须调整自己的生活，以致神能透过我们做他要做的。神不是我们的仆役，他无须做出任何调节配合我们的计划。我们是他的仆人，因此，我们必须调整我们的生活方式来配合神工作。假若我们不肯顺服，神会让我们随从自己的筹算行事；然而，我们永不会经历到神为着我们的益处可以做成的事；也经历不到神为着其他人的益处，要借着我们去做成的工。

神借着许许多多神迹奇事领以色列人出了埃及地。以色列人可以完全信靠神，可当他们临近应许之地时，却不相信神能把应许之地赐给他们。为此，他们用了40年的时间，在旷野漂流。《诗篇》81篇，神提醒以色列人这件往事：假若以色列人听从他的计划，放弃自己的筹算，神可速速征服他们的仇敌。

4️⃣ **思想下列各问题并做出回应：**

a. 神是与子民同工去实现他的计划，至今他是否改变了这种做法？

_____

b. 为什么我们总是情愿追求自己的筹算而不愿去经历神更丰富的预备？

_____

> 我们是他的仆人，因此，我们要调整自己的生活，来配合神所要做的。

你需要知道神正准备做什么

有一年，各宗派的领袖在我们的城市聚集，要商讨在首府地区推展一项事工。不少机构的高层人士亦与我们合作去完成许多伟大的计划。然而，有一个问题不断在我思想中盘旋："若是神在我们完成这些事情之前要审判我们的国家，那怎么办？"我需要明白神对这个城市的心意，若神定意要做不一样的事情，我所做的未来的规划可能是无意义的。

神呼召人作先知的时候，他往往要传递一个重叠的信息。神的第一个信息是："呼唤我的百姓回转归向我。"假若人对这呼唤未能做出回应，他们需要聆听第二个信息："他们要晓得，如今他们较以往任何时刻，更接近面对审判。"神对先知所说的话："告诉我的子民：我做了什么，我正在做什么，以及我将要做什么，然后呼唤他们对我作出响应。"

对古代的众先知来说，明白神将要做什么是否非常重要？当神准备在耶路撒冷施行一次可怕的审判、毁灭整个京城之际，人若知道神将要行可怕的事，是极为重要的？当然非常重要！

5 你认为自己的国家是否正面临神的审判？请选择其中一项：

☐ 我不认为神会对我的国家施行审判。
☐ 我认为神的审判是很久以后才会发生的事。
☐ 我不明白神为何可以宽容等候这么久，我相信我们正面临神严厉的审判。
☐ 我相信我们正经历神管教式的审判，正如《以赛亚书》5章17节所描述的。
☐ 我认为为我们已经历过神的审判。

你会列举什么证据支持你的答案？

_____

_____

你的想法对你生活的方式有何影响？

_____

_____

明白神在你身处的环境中要做什么，比告诉神你要为他做什么更重要。倘若在神将要毁灭所多玛、蛾摩拉的前夕，亚伯拉罕告诉神他计划好去巡视这两个城市，并要逐家逐户为他作见证，会有何用处呢？你在教会中制订了许多长期计划，若是在你推展这些计划之前，神要在你的国家施行审判，这一切又有何用处呢？

你需要知道在这历史时刻，神为你的教会、社会和国家制订的计划。这样，你和你的教会可以立时做出调整，在还来得及之前，与神配合，参与他在这个时代的工作。虽然神不会给你一个详尽的程序表，但他会一步步让你知道，你和你的教会需要如何回应他的工作。

6 现在就祷告，求神引导你应当如何在下列各方面向他做出

> 明白神在你身处的环境中要做什么，比告诉神你要为他做什么更重要。

回应：

- 个人生活
- 你的家庭
- 你的教会
- 你的工作
- 你的社会
- 你的国家

你也可以在旁边的空白处或用一张纸，记下一些要点。

在1209年，亚西西的圣方济（Francis of Assisi）听到一篇《马太福音》10章7至10节的信息，深受感动，他立刻明白那是神给他的指示，要他变卖一切，致力于传福音给贫穷的人。当圣方济顺服神的呼召，很快就吸引别人一同参与这项事工，后来有成千上万的人投入这个计划，因而帮助了无数穷困的人。神只对一个年轻人说话，就影响了更多的人。

当神向约翰及查理·卫斯理说话的时候，他正准备赐下一个横扫英国的大复兴，来挽救英国逃避一场像法国所经历的流血革命。那时候，乔治·怀特菲尔德和另外几个基督徒侍立在神面前，神便透过他们做了一件伟大的工作，把英国彻底扭转过来。

在你生活的社区里，有些事情将会发生在某些人的生命中，神要介入这些人的生命。也许他要借着你去做工，他会临近你向你说话。但是，由于你过于以自我为中心，因此回应说："我恐怕没时间，我也不认为我可以做这件事，并且我……"

你看见问题在哪里吗？你的注意力只放在自己身上。当你感觉到神在你生命中有所引导，你马上给他一连串的理由，说明他选了一个不合适的人，或表示现在不是恰当的时间（参出3:11，4:1）。我期望你会寻求神的心意。神知道你没有能力自己去做，但是他愿意借着你亲自做成他的工。

重温今天的功课。祷告求神帮你找出一两句他期望你明白、学习或付诸实践的课文内容或经文，并回答以下问题：

在今天研读的课文中，哪些字句或经文对你最有意义？	将这些字句或经文改写为你回应神的祈祷。	神期望你做什么来回应今天所学习的？
_____	_____	_____
_____	_____	_____
_____	_____	_____
_____	_____	_____
_____	_____	_____

神采取主动

整本《圣经》清楚显明，神是采取主动的神。当神去到一个人那里的时候，他往往是向人启示他自己和他的计划。这个启示就是一个邀请，邀请人将生命的方向调整朝向神。从来没有一个与神相遇过的人会仍旧过着以前的生活而毫无改变。他们必须在生命的方向上做出重大的调整，以致可以顺服神、与他同行。

神是那位有绝对主权的主。我要过一种以神为中心的生活，因为他是在我前头引路的神。神常常采取主动去完成他自己的工作。你若以神为生命的中心，包括你渴望做讨神喜悦之事的心愿，都是神在你生命中采取了主动的结果（参腓2:13）。

当我们看见神动工的时候，通常我们会怎样回应呢？我们会立即变得以自我为中心而非以神为中心。但无论如何，我们必须重新调整我们生命的方向，去过以神为中心的生活。我们必须学习从神的角度去看事物，让他在我们里面塑造他自己的性情，让主向我们启示他的想法。唯有这样，我们才能对生命有正确的认识。

你若持守以神为中心的生活，表示你已将自己的一生与神的计划和行动步伐保持一致。当你看见神在你周围的环境中动工时，你必怦然心动，说："天父，感谢你，感谢你让我在你的工作上有份。"当神开我的眼睛，使我得见他在我身处的环境中做工的时候，我常常深信神正期望我能与他同工。

神以行动发出的启示，是邀请你与他同工。

因为你们立志行事，都是神在你们心里运行，为要成就他的美意。

（腓2:13）

①**选择题：**

a. 你能够明白及遵行神的旨意，是谁先采取了主动的结果？

☐ 我自己，神会让我决定要为他做什么。

☐ 神自己，他邀请我在他的工作上与他同工。

b. 下列哪几项，是神可能向你启示他计划和心意的途径？

☐ 他让我知道他正在何处做工。

☐ 他借着《圣经》向我说话，使我晓得如何在个人的生活中实践真理。

☐ 他赐给我一个热切的渴望，这个渴望愈祷告愈见强烈。

☐ 他在我的周围制造一些处境，对我敞开机会之门。

神常常采取主动。他不会让我们来决定为他做什么。神采取了主动向我们启示他的心意，等待我们向他做出回应——调整我们的生活来配合他的计划，并完全听凭他差遣。在问题b，四个答案都可以是神向你启示他的计划和心意的途径。除了这四个途径外，当然还有其他的方法。但是，我们必须小心注意后两个途径，一个以自我为中心的生命，会有一种倾向，就是把个人自私的欲望与神的旨意混淆。此外，我们也不能常常以环境（形势）作为神引导的指标。"敞开的门"或"关闭的门"也不能常常用来衡量神是否引导我们继续前进。在寻求神的指引时，要注意神的带领，是否与祷告中的领受、神的话语和环境一致。

学习与神同行

现在，也许你仍然这样说："这一切听起来很合理，但是，我需要一些实质的帮助，学习如何应用这些概念。"在任何情况下，切记神只要你完全依靠他，而不是倚靠一种方法。完全倚靠神的关键不是一个方法，乃是与神之间的关系。我会告诉你有关一个人学习借着祷告和信心与神同行的事迹，看看是否可以帮助你明白其中的道理。

乔治·穆勒（George Mueller）是19世纪的英国牧师，他注意到神的子民已变得异常沮丧、气馁。他们不再期望神会做任何不寻常的事情；他们不再相信神会应允祷告；他们的信心非常微小。

神开始引导穆勒去祷告。穆勒的祷告，是求神带领他去从事一项工作，这项工作的成果，只能被解释为神的作为。穆勒想要神的子民认识神是一位信实的神，又是应允人祷告的神。他读到《诗篇》81篇10节，就是在昨天的课文中读到的——"你要大大张口，我就给你充满。"神开始带领穆勒过信心的生活。

当穆勒感觉神引导他去做一些工作的时候，他向神祈求需用的来源。他不会把需要告诉任何人。穆勒期望所有人都知道，神供应人一切的所需，只为回应人的祈祷和信心。他在英国布里斯托侍奉的时候，开设了《圣经》知识学院，从事分享《圣经》和宗教教育的工作，也开设了一家孤儿院。到穆勒离世的时候，神使用穆勒建立了四间孤儿院，同一时间一共照顾2000名儿童，超过10000名儿童曾经在孤儿院中得到照顾。神应允他的祷告，借着他的手分给人需用的金钱，超过800万美元。穆勒93岁离开世界，他在世上的财物，估计只有800美元而已。

穆勒知道并遵行神的旨意。

 阅读下面这段文字，列出穆勒做了哪几件事情，帮助他知道并遵行神的心意，然后列出，有哪些事情使穆勒在明白神旨意的事上犯错。

"我不会忘记，在任何时候，只要我真诚地、有耐性地靠着圣灵的教导，借着神的话语，去寻求神的旨意，我总得着正确的指引。然而，当我在神面前缺少诚实的心和正直的灵、没有耐性等候神的指示，又或者我喜欢寻求朋友的意见甚于得着永活神的话语，我就会犯上极大的错误。"

是什么帮助穆勒知道神的旨意？

_____

_____

_____

是什么导致穆勒在明白神旨意的事上会犯错误？

_____

_____

_____

穆勒提及对他有帮助的是：

· 真诚地寻求神的指引

· 耐性等候神，直至从神那里得着话语

· 注意圣灵借着神的话语教导他

穆勒知道下列几件事会使他犯错误：

· 欠缺诚实的心

· 缺少正直的灵

· 没有耐性等候神

· 喜欢人的意见甚于《圣经》中的话语

穆勒将他与神有"心心相印"的关系和辨别神声音的门径，归纳为下列几点：

1. 首先，我会让自己的心平静下来，不会对要求问的事有自己的私意。通常问题的根源十之八九是在自己的心。当我们的心预备好去遵行所明白的神的旨意时，大部分的困难已迎刃而解。

2. 其后，我不会靠感觉做出决定，假若我如此行，我便会使自己犯上极大的错误。

3. 我借着神的话，寻明圣灵的意思。神的灵与神的话必须彼此结合。倘若我只注意圣灵而忽略神的话语，我同样会置自己于极大的错误中。如果圣灵要引导我们，他会依据《圣经》来指引我们，他的指引绝不会与《圣经》相违背。

4. 然后，我会考虑神所预备的处境。神的话、神的灵和神所预备的环境，常常会清楚显明神的旨意。

5. 我会在祷告中求神向我正确地启示他的心意。

6. 因此，借着向神祈求、研读神的话语和思想反省，我会根据所知道的做出一个慎重的判断。如果我心里有平安，并且在经过多次祷告后，平安仍留在心里，我便会按照做出的判断去做。

3 选择题：

（1）穆勒如何开始寻求神的旨意？

- ☐a. 他尝试决定自己要为神做什么
- ☐b. 他尽己所能使自己没有私意
- ☐c. 他尽己所能只求神的旨意成就
- ☐d. （b）及（c）

（2）穆勒认为在怎样的情况下会犯错误？

- ☐a. 单凭感觉做决定
- ☐b. 单单倚靠圣灵的指引
- ☐c. （a）及（b）

（3）穆勒常寻求下列哪一句中所描述的？

- ☐a. 他个人的想法和环境
- ☐b. 神的灵和神的话语
- ☐c. 其他人的意见和他自己的想法
- ☐d. 环境和内心的平安

（4）穆勒判断是否是神的旨意的最后测试是什么？

- ☐a. 他鉴别"门"是敞开或是关闭
- ☐b. 他询问一位牧师朋友的意见
- ☐c. 他凭直觉继续进行，并注意是否行得通
- ☐d. 他靠着祷告、研读《圣经》和思想反省，寻求一个具体的指引，并得着长久的内心平安。

正确答案是1-（d），2-（c），3-（b），4-（d）。我希望穆勒的经历对你有帮助。倘若你仍感模糊不清，也无须感到气馁，我们仍有许多时间一同学习。明天我会告诉你一个活生生的例子，说明神是如何做工的。

4 背诵本单元的金句，或在另外一张纸上写出来。

_____

_____

_____

_____

_____

_____

_____

_____

_____

_____

_____

_____

_____

_____

_____

_____

_____

_____

重温今天的功课。 祷告求神帮你找出一两句他期望你明白、学习或付诸实践的课文内容或经文，并回答以下问题：

在今天研读的课文中，哪些字句或经文对你最有意义？	将这些字句或经文改写为你回应神的祈祷。	神期望你做什么来回应今天所学习的？
_____	_____	_____
_____	_____	_____
_____	_____	_____
_____	_____	_____
_____	_____	_____

第4天

神向他的子民说话

神从未改变，他现今仍然向他的子民说话。

多年前我有机会对一群年轻的牧师讲道。当我讲完之后，一位牧师把我拉到一旁，说："我向神发誓，我永远不会再听像你这样的人讲道。你的语气就像说神是你个人的神，是那么真实，并且会向你说话。我鄙视你的说法！"

我问他说："对于神会向你说话这一点，你是否遇到困难？"我们花时间谈论这件事。没多久，我们一同跪下祷告，他一边流泪一边为神会向他说话献上感谢。弟兄姊妹，千万不要在神会向你说话这件事上受任何人的威吓。

1 先读一遍下列几段经文，然后回答问题。

神既在古时藉着众先知多次多方的晓谕列祖；就在这末世藉着他儿子晓谕我们。（来1:1）

但保惠师，就是父因我的名所要差来的圣灵，他要将一切的事指教你们，并且要叫你们想起我对你们所说的一切话。（约14:26）

只等真理的圣灵来了，他要引导你们明白一切的真理；因为他不是凭自己说的，乃是把他听见的都说出来，并要把将来的事告诉你们。他要荣耀我，因为他要将受于我的告诉你们。（约16:13-14）

出于神的，必听神的话；你们不听，因为你们不是出于神。（约8:47）

a. 在旧约时代（古时），神如何说话？他借着谁说话？

_____

b. 在新约时代（末世），神如何说话？

_____

c. 在《约翰福音》14章26节，耶稣应许我们，父神要因他的名差遣哪一位到来？

_____

d. 《约翰福音》14章26节及16章13-14节两处经文，对圣灵的工作有何描述？

_____

e. 是哪一位听见神所说的话？

_____

f. 《约翰福音》8章47节怎样描述那些不听神说话的人？

_____

②根据上述经文的内容，写下有关"神说话"的摘要。

_____

_____

_____

在旧约时代，神多次用各种不同的方式说话。透过耶稣的一生，神自己向他的子民说话。如今，神透过圣灵说话。圣灵会将一切的事指教你，会叫你想起耶稣说过的话，会引导你进入一切的真理，会把他从父神所听见的说出来，会把将来的事告诉你，并且借着基督启示你，叫基督得着荣耀。

在我们这个时代，神是否仍会向他的子民说话？神要使用你的时候，他是否会向你启示他的计划？当然会！神并没有改变，他仍旧向他的子民说话。假若你在聆听神向你说话这方面有困难，你对信仰的体验显然出现了基本的问题。

假若你在聆听神向你说话这方面有困难，你对信仰的体验显然出现了基本的问题。

聆听神的声音

我们都深受罪的影响（参罗3:10-11）。除非圣灵启示我们，否则你和我都不能明白神的真理。圣灵是我们的导师，他将神的道教导你的时候，你要静候在他面前，并向他做出回应。你祷告的时候，要注意圣灵如何用神的道，印证在你心里神向你所说的话；要注意神在你身处的环境中正在做什么。在你祷告及读神话语的时候向你说话的神，就是那一位在你身处的环境中做工的神。

③请翻至书末附录图，读一读第四项实况，然后回答下列问题。

a. 耶稣升天后，三一神其中的哪一位被差遣来向神的子民说话呢？选择其中一个答案。

☐父神
☐耶稣
☐圣灵

b. 神透过哪四种途径向人说话？

_____

c. 神说话的时候，他向人启示什么？

_____

神借着圣灵，透过《圣经》、祷告、环境和教会启示他自己、他的计划和他做事的方式。以后我们会在多个单元中讨论有关神说话的时候会采用的几个途径。我不会向你提供一个方程式，使你知道神在向你说话；但我会与你分享《圣经》的话语。神向你说话的时候，你从《圣经》中获得的明证可以帮助你。当神选择透过《圣经》向一个人说话的时候，这个人会知道向他说话的是神，并且知道神对他说了什么。

在《约翰福音》10章2-4节及14节耶稣说：

· 从门进去的，才是羊的牧人。

· 羊听他的声音。

· 羊跟着他，因为认得他的声音。

· 我是好牧人；我认识我的羊，我的羊也认识我。

认得神的声音是基于与神建立了一份亲密的爱的关系。

认得神的声音的秘诀不是靠运用一个方程式，也不是采用一套可依循的方法。认得神的声音是基于与神建立了一份亲密的爱的关系。所以那些与神没有关系的人（不是出于神的人）听不见神说话（参约8:47）。你要学习注意神如何以独特的方式与你沟通。你不再需要其他的扶助，只需单单依靠神。你和神之间的关系是最重要的。

4️⃣ **神说话的时候，你如何得以认出神的声音？试从下列四个答案中选出最适合的一个。**

□a. 神会给我一件神迹奇事，我便知道神在向我说话。

□b. 基于与神之间亲密的关系，我可以认出他的声音。

□c. 当我学会运用正确的程序（或套用别人的经历），神说话的时候，我便可以听见。

□d. 我可以打开《圣经》，随便选出一节我想用的经文，然后宣称神给了我话语来回应我要处理的问题。

5️⃣ **认出神的声音的秘诀是什么？** _____

当神说话时，我们与神之间的亲密关系是认出神声音的秘诀。上述问题的正确答案是（b）。（a）、（c）和（d）是否是正确的答案呢？在《圣经》中，有时候神也会给人一件神迹奇事，使人肯定是他在说话，基甸就是一个例子（参士6）。向神求一件神迹奇事往往是不信神的表现。文士和法利赛人求耶稣显一个神迹的时候，耶稣责备他们，称他们为"邪恶淫乱的世代"（参太12:38-39）。他们是那么自我中心和罪恶，以致认不出神就在他们中间（参路19:41-44）。

"正确的程序"（别人的经历）也不是辨认神声音的秘诀。神从烧着的荆棘里向摩西说话。但除了摩西经历过烧着的荆棘之外，还有谁有过这样的经历呢？一个也没有！神并不希望你成为一个懂得运用方程式的专家，他只希望与你建立亲密的爱的关系。他希望你单单依靠他。所以认出神的声音并不是借着一种方法或某一方程式（或某种经历），而是基于与神之间亲密的关系。

有人或许对于d并不是正确的答案感到奇怪，他们会说："难道我不能从《圣经》中得到神要说的话吗？"你当然可以从《圣经》中得到神要说的话；

但是，只有圣灵可以启示你知道，神在你身处的独特境况中要对你说什么。纵使经文中的处境与你的处境相同，也只有神能对你启示他的话语。

至于宣称自己从神那里得着话语这件事，你同样需要很小心谨慎，因为宣称从神那里得着话语是一件严肃的事。倘若你真的从神那里领受了话语，你必须持守所领受的——直到这话语成就为止（纵使要像亚伯兰那样等待25年之久）。假若你并没有从神那里得着话语，却宣称自己得着了，你就会受到像假先知那样的审判：

> 你心里若说："耶和华所未曾吩咐的话，我们怎能知道呢？"先知托耶和华的名说话，所说的若不成就，也无效验，这就是耶和华所未曾吩咐的，是那先知擅自说的，你不要怕他。（申18:21-22）

根据旧约的律例，一个假先知应得的刑罚是将他处死（参申18:20），这是一个非常可怕的结局。因此，不要轻率地宣称从神那里领受了他的话。

神爱你，他渴望与你建立一种亲密的关系。他期望你在寻求他的话语时，单单倚靠他。他希望你学会聆听他的声音，并知道他的旨意。在神向你说话之时，要听得到他的声音，秘诀在于你和他之间的亲密关系。

6 向神这样祷告："神啊，求你帮助我与你有亲密的关系，以致你向我说话的时候，我可以清楚知道你在向我说话，并且我会对你做出合宜的回应。"

本课摘要

神从没有改变，他现今仍然向他的子民说话。

倘若我在聆听神向我说话这方面有困难，我对信仰的体验显然出了基本的问题。

神借着圣灵，透过《圣经》、祷告、环境和教会，启示他自己、他的计划和他做事的方式。

认出神的声音，是由于与神有亲密相爱的关系。

重温今天的功课。 祷告求神帮你找出一两句他期望你明白、学习或付诸实践的课文内容或经文，并回答以下问题：

在今天研读的课文中，哪些字句或经文对你最有意义？

将这些字句或经文改写为你回应神的祈祷。

神期望你做什么来回应今天所学习的？

神对人说话带有目的

神塑造人的品格，使他能承担神交托的工作。

神对你说话的那个时刻，正是神期望你对他做出回应的重要时刻。

我们常常希望神向我们说话，或在每天灵修的时候给我们一点亮光，使我们每天的生活有一种愉悦的感觉。倘若你希望这位掌管宇宙万物的神对你说话，你必须做好充分的准备，因为他会向你启示他在你身处的环境中要做的工。在《圣经》里，神绝少为了与人闲话家常而临近人对人说话。当神透过《圣经》、祷告、环境、教会或其他方式向你说话的时候，他必定在你一生中有一个美好的计划。

当神临近亚伯兰，向他说话的时候（参创12），他正准备做什么？神正准备透过亚伯兰建立一个民族。请注意神行事的时间表，正是在那个时候，神准备透过亚伯兰建立一个民族。亚伯兰知道了神的心意后，他必须调整自己的生活，立即依从神的吩咐，来配合神的计划。

神向你说话的那个时刻，正是神期望你对他做出回应的重要时刻。我们常常以为可以用三四个月时间来仔细思想，慢慢决定在什么时候对神做出回应。请你谨记：神向你说话的那个时刻，正是神期望你对他做出回应的重要时刻。神向他的仆人说话，表明他已准备有所行动，否则他不会轻易向人启示他的心意。当神要掌管你人生的方向的时候，你能及时做出回应是非常关键的。他向你说话的时候，你必须信靠他。

可是，千万不要以为神呼召你的时候，你已装备充足可以承担神所交托的工作了。神对亚伯兰说话以后，过了多少年日，神应许给他的儿子以撒才生下来呢？过了整整25年之久！（参创12:4，21:5）神为何不立刻赐给亚伯兰一个儿子？因为神要花25年的时间来塑造亚伯兰的生命，使他能成为以撒的父亲。神所关注的，主要并不是亚伯兰；神的心意是借着亚伯兰建立一个民族。一国之父的品格和生命的素质，会直接影响多代后裔的生命；因此，神用时间来塑造亚伯兰，使他成为一个合用的器皿。神向亚伯兰说话的时候，亚伯兰必须立时调整他生命的方向，顺服神的心意。亚伯兰不能等到以撒生下来以后，才顺服神的心意再学习做以撒的父亲。

当神借着撒母耳膏抹大卫为王之后，过了多久，大卫才真正登上王位？可能有10-12年。在这段时间，神做了什么？他在建立大卫跟他的关系。当王预备好了，国家也就预备好了。品格永远是重要的，绝对不能轻易略过。

当永生神呼召使徒保罗之后，隔了多久，保罗才踏上第一趟宣教旅程？可能有10-11年之久。关键不在保罗，而在神，是神要拯救一个失丧的世界，是神要透过保罗拯救外邦人。神用了很多时间来装备保罗，让保罗可以承担神所托付的工作。

1 是非题：

____a. 神对我说话，纯粹为了让我觉得在灵修的时间有点亮光，以致整天都心情畅快。

____b. 当神对我的一生有一个美好计划的时候，他会向我说话。

____c. 神对我说话的时候，我可以慢条斯理决定在什么时候才对神做出回应。

____d. 神向我说话的时候，我必须立即做出回应，调整自己生命的方向，以配合神的计划和方法。

____e. 神在什么时候向我说话是神自己的决定。

当神向你说话的时候，他必定在你一生中有一个美好的计划。因此，他向你说话的时刻，就是你应当开始回应神的关键时刻。答案a、c题（非），b、d、e题（是）。但我们也应当让神有时间及机会塑造我们的品格。

神塑造人的品格，使人能承担神所交托的工作

神呼召亚伯兰的时候，他对亚伯兰说："我必叫你的名为大。"（创12:2）神这句话的意思，是说他要塑造亚伯兰的品格，使他能承担神交托他的任务。世间最悲哀的事，莫过于由一个生命未成熟的人去承担一个重要的职分。大部分人都渴望神把重要的职分交托给我们，却没有注意去培育个人的品格。

假设有一位牧师正在期盼有大教会聘请他，这时候，另外一家小教会邀请他，希望他能抽时间兼顾那里的牧养工作。

这位牧师心里想："唔！我受过这么多的训练，我绝不可以在一个平平凡凡的岗位上侍奉神，我应当肩负起一个更重要的职分才合理。"

2 选择题：你认为这位牧师的回应是属于下列两类中的哪一类？

☐ 一个以神为中心的回应。
☐ 一个以自我为中心的回应。

你是否注意到这位牧师的想法多么以自我为中心？人们许多的想法都是自以为是，这些想法往往阻挡了神的计划。假若你在小事上不忠心，神不会把更大的工作交托给你。神会借着交托给你一些小差事来塑造你的品格，调整你人

生的方向，以便你可以在日后承当重大的职分。神常常借着交给你一个个的小差事来塑造你。你若肯顺服神，便可以透过各种的经历更深认识他。认识神是你一生的目标，你是否愿意经历神在你生命中大能的作为？你是否愿意经历神借着你彰显他大能的作为？你若愿意，那么，纵然神带领你担当一个微不足道、无人注意的职分，你也会调整自己的生活，顺服神的带领。听见主对你说："好，你这又良善又忠心的仆人"（太25:21），岂不是最快乐的事吗？

你或许会问："我是否可以假设，凡是人看来微不足道、毫不受人注意的职分，就必然是神交托给我的职分？"这个假设并不正确。不论在你眼中这个职分是重要或是卑微，你仍然要清楚这是否就是神交托给你的职分。重点是，一定要让神告诉你。切勿基于自己主观的分析，拒绝承担一个你眼中看为重要或卑微的职分。要知道这职分是不是神交托给你的，秘诀在于你和神之间亲密的关系。千万不要轻忽这份关系。

3 假设你计划好去钓鱼，或准备在晚上观赏一场足球比赛，又或许要往商场购买一些用品，神却在这时候邀请你与他同工，你会怎样做？

☐ 我会先完成自己计划要做的事，然后一有空，就去做神吩咐我做的事。
☐ 我会认为神不会在这种情况下邀请我与他同工，因为他一早已知道我有自己的计划。
☐ 我会想尽办法完成自己的计划，又完成神吩咐我去做的工作。
☐ 我会重新调整自己早已订下的计划，以便可以与神同工。

有些人绝不会让任何事情更改他们去钓鱼或观赏一场足球赛的计划，他们口里声称要侍奉神，可是却不容许任何事情干扰自己订好的计划，这种人完全以自我为中心；因此，他们察觉不到神的作为。一个以神为中心的人，会调整自己的生活去配合神的工作。

神有绝对的主权干扰你的生活，因为他是你的主。你既接受了他作你生命的主，将主权给了他，他就可以随时使用你的生命。在《马太福音》25章14-30节才干的比喻中，假设主人吩咐他的仆人去做一件事，十次有五次仆人对主人说："对不起，我没有预留时间做这件事。"你认为主人会怎样做？主人必定会管教责备这个仆人。如果这个仆人对主人的管教责备毫无反应，主人自然就不再将工作交给他。

你是否羡慕那些大大被神使用的基督徒？这些人能够被神使用，是因为他们在各样事上都顺服神，当神吩咐他们去做一件事的时候，他们立刻调整自己的生活，配合神的计划。他们既在小事上忠心，神便将更重要的工作托付他们。

你若在小事上不忠心，神不会把重大的任务托付与你。神常常借着交托你一些较小的事工，来塑造你的品格，使你将来能承担重要的任务。神若要你承担重大的职分，他一定会塑造你的品格来符合他的计划。

4 回答下面几个问题。

a. 你曾经期望神托付你去承担哪一项任务？

_____
_____
_____

b. 在这方面你是否曾感到困惑和失望？

_____
_____
_____

c. 你是否曾在神要用你去做工的时候，却选择了不顺服他的带领？若有过这样的经历，请扼要记下你当时的处境。

_____
_____
_____

d. 现在圣灵是否对你说话，向你提到你个人品格的问题？若有的话，他正在说什么？

_____
_____
_____

e. 你的生活行为是否表明基督是你生命的主？你若没有让耶稣掌管你的生命和生活，现在你是否愿意做出回应？

_____
_____
_____
_____

当神告诉你人生下一步的方向时，你应当顺服神的指引，然后让神有时间来装备你，使你成为可以承当重任的人。神花时间来装备你，塑造你的品格，是否纯粹为了你个人的益处？不，神并不单单为了你才花这么多的时间。神预备你成为合用的器皿，使你与神建立亲密的关系，也是为了要祝福那些他要借着你去得着的人。因此，为了那些失丧的灵魂和那些有需要的人，你要认真地建立与神之间的关系；这样，当神把你安放在一个岗位上的时候，他便能借着你，在你接触到的人身上，做成他要做的工。

5 请在横线上写下你要背诵的《圣经》金句：

_____

_____

_____

_____

_____

_____

_____

_____

6 温习你要背诵的《圣经》金句，预备好在这个礼拜的小组
聚会中背诵出来。

_____

_____

_____

_____

_____

_____

_____

_____

_____

_____

_____

_____

_____

_____

_____

_____

_____

_____

_____

重温今天的功课。祷告求神帮你找出一两句他期望你明白、学习或付诸实践的课文内容或经文，并回答以下问题：

在今天研读的课文中，哪些字句或经文对你最有意义？

_____

_____

_____

_____

_____

将这些字句或经文改写为你回应神的祈祷。

_____

_____

_____

_____

_____

神期望你做什么来回应今天所学习的？

_____

_____

_____

_____

_____

3

·金·句·背·诵·

耶稣对他说:"你要尽心、尽性、尽意,爱主你的神。这是诚命中的第一,且是最大的。"

《马太福音》22:37 - 38

神追求与人建立爱的关系

嘉莉患了癌症

当我的女儿不能得到她想要的，她通常会说："你并不爱我。"她这样说是否正确呢？当然不是。我对女儿的爱并没有改变，只是在那个时刻，我以不同的方式向她表达我对她的爱，这种表达的方式却不是她所想要的。

当我们唯一的女儿嘉莉16岁的时候，医生告诉我们，她患上了癌症。我们要带她去接受化疗和放疗。看着嘉莉因患病而要接受各种治疗，我们也与她一起经历这些痛苦。有些人面对这样的事情时，会责怪神、质问神为什么不再爱他们，嘉莉因癌症而要接受各种治疗，这个经历对我们的信仰可以造成极大的影响。神是否仍然爱我们？是的，神仍然深爱我们！他对我们的爱是否改变了？没有，他的爱永不改变。

当你面临这样的困境时，你可以祈求神指示你当怎样行。我们也求问神我们当怎样行，我们问了神许许多多问题，但我从未对他说过："主，我猜想你已不再爱我了。"

早在嘉莉患病之前，我就曾经下了一个决定：不管遭遇什么事，我绝不看环境，只看环境后的十字架。因为神已经借着耶稣基督的死及复活，向我显明了他永不改变的爱。因此，在嘉莉患病期间，我可以来到天父面前，并且在嘉莉这件事的后面看见耶稣基督的十字架。我说："天父，不要让我注视身处的景况，并质疑你对我的爱。你对我的爱早已在十字架上清清楚楚表明了，这爱从来没有改变也永不会改变。"我们与父神这种亲密的相爱关系，扶持我们度过一段相当困难的岁月。

不管在人看来，环境是如何恶劣，神的慈爱却永不改变。十字架、耶稣基督的死亡和复活，表达了神对我们那完完全全、永不改变的爱。请你切记不要怀疑神对你的爱，你渴慕认识神、经历神，是因为神以永远的爱爱你，神创造你是为了与你建立爱的关系。他一直追求与你能在那种爱的关系中。他给予你的每一个际遇，都是他爱你的一种显示。如果他不曾以完全的爱来显明他自己，他就不可能是神了。

第 **1** 天

神创造你是为了爱的关系

建立与神相爱的关系，是你生命中最重要的事。

在前面的两个单元里，我已向你介绍了有关明白及遵行神旨意的一些基本原则，你也知道了神能借着你完成他计划的七项实况。但是，正如我曾经说过的，这个课程不是向你提供一些方法或程序使你明白及遵行神的旨意。我编写这套课程，是要帮助你与神建立爱的关系，这样，神便能借着与你之间的关系，使用你来完成他所喜悦的事。

1 现在先温习有关经历神的七项实况，请在横线上填上适当的字句。

实况1. _____常常在你身处的环境中做工。

实况2. 神寻求与你建立持续相爱的_____，这关系是实在的，又是_____的。

实况3. 神邀请你与他_____。

实况4. 神借着_____，透过《圣经》，_____、处境和_____，向人启示他自己、他的_____和他的方法。

实况5. 神邀请你与他同工，这个邀请会导致你面临一个_____的危机和转机，你必须以_____和行动做出回应。

实况6. 你必须在生活上做出重大的_____，才能与神同工。

实况7. 当你_____神，又让他透过你做成他的工作时，你自会借着认识神自己。

2 本单元的中心是第2项实况，请将其中的"你"字改为"我"字，写在下面：

实况2

关系

_____

_____

爱的关系

在这个单元，我会帮助你明白，是神自己寻求与你建立爱的关系。神是主动要与你建立这种关系，他创造了你也是为了这种相爱的关系。对你来说，这个相爱的关系应当是实实在在的，又是很个人的。

3 假若你现在站在神的面前，你能否对神这样说"我常常都是尽心、尽性、尽意、尽力爱你"呢？

能 □　不能 □　为什么？

_____

_____

我们教会里有一位会友常常在个人生活、家庭、工作和教会中遇到许多问题。有一次，在教会会议中，他突然暴跳如雷，气愤地夺门而出。他的生命中显然充满了愤怒。有一天我问他说："你和神的关系，是否亲密到一个地步，可以真诚地对他说：'我全心全意爱你'呢？"

他脸上流露出非常古怪的神情，说："从来没有人这样问过我！我不能对神讲出这句话，我只能说我会顺服他、侍奉他、敬拜他和敬畏他；但我不能说我爱他。" 这个弟兄的父亲从来不说爱他，因此，从小到大，他对父亲只有畏惧，没有爱。他误以为上帝也是这样一位天父。后来，我帮助他明白神爱他，也希望与他建立爱的关系。明白了这项真理之后，这个弟兄终于能够坦然体会天父的大爱。

这位弟兄在他的生命中出现了这么多问题，是因为他整个生命在神创造他的基本目的上出了问题。神创造我们，是为了与我们建立爱的关系，倘若你不能全心全意爱神，你必须祈求圣灵帮助你与神进入这种关系。

4 假如你渴望与神有这种亲密相爱的关系，请你现在就停下来向圣灵祷告，祈求他引导你、帮助你全心全意爱神。

请你花些时间安静在神面前，向他表达你对他的爱，感谢他用尽了各样方法向你表示他爱你。你可以详细列出神如何向你表达他对你的爱，然后存感谢的心，为了他对你的慈爱赞美他。

假若要我用一两节经文总括全本旧约《圣经》的精义，我会采用这两节：

> 以色列啊，你要听！耶和华我们神是独一的主。你要尽心、尽性、尽力爱耶和华你的神。（申6:4-5）

神对以色列民这个呼喊，在整本旧约《圣经》由头至尾表露无遗。新约的精义也和旧约一样，耶稣曾经引用《申命记》，指出最大的诫命就是"你要尽

你和神的关系，是否亲密到一个地步，以致你可以真诚地对他说："我全心全意爱你？"

你信仰生活的每一个层面，包括能否认识神、经历神及明白他的旨意，均取决于你和神之间相爱的程度。

心、尽性、尽意、尽力爱主你的神"（可12:30）。你信仰生活的每一个层面，包括能认识神、经历神及明白他的旨意，均取决于你和神之间相爱的程度。若是你和神之间的关系出了问题，你的生命必然会充满各样问题。

5 下列六段经文，均提及与神之间爱的关系。当你阅读这几段经文的时候，请注意"爱"这个字，并且它每一次出现都把它圈出来。

我今日呼天唤地向你作见证；我将生死、祸福陈明在你面前，所以你要拣选生命，使你和你的后裔都得存活；且爱耶和华你的神，听从他的话，专靠他；因为他是你的生命……。（申30:19-20）

神爱世人，甚至将他的独生子赐给他们，叫一切信他的，不致灭亡，反得永生。（约3:16）

有了我的命令又遵守的，这人就是爱我的；爱我的必蒙我父爱他，我也要爱他，并且要向他显现。（约14:21）

谁能使我们与基督的爱隔绝呢？难道是患难吗？是困苦吗？是逼迫吗？是饥饿吗？是赤身露体吗？是危险吗？是刀剑吗？……然而，靠着爱我们的主，在这一切的事上已经得胜有余了……（凡事）都不能叫我们与神的爱隔绝；这爱是在我们的主基督耶稣里的。（罗8:35、37、39）

主为我们舍命，我们从此就知道何为爱；我们也当为弟兄舍命。（约壹3:16）

神差他独生子到世间来，使我们藉着他得生，神爱我们的心就在此显明了。不是我们爱神，乃是神爱我们，差他的儿子为我们的罪作了挽回祭，这就是爱了。……我们爱，因为神先爱我们。（约壹4:9-10、19）

6 参阅上述六段经文，回答下面的问题：

a. 谁是你的"生命"？ _____

b. 神用什么方法向我们显明他爱我们？ _____

_____

c. 我们可以怎样向神表明我们爱他？ _____

_____

d. 神应许怎样回应我们对他的爱？ _____

_____

_____

e. 谁先付出爱？是我们抑或是神？ _____

答案：（a）神是你的生命。

（b）神亲自吸引我们，他赐下他独生的爱子，为我们舍命，使我们得着永生。

（c）拣选生命：听从他的话；专靠他；相信他的独生爱子；遵守他的命令

和教训；愿意为弟兄舍命。

（d）我们和我们的后裔都必蒙福；因信神的儿子，我们会有永生；父神会爱我们，又向我们显现；神会使我们胜过一切的难处，我们永不会与他的爱隔绝。

（e）神先爱我们，因为"神就是爱"（约壹4:16）。

神向你所要的是什么呢？神只要求你全心全意爱他。能否经历神，取决于你是否与神之间有这种相爱的关系。与神之间相爱的关系，是你生命中最重要的事。

7 在下面横线上写出本单元要背诵的金句。另外，温习一下第1单元及第2单元要背诵的金句。

_____

_____

_____

_____

8 本单元第3天的习作需要一些事前准备，请你先看看本单元第3天要做的功课，以帮助你可以做好准备。

_____

_____

_____

与神之间相爱的关系，是你生命中最重要的事。

本课摘要

我的信仰生活，完全取决于我与神之间相爱的程度。

神创造我，是为了与我建立爱的关系。

神所说的每一句话、所做的每一件事，都是表达他对我的爱。

与神之间的相爱关系，在我的生命中比任何其他因素更重要。

重温今天的功课。祷告求神帮你找出一两句他期望你明白、学习或付诸实践的课文内容或经文，并回答以下问题：

在今天研读的课文中，哪些字句或经文对你最有意义？	将这些字句或经文改写为你回应神的祈祷。	神期望你做什么来回应今天所学习的？

第2天

与神之间爱的关系

被神所爱是我们人生中最值得重视的关系，最大的成就，和最崇高的地位。

尝试想象有一把很长的梯子，靠着一堵墙。你的一生就像爬梯子的一个过程。倘若当你爬到梯的顶端时，才发现这把梯子是靠着一堵错误的墙，它并没有带你到你想去的地方。这时候，时日已逝，你不能重新再来一次。人生的悲剧莫过于此！

之前我们提过你要过以神为中心的生活。意思就是说，你的生命必须与神有正确的关系。神为了与你有相爱的关系而创造了你，你和神（圣父、圣子、圣灵）的关系是你生命中最重要的事。若这方面没有处理好，你生命中的其他方面也会出现层出不穷的问题。

倘若你所拥有的，只是与神之间相爱的关系，你是否感到完全满足呢？许多人会说："唔！我挺喜欢有这种关系；但是，我觉得有了这种关系仍未足够。倘若神能交托我一些工作，我便心满意足了！"为什么我们单单有了与神之间相爱的关系还不满足呢？因为我们都喜欢以有多少工作来衡量我们自己的价值。如果我们并不是忙碌地做工，我们会觉得自己一钱不值。神却借着《圣经》不断要我们明白一件事：神要求我们爱他超过所有人、事、物；当我们与神建立了相爱的关系，我们自会得着一切，并且心满意足。与神相爱是你一生中最值得重视的关系；专心爱神是你人生中最大的成就。

然而，这并不是说你不用做任何事情去表达你对神的爱。神会呼召你顺服他，做他吩咐你去做的工。但是，你不再需要靠做工使自己感到满足和有成就感。当你的生命已被神自己充满，你还有什么欠缺呢？

1 下面这首诗歌，是雷亚·米勒（Rhea Miller）作的。请把那些会吸引人，使人转离耶稣的事物圈出来：

1. 我宁愿有耶稣，胜得金钱，我宁属耶稣，胜得财富无边；
   我宁愿有耶稣，胜得华宇，愿主钉痕手，引导我前途。

2. 我宁愿有耶稣，胜得称颂，我宁忠于主，成全他的事工；
   我宁愿有耶稣，胜得名声，愿向主圣名，永赤胆忠诚。

3. 恩主比百合花更加美艳，远比蜂房蜜更加可口甘甜；
   唯主能满足我饥渴心灵，我宁愿有主，跟随他引领。
   副歌：胜过做君王，虽统治万方，却仍受罪恶捆绑；
   我宁愿有耶稣，胜得世界荣华、富贵、声望。

2 请你细心思想诗歌的字句，然后诚实地回答下面的选择题：

a. 我宁愿有　　　☐ 耶稣
　　　　　　　　☐ 金、银、财富、房屋、地产

b. 我宁愿有　　　☐ 耶稣
　　　　　　　　☐ 人的称赞、虚荣美名

c. 我宁愿有　　　☐ 耶稣
　　　　　　　　☐ 统治万方的君王身份

3 如果你每题都选耶稣，请检视你的生活是否确实如此。

☐ 是　　　　　　　☐ 否

你是否真正愿意全心全意爱主你的神？他不容许任何人或事物夺去他在你心中的位置，他说：

> 一个人不能侍奉两个主。不是恶这个爱那个，就是重这个轻那个。你们不能又侍奉神，又侍奉玛门（财利）。（太6:24）

> 耶和华你的神领你进他向你列祖亚伯拉罕、以撒、雅各起誓应许给你的地，那里有城邑，又大又美，非你所建造的；有房屋，装满各样美物，非你所装满的；有凿成的水井，非你所凿成的：还有葡萄园、橄榄园，非你所栽种的，你吃了而且饱足。那时你要谨慎，免得你忘记将你从埃及地为奴之家领出来的耶和华。你要敬畏耶和华你的神，侍奉他，指着他的名起誓。不可随从别神，就是你们四围国民的神，因为在你们中间的耶和华你神，是忌邪的神。（申6:10-15）

神爱你，他必定会供应你一切的需用，你只要全心全意爱他，跟从他。（参太6:31-33）

神是为了让你享受永恒的生命而创造你

神创造你并不是为了让你过短暂的一生，他创造你是为了让你可以进入永恒。今生在世让你有机会认识神，学习与他交往。神也用你在世的年日塑造你，使你与他的性情相似，好让你步入永恒以后，可以充分享受神所赐的永生。

因此，你若只为今生而活，你会忽略了神创造你的最终目的，你只会让你过去的岁月在你生命中留下点点痕迹。作为神的儿女，你应当知道，神现在不断塑造你的生命，为要使你今生在世以及将来在永恒国度中都做有用的人。

不要忧虑说："吃什么？喝什么？穿什么？"这都是外邦人所求的。你们需用的这一切东西，你们的天父是知道的。你们要先求他的国和他的义，这些东西都要加给你们了。

（太6:31-33）

4 在你以往人生的岁月中，有哪些事情对你产生了负面的影响？这些事情可能是身心的残障、家庭问题、一些挫败的经历、对家庭中的一些不能公开的秘密感到羞耻，或是名成利就的经历。

_____

_____

5 你是认为自己的生命，被过去人生的经历深深影响，还是认为自己在神的手中被他不断塑造，为了让你有一个美好的将来？为什么？

_____

　　有一次，我在一个特会中讲道。散会后，有位女士到我跟前，告诉我她个人的伤心往事。她说她父亲很早就抛弃她们，所以她一直觉得自己是没有价值、不被接纳、不配蒙爱的人。多年来，她费尽心力想找到父亲，要让父亲知道自己不是没有价值的人，希望父亲可以重新接纳她。"结果，有一天，我终于找到了我的'父亲'。"原来，她一直参与《不再一样》这书的研读。她才明白，天父是恒久不变地爱着她，长久以来都在寻求与她建立爱的关系。因着天父的爱，她终于从父亲的捆锁中得着释放。

　　保罗在这个问题上曾经有过挣扎，下面这段经文，是说明保罗如何看他自己的过去和他在世的生活：

《腓立比书》3章4-14节

　　其实我也可以靠肉体；若是别人想他可以靠肉体，我更可以靠着了。我第八天受割礼，我是以色列族、便雅悯支派的人，是希伯来人所生的希伯来人。就律法说，我是法利赛人；就热心说，我是逼迫教会的；就律法上的义说，我是无可指摘的。

　　只是我先前以为与我有益的，我现在因基督都当作有损的。不但如此，我也将万事当作有损的，因我以认识我主基督耶稣为至宝。

　　我为他已经丢弃万事，看作粪土，为要得着基督，并且得以在他里面，不是有自己因律法而得的义，乃是有信基督的义，就是因信神而来的义，使我认识基督，晓得他复活的大能，并且晓得和他一同受苦，效法他的死，或者我也得以从死里复活。

　　这不是说我已经得着了，已经完全了，我乃是竭力追求，或者可以得着基督耶稣所以得着我的。弟兄们，我不是以为自己已经得着了，我只有一件事，就是忘记背后，努力面前的，向着标竿直跑，要得神在基督耶稣里从上面召我来得的奖赏。

6 根据保罗在《腓立比书》3章4–14节的表白，回答下列各问题：

a. 在保罗以往的人生岁月中，有哪些事情会影响到他日后在世的生活？

_____

_____

b. 保罗怎样评估这些东西？（第8节）

_____

_____

c. 保罗为何轻看他自己的过去？（第8–11节）

_____

_____

d. 保罗如何预备自己去得将来的奖赏？（第13–14节）

忘记_____

努力_____

向着_____

答案：

（a）保罗是便雅悯支派中一个真犹太人，他在遵行法利赛人的律例上，无可指摘，他对神大发热心。

（b）他把这些都视为粪土。

（c）因为保罗现在以认识基督为至宝，他渴慕住在基督里，并且效法他，可以得着将来的奖赏（从死里复活）。

（d）保罗忘记背后，努力面前，向着标竿直跑，要得将来属天的奖赏。

保罗真正的渴慕是认识基督、效法基督。你也可以如保罗一样，重整你的人生，以致你可以认识神，单单爱慕他，并且效法基督，把你自己交在神的手中，让他塑造你，使你在基督里成为神所喜悦的人。请你记得，神创造你，不是为了让你过这短暂的一生，乃是让你可以享受永远的生命。

投 资 于 永 恒

你必须重整自己的人生，配合神在你生命中的计划。神的计划不单为着你的今生，更是为了将来永恒的国度。因此，你必须小心运用你在世的时间、资源和生命，把这一切都投资在有永恒价值的事物上。倘若你还不明白神创造你是为了让你享有永恒，你自然会把一切都投资在没有永恒价值的事物上，你必须积财在天（参太6:19–21、33）。

与神相爱的关系实在非常重要。因为神爱你，他知道对你来说，怎样过你在世的生活是最好的，并且只有神能教导你怎样将你的生命投资在有价值的事

不要为自己积攒财宝在地上，地上有虫子咬，能锈坏，也有贼挖窟窿来偷；只要积攒财宝在天上；天上没有虫子咬，不能锈坏，也没有贼挖窟窿来偷。因为你的财宝在哪里，你的心也在那里。……你们要先求他的国和他的义，这些东西都要加给你们了。

（太6:19–21、33）

本课摘要

被神所爱是我们人生中最值得重视的关系、最大的成就和最高的地位。

神创造我，并不是为了这短暂的一生；他创造我，是为了让我享受永恒的生命。

我要让我的今生被塑造和发展成在基督里该有的样式。

要先求他的国和他的义。

我要确知自己正投资于有永恒价值的事物上。

唯有神能引导我把自己的一生作有价值的投资。

物上。当你与神同行并听从他的时候，神便会引导你做出聪明的投资。

7 现在你是把自己的生命、时间和资源，投资在有永恒价值的事物上，抑或在转瞬即逝的事物上？请在下面直线的右边，列出那些具永恒价值的投资，在直线的左边，列出那些经不起时间考验，没有永恒价值的投资：

8 请你在神面前反省、祷告，求神光照你，看看是否需要对如何投资运用自己的生命、时间和资源做出调整，并且求神让你明白他对你一生的期望。在下面的横线上，写下你感觉神希望你愿意做出的一些决定。

_____

_____

_____

_____

_____

_____

_____

重温今天的功课。祷告求神帮你找出一两句他期望你明白、学习或付诸实践的课文内容或经文，并回答以下问题：

在今天研读的课文中，哪些字句或经文对你最有意义？

将这些字句或经文改写为你回应神的祈祷。

神期望你做什么来回应今天所学习的？

与神同行

神创造了第一个男人亚当和第一个女人夏娃，是为了与他们建立爱的关系。亚当和夏娃犯罪后，天起凉风，他们听见神在园中行走的声音。他们因为害怕和感到羞耻，便躲避神的面。请你尝试感受一下，一位慈爱父亲，发出"你在哪里？"（创3:9）这奇妙的爱心呼唤时的心境。神知道他和亚当、夏娃之间那种爱的关系出了问题。

当你与父神的关系处于正常状况时，你会常常与他有团契相交，你也会在他面前，期待享受与他相交的时刻。当亚当和夏娃躲避神，不在他面前的时候，他们与神的关系显然已经出了问题。

当你与父神的关系处于正常状况时，你会常常与他有团契相交。

与神同处的安静时间

每天清早，我与神有一个约会。我常常想象，这位爱我的神来与我会面的时候，会有什么发生呢？当他问："布莱卡比，你在哪里？"而我却躲避他，不到他的面前，这时他会有何感受呢？在我与神同行的经历中，我发现了一个事实：我保留一段与神独处的时间，并非为了建立一种关系，而是因为我已拥有一种关系。由于我与主之间有了爱的关系，我渴望在我的安静时刻中与他相见。我愿意花时间安静，因为与主在一起的时间，会加深我和他之间的关系，并使这种关系更宝贵。

我听过许多人这样说："我真的努力过，尝试有一段单独与神相处的时间。"假若这同样是你面对的一个问题，让我向你提出一点建议，就是以全心全意爱神作为你在生命中的首要事件。那么，你没有安静的时间与神共处这个问题，大都可以迎刃而解。你留出一段时间安静，是因为你认识你的神，你爱他并非单单为了想知道更多有关他的事。使徒保罗说这是"基督的爱"激励他、催逼他（参林后5:14）。

1 假设你曾经与一个相爱的人约会，并计划结为夫妇。你与这个人约会（花时间与他／她在一起）的首要原因是什么？选择题：

☐ 因为我想知道他/她的喜好。

☐ 因为我想知道他/她的家庭背景。

□因为我想知道他/她的教育程度。

□因为我爱他/她，并以与她同在为乐。

当两个人彼此相爱并计划结婚的时候，他们会有兴趣知道对方的一切；然而，这并不是他们约会的首要原因。他们花时间走在一起，因为他们彼此相爱，也以同在一起为快乐。

如果你用时间与神相处，你也会知道许多有关神自己，他的话语、他的计划和他做事的方法。当你经历到神在你生命中工作并透过你做工的时候，你会进一步认识他。然而，认识神并不是你愿意与他共处的原因。你认识神并经历他的爱越多，你就会越爱他；所以你会渴望那段单独与他相处的时间，因为你爱他并享受与他之间的团契。

今天的课文较其他课文为短，是为了让你有较多时间完成以下的作业。你可以今天做这作业，但你也可以选择过几天抽一段时间去做，不过请在下次小组聚会前完成你的作业。这份作业也许需要你订出一些计划或做出一些安排。你也可以因个人的需要和处境，随意将这作业修改。有很多人向我反映，以下的作业是这个课程当中最有意义的内容之一。

2 正像亚当、夏娃在凉风中与神同行，我期望你抽出至少30分钟"与神同行"，倘若你身处的地点、个人健康状况和天气都许可的话，请尝试在室外漫步。暂时放下日常的工作，充分利用这段时间。你也许喜欢抽出半天时间单独与神一起。

单独与神共处的地点，可以是：

——家居附近　　　　　——郊区园林

——市内公园　　　　　——沙滩

——花园　　　　　　　——沿山小径

——湖畔　　　　　　　——任何地方

用这段时间与神同行、与主共语。倘若环境许可，也许你想大声向神表达你的感受，请集中你的心思意念，思想天父的慈爱，为着神的慈爱和怜悯赞美他，感谢他向你所表达的慈爱。表达要明确、具体，向神说出你对他的爱，用时间去敬拜他，爱慕他。

3 单独与神同行之后，在旁边的空白处或笔记本上，写下你的感受。尝试回答下列几个问题：

·一边散步一边与神共语，感觉如何？

·你是否曾察觉到自己与神之间相爱的深度？

·假若你在这段与神共处的时间里感到不好受或在情绪方面感觉不安，你认为是什么原因？

·这段时间内，发生了什么事是特别令你感到有意义或感到喜乐的？

_____

_____

_____

_____

_____

本课摘要

当我与父神的关系处于正常状况时，我会常常与他有团契相交。

我会以全心全意爱神，作为我在生命中定出优先次序时的首要项目。

我会花时间安静，因为我认识他又爱他；我花时间安静，并不是为要知道更多有关他的事。

第4天　神寻求与人建立爱的关系

神是采取主动的神，他拣选我们，钟爱我们，又向我们启示他在我们生命中永恒的计划。

神采取主动与人建立爱的关系。人若要经历神，神必须先采取主动来接近人。整本《圣经》可以见证这说法是正确的。在伊甸园中神去亚当、夏娃那里，他与他们在爱中彼此团契相交。神也临近挪亚、亚伯拉罕、摩西和众先知。在旧约时代，为了让人可以经历他、与他有个别的爱中相交，神采取了主动去接近人。新约的记载也说明了同样的情况。耶稣去门徒那里，拣选他们与他同在，并让他们可以经历他的爱。他在大马士革的路上也主动地临近保罗。按着我们人的天然本性，我们是不会主动去寻求神的。

1 请读《罗马书》3章10－12节，然后回答下列问题：

a. 有多少人靠自己得称为义？ _____

b. 有多少人凭自己会明白属灵的事？ _____

c. 有多少人会主动寻求神？ _____

d. 有多少人会自觉地行善？ _____

> 没有义人，连一个也没有。没有明白的；没有寻求神的；都是偏离正路，一同变为无用。没有行善的，连一个也没有。
>
> （罗3:10–12）

没有一个，连一个也没有！罪深深影响我们，以致没有一个人会主动寻求神。因此，假如我们要与神或神的儿子建立任何关系，神必须采取主动，而他也确实这样做了！

2 请读《约翰福音》6章44–45节、65节，然后回答下列各问题：

a. 有谁能到耶稣那里，不是被天父吸引来的？ _____
_____

b. 凡听见天父的教训又学习的人，会做什么事？ _____
_____

c. 一个人能到耶稣那里的唯一途径是什么？ _____
_____

> 若不是差我来的父吸引人，就没有能到我这里来的……凡听见父之教训又学习的，就到我这里来……所以我对你们说过，若不是蒙我父的恩赐，没有人能到我这里来。
>
> （约6:44–45、65）

　　古时耶和华向以色列显现，说："我以永远的爱爱你，因此我以慈爱吸引你。"（耶31:3）

　　我用慈绳爱索牵引他们，我待他们如人放松牛的两腮夹板，把粮食放在他们面前。（何11:4）

神在你生命中显明的爱是永远的爱。因着这永远的爱，他吸引你亲近他。

当你仍旧与他为敌,不以他为友的时候,他已用慈绳爱索牵引你;他将自己独生的爱子赐给你,为你死在十字架上。要确确实实经历神并知道他的旨意,你必须绝对肯定神对你的爱是永远的爱。

 你如何得知神爱你? 你有什么理由可以肯定地说服自己神是爱你的?

_____

_____

_____

神寻找扫罗,就是后来的保罗(参徒9:1-19)。扫罗敌挡神和神的工作,又攻击神的儿子耶稣。耶稣却临近扫罗,向他显明神的爱和神在他身上的计划。我们的生命也是这样,并不是我们拣选了神,乃是他拣选了我们,先爱我们,并向我们启示了他为我们生命所定的永恒计划(参罗8:29-30)。

耶稣对那些跟从他的门徒说:"不是你们拣选了我,是我拣选了你们,并且分派你们去结果子,叫你们的果子常存;使你们奉我的名,无论向父求什么,他就赐给你们。你们若属世界,世界必爱属自己的;只因你们不属世界,乃是我从世界中拣选了你们,所以世界就恨你们"(约15:16、19)。是彼得选择跟从耶稣吗?不是,是耶稣拣选了彼得。彼得只是回应了神的邀请。采取主动的是神而不是人。

耶稣指出彼得回应了神在他生命中主动的作为(参太16:13-17)。耶稣问门徒,人说他是谁,随后他再问他们认为他是谁。彼得回答得很正确:"你是基督。"之后,耶稣对彼得说了一句很重要的话:"这不是属血肉的指示你的,乃是我在天上的父指示的。"

 谁向彼得启示耶稣就是基督,是那应许要来的弥赛亚?

_____

其实,耶稣是说:"彼得,除非我在天上的父在你里面做工,否则你永不会知道,也永不会承认我就是基督。他使你知道我是谁,你回应了父神在你生命中的工作,很好!"

你是否明白神已定意要爱你?若不是神已定意爱你,你永不可能成为一个基督徒。当神呼召你的时候,他有自己的心意。他开始在你生命中动工,你开始经历与神之间相爱的关系。这关系是由他先采取主动建立的,神开始开启你的心思意念,他吸引你亲近他。

你怎样回应神? 选择题:

☐ 对于神邀请我与他建立爱的关系,我做出了积极的回应。

☐ 我拒绝了他要与我建立相爱关系的邀请。

耶稣到了凯撒利亚腓立比的境内,就问门徒说:"人说我人子是谁?"他们说:"有人说是施洗的约翰,有人说是以利亚,又有人说是耶利米或是先知里的一位。"

耶稣说:"你们说我是谁?"西门彼得回答说:"你是基督,是永生神的儿子。"

耶稣对他说:"西门巴约拿,你是有福的!因为这不是属血肉的指示你的,乃是我在天上的父指示的。"

(太16:13-17)

你若积极回应神的邀请，他会引领你与他建立爱的关系。神若没有采取主动，你永不会认识这种爱的关系，你永不会活在这种相爱的关系中，也永远不会明白这种爱。除非神采取主动启示你，否则你不可能知道他的作为。

6 根据与神相爱关系的发展过程，将下列四项描述之先后次序用1—4排列出来。

_____a.神进到我生命里面，与我有团契相交。

_____b.我积极回应神在我生命中的作为，并邀请他在我生命中做他喜悦的事。

_____c.神向我显明他的爱，又将他自己启示给我。

_____d.神拣选我，因为他爱我。

有时候，上述四项好像是在同一时刻发生；然而，我们仍然可以肯定是神先采取主动然后我们做出回应。因此，正确的次序应当是d，c，b，a。神常常采取主动向我们表明他的爱。

7 下列几段经文，都是关于神主动与人建立爱的关系。细读每段经文，然后简单写出神主动采取了什么行动来表达他对人的爱。

耶和华你神必将你心里和你后裔心里的污秽除掉，好叫你尽心、尽性爱耶和华你的神，使你可以存活。（申30:6）

_____

一切所有的都是我父交付我的。除了父，没有人知道子是谁；除了子和子所愿意指示的，没有人知道父是谁。（路10:22）

_____

不是你们拣选了我，是我拣选了你们；并且分派你们去结果子，叫你们的果子常存。（约15:16）

_____

因为你们立志行事，都是神在你们心里运行，为要成就他的美意。（腓2:13）

_____

主为我们舍命，我们从此就知道何为爱。（约壹3:16）

_____

看哪，我站在门外叩门，若有听见你声音就开门的，我要进到他那里去，我与他，他与我，一同坐席。（启3:20）

_____

8 请填入正确的字词来完成下面的句子：

从不　有时　经常　总是

神 ＿＿＿＿ 采取主动，要与我们建立爱的关系。

　　重温今天的功课。祷告求神帮你找出一两句他期望你明白、学习或付诸实践的课文内容或经文，并回答以下问题：

在今天研读的课文中，哪些字句或经文对你最有意义？	将这些字句或经文改写为你回应神的祈祷。	神期望你做什么来回应今天所学习的？
＿＿＿＿＿＿＿＿＿	＿＿＿＿＿＿＿＿＿	＿＿＿＿＿＿＿＿＿
＿＿＿＿＿＿＿＿＿	＿＿＿＿＿＿＿＿＿	＿＿＿＿＿＿＿＿＿
＿＿＿＿＿＿＿＿＿	＿＿＿＿＿＿＿＿＿	＿＿＿＿＿＿＿＿＿
＿＿＿＿＿＿＿＿＿	＿＿＿＿＿＿＿＿＿	＿＿＿＿＿＿＿＿＿
＿＿＿＿＿＿＿＿＿	＿＿＿＿＿＿＿＿＿	＿＿＿＿＿＿＿＿＿
＿＿＿＿＿＿＿＿＿	＿＿＿＿＿＿＿＿＿	＿＿＿＿＿＿＿＿＿

第5天 真实的、个人的和实在的关系

神扩展他国度的计划，与他和他子民的关系息息相关。

神很想与你有一种真实又个人化的关系。有人会问："一个人真的可以与神有真实的、个人的和实在的关系吗？"他们问这个问题，似乎认为神是离他们很远，也不关心他们每一天的生活。但我们在《圣经》中见到的神并不是这样。

1 读下列各段经文，然后列举至少一个事实，以说明经文中提及的人物与神是有真实、个人和实在的关系。如果你很熟悉那些经文的背景，你可以按着你现今的体会来回答问题。例子：

a.亚当和夏娃犯罪之后（参创3:20–21）

他们赤身露体，神用皮子造衣服给他们穿。

_____

b.夏甲逃离撒莱（参创16:1–13）

_____

c.所罗门求智慧做判断（参王上3:5–13，4:29–30）

_____

d.耶稣差遣十二门徒出去传道（参可6:7–13）

_____

e.彼得在监牢里等待被提审（参徒12:1–17）

_____

f.约翰在拔摩海岛上（参启1:9–20）

_____

从《创世记》到《启示录》，我们看见神是以真实的、十分个人的、亲密的和实在的方式与人交往。神和亚当、夏娃有亲密的团契，他和亚当、夏娃在清凉的园子中同行。亚当、夏娃犯罪后，神寻求与他们重建彼此间相爱的关系。他用皮子做衣裳，供应他们实际的需用，免得二人赤身露体。

夏甲经常受到撒莱苦待，她只好逃命。当她耗尽一切所有的，又投靠无门、陷入绝境之时，神就到她那里。在她与神的关系中，夏甲明白了神看顾她、知道她的需要，并且满有慈怜地供应她的所需。神是一位非常个人化的神。

所罗门的父亲大卫是一位全心全意寻求神的人。所罗门承接了他父亲的信仰，学习顺服跟从神，他得着机会，可以向神祈求任何他想得到的东西。所罗门向神求智慧，为能辨别是非，判断百姓。这祈求显明了所罗门对神子民的爱护。神应允他所求的，并赐他财富和名声。所罗门发觉他与神之间的关系是非常实在的。

门徒与耶稣——神的儿子——的关系，同样是真实的、个人的和实在的。耶稣拣选了他们与他同在。能够与耶稣有这样一种亲密的关系，是何等喜乐啊！当他们被指派去做一件艰巨的工作时，耶稣并没有差遣他们出去却不给予他们任何帮助，他赐给他们权柄，可以制服污鬼。

在这世界某些地区，顺服神的结果是被囚禁在监牢里。彼得有过这样的经历，但是神应允人的祷告，行奇迹把他拯救出狱。整个过程相当戏剧性和真实，以致彼得起初以为自己在做梦，那些为彼得祷告的基督徒，看见了他，还以为他是天使。后来，他们才发现神的拯救是真实的。神这次救彼得出狱，可能是救了彼得的性命。

约翰被放逐到拔摩海岛，在主日他与神相交。当他在灵里与主相交的时候，耶稣基督的启示就临到约翰，叫他"将必要快成的事指示他的众仆人"（启1:1）。这个信息，对从约翰那时代直到如今的教会，都是一个真实的挑战和鼓励。

当你阅读《圣经》的时候，你是否感觉到神与人的关系是真实的，又是很个人化的呢？你是否感受到这些人与神之间的关系是很实在的？神与挪亚、亚伯拉罕、摩西和以赛亚的关系是否同样真实和个人化呢？是！肯定是这样！神有没有改变呢？没有！在旧约时代，神与人的关系是真实的、个人化的、实在的；在耶稣的一生中，神人的关系也是这样。五旬节圣灵降临以后，神人间关系的真实性、个人性和实用性仍然没有改变。当你回应神在你生命中的作为时，你的一生同样可以反映出与神之间这种真实的、个人的和实在的关系。

2 简单叙述你生命中的一个经历，这个经历使你体会到神与你之间的关系是真实的、个人的、实在的。

_____

_____

爱必须是真实而又个人化的。一个人不能想去爱而没有爱的对象。与神之间相爱的关系是两个实存体之间的关系，这种关系是真实的，又是个人化的。与人建立这种关系一直是他的愿望。神尽一切努力和方法使他的愿望成真。神就是把他的生命注入我们里面的那一位。基督信仰正是人与全能神之间建立起的一种个人的、实在的并且不断增长的关系。

倘若由于某些原因，你无法想起那次是什么时间你与神的关系是真实的、个人化的和实在的。那么，你就需要用一些时间来评估自己与神的关系。我建议你去神面前祷告，祈求他启示你，让你知道你和他之间的关系应当如何，并呼求主使你与他之间建立这种关系。倘若你认识到你从没与神建立起救主和蒙拯救者的关系，请你翻到第1单元第1天，先解决这个最重要的问题。

神在你生命中的作为非常切合实际

有些人对我说："布莱卡比，你所讲关于遵行神的旨意这件事，在我们这时代是不切实际的。"我不同意他们的看法。神是一位切合实际的神，他在《圣经》时代是一位切合人实际需要的神，今天他也是一位这样的神。当他供应以色列民吗哪、鹌鹑和水的时候，他切合人实际的需要。当耶稣喂饱五千人的时候，他切合人实际的需要。我发现《圣经》所启示的神，是一位真实的神，与人有个人关系的神，也是一位供应人实际需用的神。你也可深信神与你之间的关系是真实的，并且他能供应你现实生活的所需。

对你生活和侍奉
最 具 实 质 帮 助
的，就是神永不
止息的同在。

对你生活和侍奉最具实质帮助的，就是神永不止息的同在。不幸地是，我们却常常局限了神在我们生活中的作为。在我们需要帮助的时刻，我们才向他呼求。这种现象，与我们在《圣经》中所了解的截然不同。神是一位在我们生活的世界中做工的神，他邀请你与他建立关系，以致他能借着你完成他的工作。神扩展他国度的整个计划，是借着他与他子民个人的关系，以真实而又切合实际的方式来成就。

在《圣经》中我们知道，借着一种与神之间真实和个人的关系而认识他、经历他，是切实可行的。在我们一同学习的这几个月中，请你继续忍耐，我相信你会发现，过与神同行的生活是非常实际可行的；神也会彻底改变你与家人、教会弟兄姊妹和其他人的关系。你会与神相遇，以致你知道自己正在经历他。

3 你能否用"真实的、个人的和实在的"这几个词语来描述你与神的关系？为什么？

_____

_____

4 下列两句句子，是有关经历神的七项实况中的第一、二项，请在留空的地方填上适当的字句：

实况1. 神常常在我身处的环境中做工。

实况2. 神_____一份持续的、_____

5 温习你要背诵的金句，预备好在本周小组聚会中向一位组员背诵。

6 你若还未抽时间"与神同行"并写下你"与神同行"的经历，切记在本周小组聚会之前完成这项作业。

_____

_____

_____

_____

_____

_____

_____

_____

_____

_____

_____

本课摘要

神期望与我建立一种真实而又个人化的关系。

神扩展他国度的整个计划，是借着他与他子民之间的关系，以真实而又切合实际的方式来成就。

重温今天的功课。祷告求神帮你找出一两句他期望你明白、学习或付诸实践的课文内容或经文，并回答以下问题：

在今天研读的课文中，哪些字句或经文对你最有意义？	将这些字句或经文改写为你回应神的祈祷。	神期望你做什么来回应今天所学习的？
_____	_____	_____
_____	_____	_____
_____	_____	_____
_____	_____	_____
_____	_____	_____
_____	_____	_____

4

·金·句·背·诵·

有了我的命令又遵守的，这人
就是爱我的；爱我的必蒙我父
爱他，我也要爱他，并且要向
他显现。

《约翰福音》14:21

神的爱和
神的邀请

神是供应者

当我在加拿大牧养的教会开始从事差传事工的时候，决定请杰克·康纳成为我们教会的宣教牧师。但是，我们没有钱支付杰克的薪金，也没有经费支付他的搬迁费。杰克有3个还在就学的孩子，因此，我们觉得每个月应当付给杰克一笔足以养家活口的薪资。我们开始同心祷告，祈求神供应杰克的搬迁费和薪金。我从未试过这样牧养一家教会。但是，教会整体都肯踏出这信心的一步，深信差派杰克·康纳到萨斯克其万省中部任宣教牧师是神自己的心意。然而，除了在美国加州的几位弟兄姊妹外，我想不到还有什么人会在经济上支持这次的差传工作。神到底会怎样供应我们这些需用呢？当我想到神是无所不知、无所不能的时候，我便深信他会提醒他所拣选的弟兄姊妹，感动他们支持这次的差传工作。

杰克·康纳清楚神的呼召，开始前赴加拿大的信心之旅。不久，我收到美国阿肯色州第一浸信会寄来的一封信，信上说："神感动我们众人的心，吩咐我们将差传奉献总额的1%用作加拿大萨斯克其万省的差传工作。现附上支票一张，用在你们有需要的差传工作上。"我对于这间教会如何得知我们的需要毫不知情，我只知道从他们那里收到了一张1100美元的支票。

过了不久我又接到一个电话，来电的人听说了我们正在进行的计划，希望能定期在财务上支持我们，并且承诺会支付杰克全年薪金的不足之数。我刚放下电话，杰克恰巧到访。我就问杰克："杰克，这次搬迁的费用要多少？"他说："唔，大约是1100美元左右！"

我们踏出这信心的第一步，是因为我们深信那位知道我们需用的神，可以感动任何地方的弟兄姊妹来供应我们的所需。我们顺服神的引导，开展差传的事工，也踏出了信心的第一步。我们深信那位呼召杰克的神，也是那位供应我们一切需用的神。当我们顺服神的指引，他就显明他是我们的供应者。这次信心的经历，使我们与这位一切充足的神进入更深的相爱关系。

认识神

当神借着各样经历，向我启示他自己的时候，我便能更深入地认识他。

这个单元，我们会继续集中思想我们与神之间相爱的关系。你会发现，蒙神呼召与他建立关系和蒙神呼召承担使命是同一件事。如果你想知道神的旨意，你必须对他的邀请做出积极的回应，必须全心全意地爱他。神透过那些他所爱的人做工，在这世上完成神国的计划。在这个单元里，我们将要思想神会怎样邀请你与他同工，有份于他的工作。

借经历认识神

你永不会满足于单单知道关乎神的事。只有经历到神亲自向你启示他自己，你才能认识神。

当摩西在烧着的荆棘异象中问神说："我到以色列人那里，对他们说：'你们祖宗的神打发我到你们这里来。'他们若问我说：'他叫什么名字？'我要对他们说什么呢？"（出3:13）神回答摩西说："我是自有永有的。"又说："你要对以色列人这样说：'那自有的打发我到你们这里来。'"（出3:14）当神说"我是自有永有"的时候，他的意思是说"我是那位永恒的神，将来与现在都会一样，我就是你一切所需要的"。其后40年，摩西从经历上认识耶和华是独一的神，是那位至高至大的全能者。

在《圣经》里，我们看见神采取主动向人启示他自己。当神向一个人启示他自己的时候，人常常会给神一个新的名字，或用一种新的方式去描述神。对希伯来人而言，一个人的名字是代表了他的性格，或描述了这个人的本性。因此，《圣经》中的人物经历过神之后，随后我们总会发现记载了神新的名字或称号。要按着神的名字认识他，必须有与神同在的个人经历。

《圣经》中神的名字、称号和对神的描述，表明了《圣经》中的人物如何亲自认识神。《圣经》是神向人启示他自己的一种记录，神的每一个名字都是这启示的一部分。

例如：约书亚和以色列人跟亚玛力人争战之时，摩西在附近的一个山顶上监督战事的发展。摩西何时向神举起双手，以色列人就得胜；摩西何时垂下手来，以色列人便战败。神最终借着以色列人击败了亚玛力人。摩西便筑了一座坛，起名叫"耶和华尼西"（耶和华是我的旌旗）。旌旗是指竖立在军队前面的旗帜，表明军队是属哪一方的。"耶和华是我的旌旗"，就是说我们是神的子民，他是我们的神的意思。摩西向神举起双手，表明这场战役是神自己的战役，以色列人是他的子民，一切的荣耀是属于神的。以色列人对神有了进一步的体验和认识——我们是他的子民，他是我们的旌旗（参出17:8–15）。

1 另外一个例子，见《创世记》22章1–18节。先读这段经文，然后回答下列各问题：

　a.　神要亚伯拉罕做什么？（22:2）

　　　_____

　b.　你认为第8节表明亚伯拉罕是一个怎样的人？

　　　_____

　c.　神为亚伯拉罕做了什么？（22:13）

　　　_____

　d.　亚伯拉罕给那个地方起了什么名字？（22:14）

　　　_____

　e.　为何神应许要赐福给亚伯拉罕？（22:15–18）

　　　_____

　　神正在塑造亚伯拉罕的品格，以致他能成为一国之父。神吩咐亚伯拉罕献以撒为燔祭，他试炼亚伯拉罕的信心和顺服。亚伯拉罕面临一个信仰的危机或难关。但他深信神必自己预备燔祭的羊羔（第8节），于是亚伯拉罕顺服神，相信神必预备。他对于神是供应者这方面的信心，做出了有生以来的调整。及至神为他预备了一只公羊，亚伯拉罕便借着经历神做了他的供应者而对神有了更深入的认识。

2 翻到书末附录图。看亚伯拉罕从神所得的经历是否与此处七项实况的次序相符？

　　　_____

　　　_____

　　　_____

　　在这个单元的开始，你便读到有关我牧养的教会和杰克·康纳牧师如何经历到神预备了我们一切的需用的故事。神往往让我们在生活中经历他的作为，向我们启示他自己。

　　作为大学学生团契的牧者，我经常邀请同学到我的办公室，彼此交通、祷告。我深深明白这些学生正处于一个急剧转变的时期，我希望在他们要做出人生重大决定时，帮助他们做出明智的抉择。

一位女大学生舒莉正在修读护士课程，我曾经为她祷告了一般时间，也为了神在她一生中的计划求问。有一天，她来到我的办公室，我们讨论到她是否应当继续修读护士课程这件事。后来，话题转到了她的父亲。他是一个酗酒的人。我望着舒莉，对她说："我希望你知道，神感动我，要我为你祷告求一个丈夫、一个终身的伴侣。"

"你是不是跟我开玩笑？"她问我。

"我是认真的。由于你有一个酗酒的父亲，你经历过许多痛苦和令你心碎的事。我相信神要赐给你一个可爱的男子，他会全心全意爱你。我希望你知道，从今天开始，我会不断祷告，求神赐给你一个可爱的丈夫。"

她哭了！我们一同祷告，求神赐给她一位伴侣。大约过了三个月，神带领了一位青年到我们教会参加聚会。他是一位工程系的学生。舒莉跟他坠入爱河，不久，我为他俩主持婚礼。现在他们有两个孩子，并且忠心地服侍基督。

这位女大学生如何晓得神就是那位赐给她终身伴侣的神呢？首先，她确认神是神，神会医治她生命中的创伤，赐她一位丈夫。因此，她开始为这件事祷告，并注意察看神的作为。当神向她指明哪一位青年是神为她拣选的配偶时，她顺服神的心意，接受弟兄的爱。这样，她就晓得神是赐给人终身伴侣的神！

3 请描述一件你经历到神在你生命中做工的事情。

_____

_____

你会用什么名字描述你所经历过的神呢？

_____

4 请看下列《圣经》所记述的神的名字、称号和对神的描述。有哪几项是你亲身体验过的？请把它们圈出来。

☐ 我的见证（伯16:19）　　　　☐ 生命之粮（约6:35）
☐ 悲伤中的安慰者（耶8:18）　☐ 我的倚靠（诗71:5）
☐ 奇妙的策士（赛9:6）　　　　☐ 寡妇的申冤者（诗68:5）
☐ 我坚强的拯救者（诗140:7）　☐ 诚信真实的（启19:11）
☐ 我们的父（赛64:8）　　　　☐ 烈火（申4:24）
☐ 稳固的根基（赛28:16）　　　☐ 我的朋友（伯16:20）
☐ 全能的神（创17:1）　　　　☐ 赐各样安慰的神（林后1:3）
☐ 为我申冤的神（诗18:47）　　☐ 拯救我的神（诗51:14）
☐ 我们的引路者（诗48:14）　　☐ 教会的元首（弗5:23）
☐ 我们的帮助（诗33:20）　　　☐ 我藏身之处（诗32:7）
☐ 尊荣的大祭司（来4:14）　　☐ 你们中间的圣者（何11:9）
☐ 我的盼望（诗71:5）　　　　☐ 忌邪的神（出34:14）
☐ 公义的审判官（提后4:8）　　☐ 万王之王（提前6:15）

☐ 我们的领袖（代下13:12）　☐ 你们的生命（西3:4）

☐ 生命的光（约8:12）　☐ 万主之主（提前6:15）

☐ 庄稼的主（太9:38）　☐ 中保（提前2:5）

☐ 至圣者（但9:24）　☐ 我们的和睦（弗2:14）

☐ 和平之君（赛9:6）　☐ 我的救赎主（诗19:14）

☐ 避难所和力量（诗46:1）　☐ 我的拯救（出15:2）

☐ 我的拯救者（诗42:5）　☐ 好牧人（约10:11）

☐ 至高主宰（路2:29）　☐ 我的山寨（诗18:2）

☐ 我的支持者（撒下22:19）　☐ 良善的夫子（可10:17）

你是否察觉到你是透过各种经历来认识神？当你圈出上面任何一个名称时，你必定会记起生命中的一个经历。举例来说，你不可能认识到神是"悲伤中的安慰者"，除非你亲身经历过他如何在你伤痛的时候安慰你。

神启示他自己的时候，你便认识他；当你经历到神的时候，你就认识他。当神借着各样的经历，向你启示他自己的时候，你便能更深入地认识他。

5 写下本单元要背诵的《圣经》金句，并且温习第1单元至第3单元的《圣经》金句。

_____

_____

_____

_____

本课摘要

当我经历到神亲自向我启示他自己，我才能认识神。

当神借着各样经历，向我启示他自己的时候，我便能更深入地认识他。

重温今天的功课。祷告求神帮你找出一两句他期望你明白、学习或付诸实践的课文内容或经文，并回答以下问题：

在今天研读的课文中，哪些字句或经文对你最有意义？	将这些字句或经文改写为你回应神的祈祷。	神期望你做什么来回应今天所学习的？
_____	_____	_____
_____	_____	_____
_____	_____	_____
_____	_____	_____
_____	_____	_____

第 2 天

敬拜神

敬拜神就是尊崇神、高举神、承认他配受一切的赞美。

昨天，你学到神会采取主动，让人透过经历认识他。你也知道一个希伯来名字代表了一个人的性格和本性。可见，名字与这人是密切相连的，名字就等同于这个人。因此，呼唤一个人的名字，就是寻求见这个人的面。神的名字是伟大的，配受我们的赞美。大卫在《诗篇》8篇1节就提到神的名是何其美。承认神的名字等于承认神就是那名字所描述的神，呼唤神的名字等于寻求见神的面，赞美他的名字就是赞美神自己。

《圣经》中所有神的名字都是一个呼召，呼召你去敬拜他。敬拜神就是尊崇神、高举神、承认他配受一切的赞美。请你用今天这段学习的时间，借着神的名字来敬拜他。《诗篇》中充满了许多例子，指教我们如何借着神的名字敬拜他。

敬拜神的方式
- 称颂他的名
- 夸耀他的名
- 因他的名欢乐
- 求告他的名
- 仰望他的名
- 记念他的名
- 传扬他的名
- 认识他的名
- 寻求他的名
- 敬畏他的名
- 奉他的名举手
- 颂赞他的名
- 称赞他的名
- 爱他的名
- 歌颂他的名
- 荣耀他的名
- 称谢他的名
- 倚靠他的名

1 请阅读下列几段经文，把那些指教我们如何借着神的名字敬拜他的字句圈出来。

要向耶和华歌唱，称颂他的名。（诗96:2）

求你救活我们，我们就要求告你的名。（诗80:18）

我要将你的名传与我的弟兄。（诗22:22）

求你使我专心敬畏你的名。（诗86:11）

耶和华我们的神啊，求你拯救我们，从外邦中招聚我们，我们好称赞你的圣名，以赞美你为夸胜。（诗106:47）

主啊，你所造的万民都要来敬拜你，他们也要荣耀你的名。（诗86:9）

要以他的圣名夸耀，寻求耶和华的人，心中应当欢喜。（诗105:3）

我要称谢你，直到永远，因为你行了这事；我也要在你圣民面前仰望你的名，这名本为美好。（诗52:9）

耶和华啊，认识你名的人要倚靠你，因你没有离弃寻求你的人。（诗9:10）

我还活的时候要这样称颂你，我要奉你的名举手。（诗63:4）

凡投靠你的，愿他们喜乐，时常欢呼，因为你护庇他们；又愿那爱你名的人都靠你欢欣。（诗5:11）

我们终日因神夸耀，还要永远称谢你的名。（诗44:8）

知道向你欢呼的，那民是有福的，耶和华啊，他们在你脸上的光里行走。他们因你的名终日欢乐，因你的公义得以高举。（诗89:15-16）

耶和华我们的主啊，你的名在全地何其美！你将你的荣耀彰显于天。（诗8:1）

耶和华啊，我夜间记念你的名，遵守你的律法。（诗119:55）

愿你使他们满面羞耻，好叫他们寻求你耶和华的名。（诗83:16）

我要照着耶和华的公义称谢他，歌颂耶和华至高者的名。（诗7：17）

全地要敬拜你，歌颂你，要歌颂你的名。（诗66:4）

我们的心必靠他欢喜，因为我们向来倚靠他的圣名。（诗33:21）

2 请用今天余下的时间来敬拜主。你当为着神的本性和他的作为颂赞他，爱慕他，将荣耀归给他。在这段敬拜的时间，要专心寻求神的面，信靠他，向他歌唱。让这段时间成为一个有意义的时刻，使你可以经历神和你之间相爱的关系。

第3天

爱神

我若爱神，就必遵守他的命令。

神采取主动与你建立爱的关系。不过，这种爱的关系并非单方面的事情；神期望你认识他、敬拜他，更重要的，是他希望你愿意爱他。

1　请读本单元的金句（约14:21），然后回答下列各问题：

a. 爱耶稣的人是怎样的人？

_____

b. 父神会如何对待那些爱耶稣的人？

_____

c. 耶稣会为爱他的人做哪两件事？

_____

有了我的命令又遵守的，这人就是爱我的；爱我的必蒙我父爱他，我也要爱他，并且要向他显现。

（约14:21）

耶稣说："你们若爱我，就必遵守我的命令。"（约14:15）因此，当你遵守耶稣的命令，你就表明自己是爱他、倚靠他的人了。父神也爱那些爱他儿子的人。耶稣清楚表明他爱那些爱他的人，并且他要向他们显现。遵守耶稣的命令就是爱神的外在表现。耶稣应许要向那些爱他又守他命令的人显现。主耶稣的一生，为你树立了爱神的榜样。他说："要叫世人知道我爱父，并且父怎样吩咐我，我就怎样行。"（约14:31）耶稣完完全全遵行父神的吩咐；他借着遵守父神的命令，表明了他对父神的爱。

2　**你可以怎样表明你对神的爱？**

假若你在遵守神的命令这件事上感到困难，是因为你与神之间相爱的关系出了问题。

借着遵守神的命令，就表明你与神之间相爱的关系。遵守神的命令并非单单死守一些宗教的条文，而是顺服命令的精义。假若你在遵守神的命令这件事上感到困难，是因为你与神之间相爱的关系出了问题。请将你的注意力集中在神的爱上面吧。

神的本性

神的本性就是爱，他绝不会违背他自己的本性。神在你一生中的心意，只是向你表明他那完全的爱。神不会将次好的东西赐给你。因为这与他的本性相违背。对于那些在罪中不断叛逆他的儿女，他会加以管教、施行审判，向他们发怒；但是，神对他儿女的管教是出于他对他们的爱（参来12:6）。因为神的本性就是爱，所以，不论神采取何种方式向我表达他的爱，我都可以肯定他对我的爱是最美好的。有两节经文这样描述神对我们的爱：

· 神爱世人，甚至将他的独生子赐给他们。（约3:16）
· 主为我们舍命，我们从此就知道何为爱。（约壹3:16）

"神就是爱"（约壹4:16）。相信神的本性就是爱是非常重要的。坚信神就是爱，对我的一生有很重大的影响。我立定心意，只从耶稣基督十字架上的爱来看我一生中各样的际遇。我每天的行事为人，也取决于自己和神之间相爱的关系。

3 **填充题：**

神就是_____。他在我身上的旨意往往是最_____的。

在属灵的事上，"信"与"行"不合一是不可能的；你现在与神之间的关系，便说明了你对他的信靠是否真实。如果你真的相信神就是爱，你自然会认为他在你身上的旨意是最美好的。

他也是全知的神。一切有关过去、现在和将来的事情，他都知晓；没有一件事是神不知道的。因此，当神向你指示任何事情的时候，他的引导往往是最正确的。

你是否曾请求神给你多个选择，以致你可以从中选出一个对于你最好的？你认为神要让你有多少个选择的机会，你才会选择到最好的呢？一个！神总是一开始就给一个最好的选择。

4 **填充题：**

神是_____的神，他的引导是最_____的。

神给予你的指引往往都是最正确的。他的旨意常常是最美善的。你不用怀疑他的旨意是否最正确、最美善。他的旨意必定是美好，因为他爱你，他又知晓一切，并且他以完全的爱爱你。所以，你可以完全信靠他，顺服他。

神是全能的神，他能够从无中创造出世界，他也可以成就任何他要实现的旨意或计划。假若神要你去做一件事，他必定赐你足够的能力去完成他的工作。在本单元的第5天我们会再深入一点思想这个问题。

5 **填充题：**

神是_____的神，他会赐我_____行在他的旨意中。

因为主所爱的，他必管教，又鞭打凡所收纳的儿子。

（来12:6）

6 配对题：（请将正确的字母写在横线上）

＿＿＿（1）神就是爱　　　　A. 神的引导是最正确的

＿＿＿（2）神是全知的神　　　B. 神会赐我力量遵行他的旨意

＿＿＿（3）神是全能的神　　　C. 神的旨意是最美善的

倘若神在你身处的环境中做工，你需要重新改变自己许多的想法，神做工的方式跟你和我的想法往往截然不同。许多时候，他做工的方式看起来好像很不合情理，甚至好像是错误的。因此，你必须要完全相信神，完全信靠他做工的方式。你必须相信神的指引是最美好的，要以神为神，切勿猜疑他和他的作为。答案：1-C, 2-A, 3-B。

神会用简单、清楚、容易领悟的方式向你显明他自己，就像父亲对一个年幼的孩子说话一样。你也只需要像一个小孩子那样，完全信任他。你会发觉自己对生命有一种崭新的看法。你的人生会变得满有意义，你不会再感到空虚或缺乏人生的方向，因为神自己会充满你的生命。当你拥有神，你便拥有一切。

神的命令

7 当你听见或看见"命令""审判""律法""典章""律例"这一类字句时，你所得到的第一印象是积极的抑或是消极的呢？积极 □　消极 □

神的命令乃是他满有爱心这种本性的表达。在《申命记》10章12-13节，他指出了颁布诫命律例的用意，是为了我们的益处：以色列啊，现在耶和华你神向你所要的是什么呢？只要你敬畏耶和华你的神，遵行他的道，爱他，尽心尽性侍奉他，遵守他的诫命律例，就是我今日所吩咐你的，为要叫你得福。

8 请读《申命记》32章46-47节。对你来说，神的话有多重要？

＿＿＿＿＿＿＿＿＿＿＿＿＿＿＿＿＿＿＿＿＿＿＿＿＿＿＿

＿＿＿＿＿＿＿＿＿＿＿＿＿＿＿＿＿＿＿＿＿＿＿＿＿＿＿

这段经文，是建基在神人之间相爱的关系上。借着各样经历认识了神，你必能肯定他对你的爱是完全的，是无微不至的。你既肯定神真的爱你，你就会信任他，倚靠他，并且顺服他。你若爱神，顺服他便不会是一件困难的事。"我们遵守神的诫命，这就是爱他了，并且他的诫命不是难守的。"（约壹5:3）

神深深地爱着你，正因为他深爱你，所以他给了你许多生活上的指引，免得你不能充分享受与他之间相爱的关系。人生旅途中有时也会遇到埋伏着的危险，这些危险可以完全摧毁你和你的一生。神不愿意你得不着最丰盛的生命，

更不愿意眼见你的人生毁于一旦。

这就如同你正要跨越一个布满地雷的区域，有一个人能准确知道每一个地雷埋藏的位置。因此，他自动请缨要领你安全地走过这个区域，你是否对他说"我不用你告诉我怎样做，我不喜欢你硬要我跟从你的路线和指示"？

倘若我是你，我会尽量靠近这个人，决不会随便跑开；因为他的指引可以使我的生命得以保存。他会一路告诉我怎样走，免得我丧掉生命。

神给我们诫命和律例，是要使我们得着生命，并且得到丰盛的生命。神要你遵守诫命，是因为他想保护你又让你享受生命中最美好的东西。因此，他颁布诫命，并非为了限制你、捆绑你，乃是为了释放你，让你享受真正的自由。

9 请读《申命记》6章20-25节，然后回答问题：神颁布律例，用意何在？

> 日后，你的儿子问你说："耶和华我们神吩咐你们的这些法度、律例、典章，是什么意思呢？"你就告诉你的儿子说："我们在埃及作过法老的奴仆，耶和华用大能的手将我们从埃及领出来，在我们眼前，将重大可怕的神迹奇事，施行在埃及地和法老并他全家的身上，将我们从那里领出来，要领我们进入他向我们列祖起誓应许之地，把这地赐给我们。耶和华又吩咐我们遵行这一切律例，要敬畏耶和华我们的神，使我们常得好处，蒙他保全我们的生命，像今日一样。我们若照耶和华我们神所吩咐的一切诫命，谨守遵行，这就是我们的义了。"（申6:20-25）

神颁布律例的用意，是使你常得益处，充分享受丰盛的人生，让我举例说明这个道理。例如神说："我会让你享受一种愉悦的、奇妙的爱，我会为你预备一个配偶。借着这人你便有机会经历人间最深厚、最有意义的爱，你的配偶可以帮助你活出真我，也会在你失意的时候鼓励你、帮助你。她会爱你、信任你、倚靠你。我也会借着你们二人的关系，赐给你一些孩子。他们会坐在你膝上，亲热地对你说：'爸爸，我爱你！'"

但他同时又吩咐说："不可奸淫。"（太5:27）神吩咐你守这条诫命，是否要管辖你，限制你的自由呢？不！神这样吩咐，是要保护你，让你可以经历人间最美善的爱。你若不守这条诫命，犯了奸淫，会有什么事情发生呢？你们夫妻之间相爱的关系马上受到破坏，彼此不再信任，内心会充满了罪咎、苦毒和怨恨；孩子们也会感受到家庭的气氛不一样。因为犯奸淫而造成的伤痕，会限制你们二人可以一同享受的爱情生活。

神的诫命是我们人生的指引，引导我们过一个丰盛的人生。如果你不信靠神，你便不会顺服他。若你不爱他，你便不会信靠他。除非你认识神，否则你又怎能爱他呢？如果你认识那位向你启示他自己的神，你便会爱他。如果你爱他，你便会信靠他，若你信靠他，你自然会顺服他。

认识神
↓
爱 神
↓
相信神
↓
倚靠神
↓
顺服神

神就是爱,所以他在你身上的旨意是最美善的;神是全知的神,所以他的引导是最正确的;神吩咐你遵守他的诫命,是为了让你得着益处,过一个丰盛的人生。你若爱神,你便会顺服他!

我又当上牧者了!

那一次,我和太太及儿子正好参加一个大型的研讨会。突然,有一名男士走到我身边,抓着我的手。他强忍住激动的情绪,把他的故事告诉我。他说,多年前,神清楚呼召他成为牧师,全时间服侍神,后来他也真的在一个教会中服侍。可是,过没多久,教会中某些会友竟然恶意攻击他,带给他很大的伤害,他因此离开那间教会,而且发誓再也不投入教会的服侍。后来,他在一家公司谋得很好的工作,不久就当了公司的副总裁,有很好的收入。几年来,他背离起初的呼召,完全投入以金钱为导向的生活。

在偶然的机会里,他参加教会的《不再一样》研读课程。透过这课程,神提醒这个内心充满苦毒的人,神对他的大爱和选召从没改变。说到这里,他泪流满面地哽咽道:"我又当上牧者了!"虽然困厄的境遇曾经令他的眼目转离神的慈爱,但当他愿意恢复与神之间爱的关系,神就亲自赐下力量,让他能够胜过生命中一切的难处。

本课摘要

顺服是我爱神的外在表现。

倘若我在顺服神这件事上感到困难,我和神之间爱的关系必然出了问题。

神是爱,他的旨意是最美善的。

神是全知的,他的引导是最正确的。

神是全能的,他会赐我力量遵行他的旨意。

当神赐给我诫命,他并不是要束缚我,乃是要释放我。

重温今天的功课。祷告求神帮你找出一两句他期望你明白、学习或付诸实践的课文内容或经文,并回答以下问题:

在今天研读的课文中,哪些字句或经文对你最有意义?	将这些字句或经文改写为你回应神的祈祷。	神期望你做什么来回应今天所学习的?
_____	_____	_____
_____	_____	_____
_____	_____	_____
_____	_____	_____
_____	_____	_____

神邀请你与他同工

《圣经》记录了神在人类历史中的作为。在《圣经》里，神向人启示他自己（他的本性）、他的计划和他的法则。严格来说，《圣经》并不是一本记录一些个人（例如亚伯拉罕、摩西、保罗）与神之间关系的书，而是一本记载有关神自己的作为以及他主动与人建立关系的书。

1 温习本课程所提及的七项实况中的前四项。在下列空自处填上适当的字句。你可以翻到书末附录图寻找答案。

实况3. 神邀请你与他＿＿＿＿

神透过人做工

《圣经》的启示让我们明白一件事——神从来未曾对我们身处的世界采取不闻不问的态度；相反地，他主动介入人类的历史，采取救赎的行动。神主动邀请他的子民与他同工，透过他们完成他救赎的计划。

· 当神准备以洪水审判世界的时候，他向挪亚说话，透过挪亚完成他要完成的计划。

· 当神准备为自己的名建立一个国度的时候，他到亚伯拉罕那里，透过亚伯拉罕完成他的计划。

· 当神听到了以色列子民在埃及的哀声，准备救他们离开为奴之地的时候，他向摩西显现，他计划借着摩西施行拯救的工作。

整本《圣经》都印证了他是透过人做工的神。及至时候满足，神差遣他的儿子来拯救这失丧的世界；神赐给他的爱子12个门徒，装备他们去完成他的计划。

神每逢准备做一件事的时候，他往往会主动接触他自己的仆人，让他们知道他正准备要做什么。神邀请他们与他同工，他们也必须调整自己生命的方向，以致神能借着他们完成他的工作。先知阿摩司说："主耶和华若不将奥秘指示他的仆人众先知，就一无所行。"（摩3:7）

2 是非题：

＿＿＿a. 神创造了这个世界，然后他袖手旁观，任由它自由运作。

＿＿＿b. 神一直在场，他至今仍积极地在这世上做工。

当你看见神在你身处的环境中做工的时候，你必须调整自己生命的方向，接受神的邀请，与神同工。

神采取主动邀请人与他同工。

实况3

神

邀请

____c. 人为神做事，可以决定去做他们自认为的好事。

____d. 神邀请人参与他的工作。

____e. 神常常采取主动，邀请人来参与他的工作。

答案：b，d，e是正确的，a，c是错误的。

神的启示就是对你发出的邀请

或许你会问："神怎样邀请我参与他的工作呢？"我们看到《约翰福音》的记载，并透过耶稣的榜样学习功课。

> **耶稣的榜样**
>
> 1. 父神做事直到如今。
> 2. 现今神也要我做事。
> 3. 我不采取主动做任何事。
> 4. 我留心观察，看看父神正在做什么。
> 5. 我按照我看见父神所做的去做。
> 6. 瞧！父神爱我。
> 7. 父神将自己所做的一切事指示给我看。

3 耶稣怎么知道在父神的工作上要做什么？

_____

耶稣知道后如何回应？

_____

如果你想亲身经历神自己和神的作为，你必须谨记一件事：神从创世以来，未曾停止在这世界上做工，并且现在他仍在不断做工。耶稣的一生清楚说明了这一事实。耶稣宣告说，他到世间来，不是要照自己的意思去做，乃是要遵行那差他到来的父神的旨意（参约4:34，5:30，6:38，8:29，17:4）。耶稣怎样得知父神的旨意呢？他知道父神的心意，是借着留心观察父神现正进行的工作，然后，耶稣便加入那工作。

4 在上面"耶稣的榜样"框内的第四点，有一个关键的字句，说到耶稣得知父神邀请他来参与工作的，试把这个字句圈出来。

父爱子，因此父神采取主动，向耶稣启示他（父神）正在做什么或将要做的。耶稣注意察看父神在他（耶稣）身处的环境中的作为，以致能与父神

耶稣就对他们说："我父作事直到如今，我也作事。"耶稣对他们说："我实实在在地告诉你们：子凭着自己不能作什么，惟有看见父所作的，子才能作；父所作的事，子也照样作。父爱子，将自己所作的一切事指给他看，还要将比这更大的事指给他看，叫你们希奇。"

（约5:17、19-20）

的行动配合。

　　你与父神既有相爱的关系，你自然会是他顺服听命的孩子。神爱你，他很想你在他的工作上有份。因此，他会指示你他在何处做工，以致你能参与在其中。第四点的关键字句是留心观察，耶稣留心观察神在何处做工。当耶稣看见了神的工作，他便去做父神正在做的事。对耶稣来说，每次父神启示他自己的工作，就等于向他发出一个邀请，邀请他来参与父神的工作。因此，当你看见神在你身处的环境中做工之时，你必须接受父神的邀请，调整自己生命的方向，来与父神同工。

　　是否神在你环境的周围做工，而你却一点也察觉不到呢？当然有可能。以利沙和他的仆人曾经在多坍被一支大军围困，仆人非常惧怕，但以利沙却异常镇定。"以利沙祷告说：'耶和华啊，求你开这少年人的眼目，使他能看见。'耶和华开他的眼目，他就看见满山有火车火马围绕以利沙。"（王下6:17）唯有在神开这仆人眼目之后，他才能看见神在他所处环境中的作为。

　　耶稣预言耶路撒冷城将于主后70年被毁，他就为耶路撒冷合城中的领袖哀哭。他说："巴不得你在这日子知道关系你平安的事，无奈这事现在是隐藏的，叫你的眼看不出来。"（路19:42）耶稣在耶路撒冷的居民中间施行神迹奇事，然而他们却认不出他来。

　　要认出神在你所处环境中的作为，有两项重要的因素：

　　（1）你必须活在与神有亲密相爱的关系中。

　　（2）神必须采取主动，打开你属灵的眼睛，使你能看见他的作为。

5 填充题：

神的作为（行动）之启示，就是_____我与他同工。

6 要认出神在你所处环境中的作为，有哪两项重要的因素？

　　1. _____

　　2. _____

　　除非神让你看见他正在何处做工，否则你就不会看见。因此，当神向你启示他的作为的时候，就是向你发出邀请，请你来与他一起做工。要察觉神的作为的关键，在于你和他之间有相爱的关系，以及神主动开启你属灵的心眼，使你能看见。

在神做工的地方与他同工

在加拿大中部及西部，有数以百计的城镇和村落，那里的人需要有教会。我们感觉神期望我们教会在那里协助开设新的教会。

 7 这种情况下，你会如何决定在哪些城镇或村落中开设教会呢？

_____

_____

_____

_____

有些教会采取人口调查的方式来开始。他们会运用逻辑推理来考虑在何处设立教会会取得最大的成果。但是，我们的教会在这件事情上采取了另一个方式。我们深信神愿意让我们知道他在何处做工，他若向我们启示他的作为，就是他邀请我们与他同工的表示。因此，我们开始为这件事祷告，并且留心察看神会怎样回应我们的祈求。

雅仑是一个小城镇，离萨斯卡通大约40英里，那里从没有过一家基督教会。我们当中有一位会友感觉神引导我们去为雅仑镇的居民开设假期《圣经》学校，因此，我们在那里开办了假期《圣经》学校，注意神是否已在那里开始了他的工作。

在假期圣经学校结束前的一天晚上，我们举行了一次家长之夜活动，我们对这些家长说："我们相信神期望在雅仑镇建立一家教会。倘若在你们当中有任何人愿意开始参加定期性的查经小组，成为未来一家新的教会的成员，请你做出一个表示。"

这时候，有一位女士慢慢从后面走到台前，不停地用手帕抹去眼泪。她说："我为雅仑镇可以有一家教会祷告了30年，神借着你们应允了我的祷告。"

跟在这位女士后面，有另一位更年长的弟兄也有话说。他显然深受感动，眼泪不停地流下来，他说："我曾经是一家教会的积极分子，后来，我开始酗酒。4年半前，我再次回转归向神。那时候，我向神立志，每天用4至5个钟头祷告，直到他在雅仑镇设立一家教会为止。神借着你们应允了我的祷告。"

我们无须做调查和人口统计了，神已亲自指示我们雅仑镇是他工作的地方。他邀请我们来与他同工。于是，我们欢欢喜喜回到自己的教会，与弟兄姊妹分享神在雅仑镇的作为。弟兄姊妹立即表决通过，在雅仑镇建立一家教会。今天，雅仑镇的这间教会已在附近的城镇建立了好几间教会。

神并不是一位只会发号施令，吩咐我们去为他做工的神。他乃是不断做工拯救这个失丧的世界。倘若我们愿意在爱的关系中调整自己的生活去回应他，神就会向我们显明他正在何处做工。这个启示邀请我们来参与他的工作，神就借着我们做成他的工。

重温今天的功课。祷告求神帮你找出一两句他期望你明白、学习或付诸实践的课文内容或经文，并回答以下问题：

在今天研读的课文中，哪些字句或经文对你最有意义？	将这些字句或经文改写为你回应神的祈祷。	神期望你做什么来回应今天所学习的？
_____	_____	_____
_____	_____	_____
_____	_____	_____
_____	_____	_____
_____	_____	_____
_____	_____	_____

知道神在何处做工

有些事情唯独神能做。

神会向我们启示他在何处做工，但我们往往不能立刻认出那就是神的作为。我们会犹疑不定，并且不能肯定是神正邀请我与他同工。于是，我们经常先祷告再做打算。许多与神同工的机会就在这种情况下失去了。我们若有柔和、敏锐的心灵，我们就能立即对神做出回应。我们与神之间若建立了爱的关系，我们的心自然会变得柔和，属灵的触觉也会变得敏锐。

如果你准备与神同工，你必须先知道神正在何处工作。《圣经》告诉我们，有些事情唯独神才能够做，你必须学会认出哪些事是唯独神才能够做的。这样，当你在身处的环境中，见到那些唯独神才可以做的事出现时，你便知道这是神的作为。你也必须谨记，除非神开启你属灵的心眼，否则，你不会认出那就是神的作为。是神先主动打开你的心眼。

只有神才能够做的事

1 在第 2 单元中，我们谈到有些事情唯独神才能做，在下面写出有哪些事情唯独神才能做。

_____

_____

《圣经》告诉我们，若不是父神吸引人，没有人会亲近基督（参约6:44）；除非神的灵在人生命中做工，否则，没有人会主动寻求神或追求属灵的事。倘若有人（你的邻居、朋友或家里的孩子）开始追问属灵的事，你根本不用怀疑是否神在吸引他，因为这件事只有神始能做。若不是神在人的生命中动工，没有人会主动寻求神。

耶稣在众人中间生活的时候，他常常会注意神正在何人的生命中做工。故此，众多的人并不是正待收割的田地，待收割的田地乃是在人群之内。举例来说，有一次，耶稣在众人中间，他注意到撒该爬到一棵树上，或许耶稣心里想："若不是父神在这人心里做工，他绝不可能这样热切地寻求见我一面。"于是，耶稣对撒该说："撒该，快下来！今天我必住在你家里。"（路19:5）那天晚上耶稣参与了父神的工作，救恩便临到了撒该的一家。耶稣常常注意父神的作为，然后去与神同工。

2 阅读下列几段经文，然后回答各问题：

> 你们若爱我，就必遵守我的命令。我要求父，父就另外赐给你们一位保惠师，叫他永远与你们同在，就是真理的圣灵……你们却认识他，因他常与你们同在，也要在你们里面。（约14:15-17）

你若爱基督，又遵守他的诫命，父神会赐什么给你？请列举两个名称作为答案。

_____

他会住在哪里？

_____

> 但保惠师，就是父因我的名所要差来的圣灵，他要将一切的事指教你们，并且要叫你们想起我对你们所说的一切话。（约14:26）

圣灵会为耶稣的门徒做什么？

_____

> 他既来了，就要叫世人为罪、为义、为审判，自己责备自己。（约16:8）

还有哪三件事是圣灵会做的？

_____

_____

_____

当你蒙恩得救的时刻，你便与耶稣基督（神自己）有了爱的关系。从这时候开始，保惠师——就是真理的灵，便会与你同在，住在你的生命中，他常常教导你明白真理，叫人为罪、为义、为审判，自己责备自己。

唯独神才能够做的事情

1. 神亲自吸引人
2. 神使人有寻求他的心
3. 神向人启示属灵的真理
4. 神使世人自知有罪
5. 神使世人承认基督的公义
6. 神使世人自知必受审判

当你看见上述任何一项事情发生的时候，便可以肯定神正在做工。当你发现有人愿意相信基督、愿意求问属灵的事情，并且能够领悟属灵的真理，又经历到悔罪、信服基督的公义、相信神对世界的审判是必然的，这时候你可以肯定那都是神的作为。

注意神的作为

吉姆努力工作，终于当上一家大公司的总经理。多年来，他全力攀爬事业的阶梯，不计代价要登上事业的巅峰。这时，神开始让吉姆警觉到，自己从来没有询问神，为什么把他放在这么高的职位上。于是，他回到神的面前祷告，也恳求神开启他的眼睛，让他看见神在他公司里的作为。那个星期，他的一名部属开始找他谈论有关《圣经》的事。当吉姆逐一回答他那些问题时，那个同事好奇地问吉姆怎么会知道那么多关于《圣经》的事，又进一步请吉姆告诉他，如何才能像吉姆那样熟悉《圣经》。

 假若你是吉姆，你要如何知道下一步当怎样做？

_____

_____

先祷告，然后注意神会做什么。只有神知道他自己的计划和完成这些计划的最佳办法。神全然知道他自己为何把这些人招聚在同一家公司，他也知道为什么要让吉姆有这种负担。

祷告之后，你要留心观看神接下来会做什么。对吉姆来说，他也许可以在每周三的午餐时间带领一个查经班，让有兴趣的同事来参与。同时，他也要注意查经过程中他们所说的话。假如查经小组中的一名组员对吉姆说：“我的家庭正陷入经济困境，我和那个正值青春期的孩子也相处得不太好！”

祷告之后，你要留心观看神接下来会做什么。

思想你的祷告和随后发生之事的关联。这时候，吉姆便祷告神：“求你让我知道你正在做的工是什么。”接着，他必须思想他的祷告和随后发生的事有什么关联。如果你祷告之后不去注意在你身旁发生的事，你就不会知道神响应了你的祷告。所以，常常要将你的祷告与随后在你身边发生的事联系起来。接着，吉姆应该做什么？

问一些较深入的问题，好去了解神正在做什么。尝试问他们一些问题，以便去发现神在他们身上的作为。

一些较深入的问题

· 我当如何为你祷告？

· 你是否想跟我详谈？

· 你觉得自己生命中最大的挑战是什么？

· 此刻在你生命中有什么最重大的事情发生呢？

· 你可否告诉我现今神在你生命中的作为？

· 神是否要你关注自己生命中的一些问题？

· 神给了你什么特别的负担？

聆听。吉姆的同事回应说："其实我和神并没有什么关系。但这段日子，当我与孩子的关系日渐恶化的时候，我确实思想过自己与神的关系。"或者说："在我孩童时期，父母常常带我到教会参加主日学，那时候我总不愿意去。如今，面对家庭经济的困境，我再次回想那时候在主日学所学到的东西。"这些响应似乎都反映出神正在他的生命中做工；他吸引人寻求他，使人知道自己活在罪中。

4 在前面的记载中，有哪些描述可以帮助你看见神在我们的处境中动工？

_____

_____

_____

5 请再看一遍关于"唯独神才能够做的事情"栏内列举的几点。神若在你周围人的生命中动工，你会发现他们有什么表现吗？试列出三点。

_____

_____

_____

6 请把那些你看到神正在他们生命中动工的人的名字记下来。

_____

_____

如果你想知道神正在你身处的环境中的作为，你必须先向神祷告，然后注意会有什么事情发生。把你的祷告与随后发生的事联系在一起来思想。你可以问一些问题，以便找出神在你周围的人生命中的作为。注意聆听他们的回应，并且随时准备好调整自己的生活，以配合神的工作。

有一次，一位男士路过我们教会，看见教会周刊上注着："请为我们在基尔、在艾伯特王子城、在洛夫、在利根那、在布莱恩莱克……各区的宣教工做祷告。"他问我们这些资料是什么意思。

> 倘若神告诉我们何处有人希望成立一个查经小组或设立一家教会，我们便会做出回应。

我告诉他，教会会众曾经向神许下的一个承诺：如果神让我们知道何处有人希望成立查经小组或设立教会，我们便会做出回应予以协助。我解释完毕，这位客人就问我："你的意思是说，倘若我请求你们到我家的小镇上设立一家教会，你们也会过来帮助我们吗？"我答应他我们一定会这样做，这位弟兄便哭起来。原来他是离我们教会东面75英里的利莱镇的一位建筑工人。在过去24年，他到处请求人去那小镇设立一家教会，但一直都没有人肯给予帮助。

应这位男士的请求，我们终于在利莱镇建立了一家教会，购置了两幢房子，那位男士如今已成为一位非专职的牧师，在利莱镇甚至更远的地区做牧养工作。

这个例子说明我们的教会会众不断学习留心观看那些唯独神才能够做的事。当神让我们看见他在何处做工，我们就知道是神邀请我们与他一同做工。许多时候，我们没有与神同工的原因，是由于我们自己不愿委身去参与；我们常常期望神赐福我们，但我们却又不愿意让神透过我们做成他的工。一家教会应当关注的，并不是神会怎样赐福施恩，而应注意神如何借着教会来完成他的计划，彰显神自己的荣耀。教会顺服神，经历神在其中的作为，就是神赐福的明证。

一位陌生的过路客可能对你的教会带来极大的祝福。若有人在你教会中出现，尝试向这些陌生人问一些问题，注意神在他们身上的作为，然后你会知道应当如何调整自己的生命，成为神手中合用的器皿。当你开始看见神的手做工时，要调整自己的生命做出回应。

7 上述例子，是否提供了一些思路，使你懂得如何开始在自己身处的环境中（家庭、工作地点、教会）观看神的作为呢？尝试把这些思路写在下面。

_____

_____

_____

_____

_____

_____

_____

你写下的这些思路可能是从神而来的，神可能邀请你观看他的作为。不要错失良机，先祷告，然后注意会有什么事情发生。

当神说话时

我们用了两天时间，集中讨论神邀请你来参与他的工作这件事，要彻底明白这件事实，你还需要注意下面两个要点：

1. 神准备要完成他的计划的时候，他便会向人说话。

当神向你启示他的作为的时候，就是你需要做出回应之时。在整本《圣经》中，我们发现神准备要完成他的计划的时候，他便会向人说话。

但请你记得一点，就是从神发出他的话语，到话语完全成就，可能要相隔一段相当长的日子。神应许亚伯拉罕要得一个儿子。但是，从神应许他会得一个儿子，到以撒生下来，其间相隔了25年。然而，在神向你说话的那一刻，你就应当做出回应，并且要调整自己的生命，配合神的计划，以致神能借着你做成他的工。

2. 神是创始成终的神。

以赛亚见证了神是创始成终的神。神借着他说："我已说出，也必成就；我已谋定，也必作成。"（赛46:11）以赛亚曾警告神的子民，说："万军之耶和华起誓说：'我怎样思想，必照样成就；我怎样定意，必照样成立。……万军之耶和华既然定意，谁能废弃呢？他的手已经伸出，谁能转回呢？'"（赛14:24、27）神若让自己的子民知道他要做什么，这事必定成就，因为他必亲自成全（参王上8:56；腓1:6）。

既然神应许他自己所说的必定成就，这对于每个信徒、每间教会和各宗派都有重大的意义。当我们知道神在我们的处境中要做一件事，我们相信神自己必亲自成就他所定意成就的事。

8 你是否同意"神是创始成终的神"这句话？
同意□ 不同意□

为什么？你做出这反应的理由是：

_____
_____
_____
_____
_____

或许有些人会不同意"神是创始成终的神"这句话。但是，你对神的认识是依据《圣经》的启示，而不是根据你自己个人的意见或经历。在人类历史中，曾经有许多人宣称自己从神那里得着话语，但他们所宣讲的并没有实现。因此，你不能根据这些事例来判定神是不是创始成终的神。

属灵领袖务必要非常小心谨慎。若是你曾向神的子民宣称"从神那里领受了他的话语"，你必须持守你所领受的，直到神成就他所应许的。因为神曾说，若有任何人宣告说："我从神那里领受了他的话语！"但他所宣告的却没有成就，这人必定是一个假先知（参申18:18-22；耶28:9；结12:24-25），真先知是领受了神的话语的人，并且他所宣讲的，必定成就。因为神是言出必行的神。

9 温习要背诵的《圣经》金句，在本周的小组聚会中向另一位组员背诵。

_____

_____

_____

_____

_____

_____

_____

_____

_____

重温今天的功课。祷告求神帮你找出一两句他期望你明白、学习或付诸实践的课文内容或经文，并回答以下问题：

在今天研读的课文中，哪些字句或经文对你最有意义？

_____

_____

_____

_____

_____

_____

将这些字句或经文改写为你回应神的祈祷。

_____

_____

_____

_____

_____

_____

神期望你做什么来回应今天所学习的？

_____

_____

_____

_____

_____

_____

5

·金·句·背·诵·

出于神的，必听神的话；你们
不听，因为你们不是出于神。

《约翰福音》8:47

神向人说话（上）

神在非洲的作为

有段时间，我有幸到非洲协助宣教士人事部门的事工，在那里遇到一位在赞比亚工作的非裔美籍宣教士。他告诉我，在非洲有好几百万的孤儿染上了艾滋病（AIDS），境遇非常悲惨。他个人对此有很深的负担，希望在美国的非洲裔教会能够承接这份艰巨的使命。当他分享这份负担时，圣灵立刻在我心中赐下感动，我知道自己会在这份事工中参与神的工作。我告诉这位宣教士，他的分享深深感动了我，我很愿意在自己能做的事上尽力协助。我当时跟美国的非裔教会并没有很多接触，我继续为此祷告，积极响应神接下来的引导。

回国后，不到两天，我就接到一个电话，是美国非裔教会非常重要的一位牧师打来的。他说他正在招聚美国非裔教会的领袖们，要主办一场盛大的聚会，他希望我能在会中对这群领袖说些话。我立刻明白，神正在给我后续一连串的指示。

不久之后，我又接到另一个不寻常的邀请，是要在联合国对许多非洲大使讲话。当我与他们分享要在他们的国家承担起属灵领袖的职分之后，他们纷纷给我名片并邀请我去拜访他们的国家。从此之后，神持续不断地向我显明他对非洲的百姓，以及每日都陷在痛苦中的那数百万的人，有极深厚的大爱。当我响应那位宣教士的要求时，我从来没有想到神会借着我的生命做这么大的事！每一次与神共话，总会带来无限的可能，因为"神能照着运行在我们心里的大力，充充足足地成就一切，超过我们所求所想的"（弗3:20）。

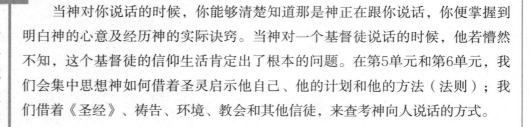

第1天　神用各种不同方式向人说话

当神对你说话的时候，你能够清楚知道那是神正在跟你说话，你便掌握到明白神的心意及经历神的实际诀窍。当神对一个基督徒说话的时候，他若懵然不知，这个基督徒的信仰生活肯定出了根本的问题。在第5单元和第6单元，我们会集中思想神如何借着圣灵启示他自己、他的计划和他的方法（法则）；我们借着《圣经》、祷告、环境、教会和其他信徒，来查考神向人说话的方式。

神在旧约时代说话

"神既在古时借众先知多次多方的晓谕列祖"（来1:1），《圣经》中随处可见的一个清楚真理，就是神时刻向他的子民说话。在旧约时代，神向人说话是借着：

实况4

神说话

- 天使（创16）
- 异象（创15）
- 梦（创28:10 – 19）
- 乌陵和土明（出28:30）
- 象征式的行动（耶18:1–10）
- 微小的声音（王上19:12）
- 神迹（出18:20–25）
- 其他方式

其实，神在旧约时代如何借着各种不同的方式向他的子民说话，并不是最重要的问题；最重要的一个真理是神确曾向他的子民说话，他的子民也知道神向他们说话，并且知道神对他们说了什么。

1 下列两项与旧约有关的真理，哪一项至为重要？

☐ 神如何借着各种不同的方式向他的子民说话。
☐ 神确曾向他的子民说话。

2 在旧约时代，当神对一个人说话的时候，有哪两件事是这个人知道的？

_____

神对他的子民说话这个事实，比神如何借着不同的方式向他的子民说话更为重要。神向一个人说话的时候，这个人必定知道神正在向他说话，并且知道神对他说了什么。在旧约《圣经》里，每一次神对人说话的时候，必定包含四个主要的特点。《出埃及记》第3章记载神从荆棘里火焰中向摩西显现，就是一个很好的例子。

1. 神向一个人说话的时候，对这个人来说，这往往是他个人独特的经历。

神从荆棘里火焰中向人显现、对人说话这个经历，是摩西独有的经历。在摩西以前，从未曾有人经历过神借这种方式向人说话。因此，摩西不能说："我的列祖亚伯拉罕、以撒、雅各，都经历过神从荆棘火焰中向他们说话，如今我也有这同样的经历。"神对我们每一个人说话的经历必定是独特的，因为神希望我们亲身经历他的信实、亲耳听见他的声音。神希望我们仰赖信靠他，不是借着运用某些方法和技巧，而是透过他和我们之间相爱的关系。假如摩西生活在我们这个讲求方法和技巧的时代，也许他会跃跃欲试，想写一本书，名为《我在荆棘火焰中的经历》，而所有看过这本书的人，便会想尽办法，要得着摩西那种荆棘火焰中与神相遇的经历。我们必须清楚明白，重点并不在于神如何向他的子民说话，重点乃在于神确实对他的子民说话。今天，神仍然会向他的子民说话。神向人说话这个事实，始终没有改变过。

3 在旧约时代，神向人个别说话的第一个特点是什么？

_____

2. 神向一个人说话的时候，这个人必能肯定是神在对他说话。

因为神以一个独特的方式向摩西说话，所以，摩西非常肯定是神对他说话。摩西对于自己所遇见的，就是宣称"我是自有永有的"那位神，没有丝毫的疑惑。摩西信靠他、顺服他，并且经历到他的实在。摩西是否可以运用逻辑推理、向人证明他听见神对他说话呢？摩西并不能向人证明神曾经对他说话，他只能向人见证他曾经与神相遇。谁能使以色列民知道他们列祖的神曾向摩西说话呢？只有神能！

倘若有人像基甸那样，不能肯定是神向他说话，因此这位满有恩慈的神，必定乐意更清楚地启示他自己。基甸向神求一个证据，他又预备好祭物献给神。这时候，"耶和华的使者伸出手内的杖，杖头挨了肉和无酵饼，就有火从磐石中出来，烧尽了肉和无酵饼。耶和华的使者也就不见了。基甸见他是耶和华的使者，就说：'哀哉！主耶和华啊，我不好了，因为我觌面看见耶和华的使者。'"（士6:21-22）基甸才肯定是神对他说话。

最重要的一件事，就是神确曾向他的子民说话；神如何借着不同的方式向他的子民说话，并不是最重要的。

④ 在旧约时代，神向人个别说话的第二个特点是什么？

_____

3. 当神向一个人说话的时候，这个人清楚知道神说了什么。

摩西清楚知道神要借着他做工，他也知道神吩咐他去做什么事，并且摩西知道神对他寄予厚望。虽然摩西不断向神提出异议，但无论如何，他清楚知道神对他说了什么。神对挪亚、亚伯拉罕、约瑟、大卫、但以理等人说话的时候，他们都和摩西一样，清楚知道神说了什么。

⑤ 在旧的时代，神向人个别说话的第三个特点是什么？

_____

4. 神向一个人说话的时候，就是这个人与神相遇的时刻。

如果摩西说："那次看见火焰荆棘的经历实在奇妙！我希望这个经历会帮助我遇见神"，他会是一个多么愚蠢的人呢！因为火焰荆棘的经历，本身就是与神相遇的经历。神向你说话，将真理向你启示的时候，就是你与神相遇的时刻，就是你经历神与你同在的时刻。唯有神可以使你经历到他的同在！

⑥ 在旧约时代，神向人个别说话的第四个特点是什么？

_____

⑦ 利用下面的提示，写出神向人个别说话的四大特点：

独特_____

肯定_____

神说什么_____

相遇_____

神向人说话、与人沟通的方式会因人而异。但是，整本旧约《圣经》表明神向人说话的时候，必定显出这四个特点：

· 神以独特的方式向他的子民说话。

· 他们知道是神对他们说话。

· 他们知道神所说的是什么。

· 神对他们说话的时候，就是他们与神相遇的时刻。

神借着圣灵，透过《圣经》、祷告、环境和教会向你说话的时候，你会知道是神在向你说话，并且你知道他所说的是什么。神对你说话的时候，就是你与神相遇的时刻。

错误的方式

我曾经听见许多人讲过类似这样的话："主啊，我真的很希望知道你的旨意。如果我这样做是符合你的心意，求你使我凡事顺利；倘若我所做的不合乎你的心意，求你拦阻我，免得我得罪你。"或是："主啊，我会循着这个方向走下去，若这不合乎你的旨意，请你阻挡前路，好让我知道你并不喜欢我朝这个方向走下去。"上述这种方式，是我在《圣经》的任何地方都没有看见的。

你不能单靠经验、传统、套用某种方法或程序，作为你的指引。基督徒往往喜欢倚赖经验、传统和某种方法，因为这样做比较容易掌握，又可随心所欲，并且可以把全部责任交给神去担负。倘若他们走错方向，神就必须介入或制止。如果他们做错了，责任就由神来承担！可是，神绝对没有义务承担我们的错误！

你若要知道神的旨意和听见他的声音，你必须付出时间和精力与他建立一种相爱的关系。那也是神所想要达成的。

8 选择题。下列哪一项，是《圣经》教导我们得以知道神旨意的方式？

☐ 看看前路是畅通抑或受阻。
☐ 求神拦阻如果我正走在错误的方向上。
☐ 耐性等候神，直到清楚从神得着话语。

神的话语是我们基督徒生活的指引。从《圣经》的记载，我们发觉神通常不会在事情的开始就把你希望知道的全部告诉你。他只会告诉你那些你需要知道的事，以致你可以在生活上做出相应的调整，踏出顺服神的第一步。因此，你的责任只是耐心等候神，直到他指示你怎样做。你若在神指示你之前，迫不及待自作主张，那么，你肯定会犯错。对基督徒而言，最困难的事就是耐心等候神；等候神也反映出我们是绝对倚靠神。

具体明确的指示

现今基督教圈子里流行一种说法，认为神赐予一个人新生命后，不会再对这个基督徒的生活给予任何具体明确的指引，因此，基督徒应当运用神所赐的脑袋，思想计划自己生活的方向。这种论调本身最大的问题是假设了基督徒是一个懂得按着神的心意去思想的人，并没有考虑到基督徒的老我，仍会常常与那属灵的新生命交战（参罗7）。神的道路非同我们的道路，神的意念非同我们

你若想要知道神的旨意和听见他的声音，你必须肯付出时间和精神与他建立一种相爱的关系。

耶和华说："我的意念非同你们的意念，我的道路非同你们的道路。"

（赛55:8）

的意念（参赛55:8）。唯有神能给予你具体明确的指示，使你常用他的方法，去完成他的计划。

神吩咐挪亚建造一只方舟，他将造方舟的尺寸、采用何种木材和造方舟的方法，都告诉了挪亚。神吩咐摩西建造会幕的时候，他给了摩西许多具体细致的指示。神在耶稣基督里道成了肉身，住在世人中间的时候，他对门徒的指示例如往哪里去、去做什么，等等，都说的非常具体清楚。

有人或许会问，神呼召亚伯拉罕（亚伯兰）的时候，仅对他说"往我所要指示你的地去"（创12:1），这指示一点都不清楚明确。不过，神其实已对亚伯拉罕说："我要指示你。"在神未清楚明确指示亚伯拉罕之前，亚伯拉罕需要以信心回应神的呼召。因此，我们可以肯定，神必定会给我们足够明确的指引，来做他这一刻吩咐我们做的事。当我们需要更多指引的时候，神自会按着他的时间，赐给我们足够的指引。后来，神岂不是告诉亚伯拉罕他将要得一个儿子，他的后裔必如天上的星、地上的沙那样多，他们也必在寄居之地被领出来，住在应许之地么（参创15）？

神是你个人生命的神，他希望紧密地参与你的生活，与你同行。他会借着圣灵，清楚指示你如何过基督徒的生活。或许你会说："我从来未曾有过这种经验。"请你谨记：你对神的认识，必须根据《圣经》而不是凭自己的经验。

9 下面的提示能帮助你学习如何在一生中寻求神的指引，请在这些提示下面划线。

在处理及面对一个问题的时候，若是你没有从神那里得着清楚的指示，你应当安静下来，祷告等候神。学习忍耐是一门重要的功课。相信神有他的时间，并且他所定的时间是最好的。切记不要自作主张，因为神可能暂缓给你任何指引，好让你更热切地寻求他的面。不要不顾及你与神之间的关系而独自行事。在神眼中，你和他之间相爱的关系，比起你能够为他做什么事更重要。神若让你等候，是因为他想在给你进一步指示之前，先跟你建立更深刻的关系。他让你等候，是因为最合适的时间还没有到。

10 上述各项提示中，有哪几点对你会有帮助？尝试用你自己的话写出来。

_____

_____

_____

_____

_____

11 在下面空白处，写出本周要背诵的《圣经》金句。请温习前面四个单元所背诵的金句。

_____

_____

_____

_____

_____

_____

_____

_____

_____

_____

本课摘要

当神对我说话的时候，我若懵然不知，那么，我的信仰生活肯定出了根本的问题。

神常常向他的子民说话。

神曾对他的子民说话这个事实，远较神曾如何向他的子民说话更为重要。

当神对一个人说话了，这往往就是他个人独特的经历。

当神对一个人说话了，这个人必会确知是神曾对他说话。

当神对一个人说话了，这个人便清楚知道神所说的。

当神对一个人说话了，那就是这个人与神相遇的时刻。

如果我在某件事上没有神清楚明确的指示，我要祷告、耐心等候神，我不会妄顾自己与神之间相爱的关系而自作主张。

重温今天的功课。祷告求神帮你找出一两句他期望你明白、学习或付诸实践的课文内容或经文，并回答以下问题：

在今天研读的课文中，哪些字句或经文对你最有意义？

_____

_____

_____

_____

_____

将这些字句或经文改写为你回应神的祈祷。

_____

_____

_____

_____

_____

神期望你做什么来回应今天所学习的？

_____

_____

_____

_____

_____

神借着圣灵晓谕我们

因为圣灵在我里面做工，所以我能够明白属灵的真理。

《希伯来书》1章1–2节这样说："神既在古时藉众先知多次多方地晓谕列祖；就在这末世藉着他儿子晓谕我们……"

神在福音书里说话

在福音书里面，神借着他的儿子耶稣向人说话。《约翰福音》一开始就说："太初有道，道与神同在，道就是神……道成了肉身，住在我们中间。"（约1:1、14）神在耶稣基督里道成了肉身，成为人，住在我们中间。

耶稣的门徒是否曾讲过这样愚拙的话，"主耶稣啊，我们可以认识你，真是好极了。不过，我们还是希望可以认识父神。"腓力曾经说过，"求主将父显给我们看，我们就知足了。"（约14:8）耶稣回答腓力说："腓力，我与你们同在这样长久，你还不认识我吗？人看见了我，就是看见了父，你怎么说'将父显给我们看'呢？我在父里面，父在我里面，你不信吗？我对你们所说的话，不是凭着自己说的，乃是住在我里面的父作他自己的事。"（约14:9–10）耶稣说话，是父神借着他说话；耶稣行神迹，是父神借着他做工。正如摩西在烧着的荆棘丛中与神面对面相遇，耶稣的门徒因着与他之间的亲密关系也与神面对面相遇。门徒与耶稣相遇，听见他向他们说话，就是与父神相遇，听见父神向他们说话。

门徒听见耶稣向他们说话，就是听见父神向他们说话。

1 概要说明耶稣在世生活的时候，父神如何晓谕耶稣的门徒。

_____

_____

根据福音书的记载，神在耶稣基督里面，借着耶稣晓谕门徒。门徒听见耶稣向他们说话，就是听见父神向他们说话。当耶稣向他们说话，那就是他们与神相遇了。

神今日依然说话

从使徒时代直到如今，许多基督徒错误地认为神不再亲自对他的子民说话，他们不知道基督徒与圣灵相交就是与神相交。在《使徒行传》中，神清清楚楚向他的子民说话；在现今这个世代，神仍然向我们说话。从使徒时代直到如今，神借着圣灵向他的子民说话。

一个人信耶稣的时候，圣灵就开始住在他的生命中。"岂不知你们是神的殿，神的灵住在你们里头吗？"（林前3:16）"岂不知你们的身子就是圣灵的殿吗？这圣灵是从神而来，住在你们里头的……"（林前6:19）因为圣灵常住在信徒的内心，他就可以随时清清楚楚对你说话。

现在，让我们先温习一下我们学过的八个重点：

· 在旧约时代，神曾用各种不同的方式向人说话。

· 在福音书里，神借着他的儿子向人说话。

· 从使徒时代直到如今，神是借着圣灵向人说话。

· 神借着圣灵，透过《圣经》、祷告、环境和教会，向我们启示他自己、他的计划和他的法则或方法。

· 认出神的声音，是由于与神有一份亲密相爱的关系。

· 当神在他心中对你的生命有了一个计划的时候，他便对你说话。

· 神对你说话的时候，正是他期望你对他做出回应的重要时刻。

· 神在什么时候对你说话是由神自己做决定。

2 回答下列问题：

a. 在旧约时代，神如何向人说话？

_____

b. 在福音书里，神如何向人说话？

_____

c. 从使徒时代直到如今，神如何向人说话？

_____

d. 你是怎样认出神的声音的？

_____

e. 你如何知道何时才是神所定的时间？

_____

现在让我们把前面几个单元所学过的几个重点串连起来：

· 由于罪入了世界，所以"没有义人，连一个也没有；没有明白的，没有寻求神的；都是偏离正路，一同变为无用。没有行善的，连一个也没有"（罗3:10–12）。

· 圣灵又称为"真理的灵"（约14:17，15:26，16:13）。

· 唯独神可以将属灵的真理启示人："神为爱他的人所预备的，是眼睛未曾看见，耳朵未曾听见，人心也未曾想到的。只有神藉着圣灵向我们显明了，因为圣灵参透万事，就是神深奥的事也参透了。除了在人里头的灵，谁知道人的事？像这样，除了神的灵，也没有人知道神的事。我们所领受的，并不是世上的灵，乃是从神来的灵，叫我们能知道神开恩赐给我们的事。"（林前2:9–12）

· 耶稣说，圣灵"要将一切的事指教你们，并且要叫你们想起我对你们所说的一切话"（约14:26）。

· 圣灵要为耶稣基督作见证（参约15:26）。

· "他要引导你们明白一切的真理；因为他不是凭自己说的，乃是把他所听见的都说出来，并要把将来的事告诉你们。他要荣耀我，因为他要将受于我的告诉你们。"（约16:13–14）

与神相遇

旧约时代，当神向摩西以及其他人说话的时候，那些都是与神相遇的事件；门徒与耶稣相遇，就是与神相遇。同样，今天你与圣灵相遇，就是与神相遇。

如今，神已经赐下圣灵，他就是引导你进入一切的真理，并且将一切的事指教你的那一位。你能够明白属灵的真理，是因为圣灵正在你的生命中做工。除非神的灵教导你，否则，你断不会明白神的话语。你阅读神话语的时候，《圣经》作者（神自己）会教导你。因此，你凭着自己永远不能发现真理，真理是由神启示出来的。圣灵将真理向你启示的时候，你就与神相遇了！

> 与圣灵相遇就是与神相遇。

> 你永不能发现真理。真理是由神启示出来的。

3 从开始参与这个课程直到如今，神有没有对你说话？

有□   没有□

请重温第1单元至第4单元每课结束时你回答的三个问题：

· 读一遍神使你注意到的字句或经文

· 再次向神献上每一课结束前的回应祷告

· 重温神在每一课结束时期望你做出的回应

4 简要总结一下从你参与这课程直到如今神对你讲过的话。（把你的注意力集中在一般主题或方向而不是细节问题上。）

_____

_____

5 你对神要你注意的字句或经文有没有做出回应？到目前为止，神所给你的引导，你会如何描述？

_____

_____

6 你觉得目前在属灵的事情上你最大的挑战是什么？

_____

_____

_____

_____

7 尝试背出经历神的七项实况中的前四项（提示：做工、关系、邀请、说话）。翻至书末附录图，看看答案是否正确。你也可以向另外一位基督徒背出这四点，请他替你查核答案是否正确。

_____

_____

_____

立刻做出回应

当神对摩西说话以后，摩西下一步会怎样做是非常关键的；耶稣对门徒说话以后，门徒如何回应耶稣是非常重要的；当神的灵借着他的话语对你说话以后，你如何回应神同样是非常要紧的。我们往往在神的灵对我们说话以后，开始与神讨价还价。摩西就是这样，他花了许多时间与神讨论（参出3:11-4:13）。结果，摩西一生的侍奉受到限制，他只能借着他的哥哥亚伦向神的子民传达神的话语（参出4:14-16）。

现在，我要向你发出一个挑战；请你重温一下，你觉得神是否经常对你说话。如果你听到神对你说话，却不做出回应，终有一天，你会完全听不到他的声音。不顺服能导致"听不到耶和华话语"，正如先知所说的（参摩8:11-12）。

福音书中记载着，当主耶稣呼召彼得、安得烈、雅各和约翰放下打鱼的工作来跟随他时，他们立刻遵从了（参可1:16-20）。我们也要竭力像那些门徒一样，一听见神的吩咐就立刻遵从。

在《路加福音》8章5-15节，耶稣讲了一个撒种的比喻。落在好土里的种子，就是人听了道，持守着，并且结出果实来。耶稣讲完这个比喻后，说：

"所以你们应当小心怎样听。因为凡有的，还要加给他；凡没有的，连他自以为有的，也要夺去。"（路8:18）倘若你听见神的话语，却不在生命中应用，结出果实来，那么，连你自己以为有的东西也会被夺去。因此，要小心聆听神对你所说的每一句话。现在请你就立定心志，当神的灵对你说话的时候，你就照着他所吩咐的去做。

学习听神声音的律师

神给我了极佳的机会，可以在工作场合带领几百名学员一起查考《圣经》。我们每个月聚会一次，从早上6点半到7点半。学员中有一名律师，几乎每个月都远从美肯一路开车过来亚特兰大南部，参加我们的聚会。后来，我们成了朋友，也都渴望能够更清楚明白神的心意，特别是在他所经手的一些案件。当时，他手中正好有一个非常棘手的案件，是关于一名被判终身监禁的女囚犯。她在监狱中信了主，因此很渴望能够获得假释，希望能帮助别人也跟她一样认识耶稣基督。这根本是不可能的事情！可是，当这名律师更多认识神带领他百姓的方式，他就更能信靠神的带领，也更愿意遵行神要他做的事。经过很长一段时间的努力，他代为辩护的那名女囚犯不仅获得假释，还跟她11岁儿子的父亲重修旧好，一家人至今都过着幸福又爱主的日子。这件事带给这名律师很大的喜乐，因为他不仅知道了神何时说话、如何说话，也经历了顺服神之后所带来的奇妙结果。

重温今天的功课。 祷告求神帮你找出一两句他期望你明白、学习或付诸实践的课文内容或经文，并回答以下问题：

在今天研读的课文中，哪些字句或经文对你最有意义？	将这些字句或经文改写为你回应神的祈祷。	神期望你做什么来回应今天所学习的？

神 向 人 启 示

神常会对他的子民说话。当神说话的时候，他要向人启示什么呢？透过全本《圣经》，我们发现神对人说话的时候，他要向人启示他自己、他的计划和他行事的方法。神向人发出启示的目的，是为了将人带进一种与他相爱的关系中。

> 神启示的目的，是为了将人带进一种与他相爱的关系中。

神 向 人 启 示 他 自 己

神借着圣灵向你说话的时候，他常常会向你启示他自己。他会向你启示他的名字、他的品格和他的本性。

1 阅读下列几段经文，然后写出神向人启示了什么？

> 亚伯兰年九十九岁的时候，耶和华向他显现，对他说："我是全能的神，你当在我面前作完全人。"（创17:1）

_____

> 耶和华对摩西说："你晓谕以色列全会众说：你们要圣洁，因为我耶和华你们的神是圣洁的。"（利19:1-2）

_____

> "因我耶和华是不改变的，所以你们雅各之子没有灭亡。"万军之耶和华说："从你们列祖的日子以来，你们常常偏离我的典章而不遵守。现在你们要转向我，我就转向你们。"（玛3:6-7）

_____

> 我是从天上降下来生命的粮；人若吃这粮，就必永远活着。（约6:51）

_____

神以他的名字向亚伯兰启示他自己——全能的神。神向摩西启示了他圣洁的本性。神借着先知玛拉基向以色列民说话，向他们启示他是不改变的神，是乐于饶恕人的神。耶稣向人启示他自己——生命之粮和永生的源头。

当神想要一个人来参与他的工作时，他就说话。神向人启示他自己，目的在于帮助人以信心回应他。一个人若相信神确实是正在将自己启示出来的那一位神，相信神能做他宣称自己能做的事，那么，这个人对于神的指示就会做出更佳的回应。

2 用一两分钟时间，默想神为什么向上述几段经文中的人物启示他自己。当你认为自己有答案了，再继续读下去。

· 99岁的亚伯兰需要知道神是大能的神（他是全能的，他能够做成任何事），以致他可以相信神在他年纪老迈的时候，仍能赐他一个儿子。

· 借着摩西，神宣称他是圣洁的神。他的子民需要相信他是圣洁的，以致他们亦愿意过分别为圣的生活。

· 神借着玛拉基启示他乐于饶恕人的本性，以致以色列民可以相信他们若转向神，神就转向他们。

· 耶稣向人启示他是永生的源头，以致听见他说话的犹太人可以相信他，并接受永生。

3 神为什么要启示他自己（他的名字、他的本性和品格）？

神向人启示他自己，是为了增强人对他的信心，促使人愿意有所行动。你需要专心聆听神向你启示有关他自己的一切，这会在你面临信仰危机的时候成为你的关键依据。

· 你要相信神是宣告自己是怎样实际就是怎样的那一位。

· 你要相信神能做到他宣告自己会做的一切。

· 你要在这种信心中调整自己的思想。

· 你要信靠神会显明他自己正如他所说的那样，然后你便要顺服他。

· 当你顺服神，神便能借着你做成他的工，并且显明神就是他自己宣称的那一位。

· 这样，你便能从经历中认识神。

· 你会知道神就是那位说自己是怎样就是怎样的神。

举例来说。亚伯兰在什么时候知道神是大能的神呢？在神向他宣告自己是全能神的那一刻，亚伯兰在头脑中便知道神是全能的。但是，直到神在亚伯兰的生命中做了一件唯独神方能做出来的事情时，亚伯兰才借着经历，认识神是全能的神。当神赐给亚伯拉罕（100岁）和撒拉（90岁）一个儿子的时候，他们便知道神是全能的神。

4 神借着圣灵说话的时候，他向人启示什么？

神借着圣灵说话，向人启示_____、他的计划和他的法则。

神向人启示他自己，是为了增强人对他的信心，促使人愿意有所行动。

神向人启示他的计划

神向你启示他的计划，以致你可以知道他要做何事，如果你愿意与神同工，你便需要知道神正准备做什么。你自己计划为神做什么并不重要，神计划在你身处的环境中要做什么才重要。当神对你说话的时候，他心中必定已有一个计划。

当神到了挪亚那里的时候，他并没有问挪亚："挪亚，你想要为我做什么？"神去挪亚那里只是向他启示自己将要做什么。知道神准备做什么是非常重要的——神正预备毁灭世界！就算挪亚计划为神做许多事，又有何用呢！神期望借着挪亚完成他的计划——保存一些人和牲畜飞禽，当洪水以后在地上再繁殖。

同样，神到了亚伯兰那里，又对他说话，因为神心中有一个计划。神正准备为自己建立一个民族，他要借着亚伯兰完成他的计划。

当神准备毁灭所多玛和蛾摩拉的时候，他并没有问亚伯拉罕有何计划。对亚伯拉罕来说，知道神预备做什么才是最要紧。

在整本《圣经》中处处看见这样的结果，不论士师们、大卫、众先知还是门徒和保罗，都有这样的经历：神预备做一件事之时，他会主动临近他的仆人（参摩3:7），将自己的心意和计划向他们说出，以致他能让他们有份，又借着他们完成他的计划。

可惜，我们却常常自作主张，自己筹算去为神做什么。我们都倾向于首先根据自己的选择来制订许多长期计划。其实，神在我们现有处境中所制订的计划，以及他想要如何借着我们去完成那计划才是最重要的。看一看《诗篇》中诗人论到我们的计划和筹算怎样说：

> 耶和华使列国的筹算归于无有，
> 使众民的思念无有功效。
> 耶和华的筹算永远立定，
> 他心中的思念万代常存。
>
> 《诗篇》33:10-11

5 请读《箴言》19章21节和《诗篇》33篇10-11节，神为何要向人启示他的计划？

_____

_____

_____

神向我启示他的计划，以致我能与他同工。

主耶和华若不将奥秘指示他的仆人众先知，就一无所行。
（摩3:7）

人心多有计谋，惟有耶和华的筹算，才能立定。
（箴19:21）

6 根据《诗篇》33篇10-11节，回答下列问题：

a. 神如何处理列国的计谋筹算？

_____

b. 神如何处理世上众民的计划？

_____

c. 神自己的计划会有何结局？

_____

你是否明白，为何你需要知道神的计划呢？你个人的计划和目的必须是神自己的计划和目的；否则，你便不能经历神借着你来做工。神向你启示他的计划，于是你知道他计划做什么，然后你就能与他同工。神的筹算永远立定，他的计划终必成就，他能使列国的筹算归于无有，使众民的思念无有功效。

计划若是出于神、由神引导，那么拟定计划便是值得去做的事。只是，我们的计划常常只是反映出自己的优先次序和想法；我们信靠自己的计划和思考能力更胜于信靠神。因此，我们可能完成了所有的计划，却远离了神的心意。许多时候，计划可能是神让你使用的一种工具，但它绝不能替代神。你与神的关系，比你为神定任何计划更重要。我们最大的难题是我们常常用自己的聪明来定下计划，又去做许多事情，其实那些是神才有权决定的。我们根本不能知道神计划在何时、何处和采用何种方法成就他自己的旨意，除非他告诉我们。

神期望我们每天一步步跟从他，而不是单单依循一套计划。假若我们在知道神的心意后，自己去定出一套详尽的计划，渐渐我们会自以为可以靠自己去完成神的心意。我们知道往哪里、如何去、怎样完成差事，而忘记了我们需要每一天与神有紧密的关系。我们会只顾完成计划，而忘记了与神的关系。或是当神要引导我们去做一件新事，我们却因为那件事不在自己的计划中而拒绝了神。神创造我们，是为了与我们建立永恒的、相爱的关系；他赐予我们生命，是为了让我们可以经历他的作为。

制订计划并非完全错误。我们只当小心谨慎，不要定下一些神没有要求我们去定的计划。你应当让神有绝对的主权，可以随时随意修订你的计划，你要保持与神有亲密的关系，以致神要对你说话的时候，你听得见他的声音。

7 神借着圣灵说话的时候，他会向人启示两样什么？

神借着圣灵说话的时候，他会向人启示_____，他的_____和他行事的方法。

神向人启示他行事的方法

即便是粗心大意的读者在阅读《圣经》的时候也会看出，神的计划和完成计划的方法与人的计划和完成计划的方法是何等的不同。神是用天国的原则去完成天国的计划。神向我们启示他行事的方法，因为这是成就他的计划的唯一途径。我们必须用神的方法来完成神的工作。

神向人启示他自己，目的是吸引人甘心乐意与他建立相爱的关系。他所使用的方法是透过救赎之爱，藉此他向人表明了他自己以及他的爱。神并非单单陪伴在我们身旁，帮助我们去完成我们为他定的计划；即使我们承诺在完成计划之后要把一切的荣耀归给他，这也不是他所要的。他的期望是要借着我们成就他自己的计划，并且是采用他的方法来完成。

神说："我的意念，非同你们的意念；我的道路，非同你们的道路。"（赛55:8）神做工的方法，与人做工的方法并不相同，我们若用自己的方法，必不能完成神的工作。先知以赛亚曾经这样描述人的基本罪性，他说："我们都如羊走迷，各人偏行己路。"（赛53:6）

8 神为什么要向人启示他行事的方法？

_____

我们也许以为自己想出来的方法相当不错。有时候，我们采用自己想出来的方法办事，也会获得一些成果。但是，我们若用自己的方法去做神的工作，我们必定不能亲睹神大能的作为。神向我们启示他行事的方法，因为这是成就他的计划的唯一途径。当神用他的方法，借着我们成就他的计划的时候，其他人也会同意，事情得以成就完全是神自己的作为。这样，神就会得着一切的荣耀！

门徒曾多次看见耶稣运用属天的方法。有一次，耶稣叫门徒喂饱一群饥饿的民众，门徒回答耶稣说："不如打发他们回家去吧！"耶稣却采用天国的原则。他吩咐群众坐下，喂饱了他们，还剩下了好多篮的碎饼，门徒便看见父神行了一个神迹。他们只知道把饥饿的民众打发回家，神却向一群民众显明他的慈爱、他的本性和他的大能。神借着他的爱子耶稣施行这个神迹，吸引人去亲近他。门徒曾多次亲睹神大能的彰显，他们需要学习如何运用属天的原则，去做属天的工作。运用神的方法来成就神的计划，会让神得着荣耀。你必须学习用属天的方法去做天国的工作。

9 神借着圣灵说话的时候，他会向人启示三样什么？

神借着圣灵说话的时候，他会向人启示_____，他的_____和他的_____。

神向我们启示他行事的方法，因为这是成就他的计划的唯一途径。

运用属天的方法，耶稣喂饱了五千人。

10 配对题（把正确的字母写在横线上）。

神向人启示　　　　因为

＿＿（1）他自己　A. 神期望我懂得如何完成那些唯独他方能做成的事情。

＿＿（2）他的计划　B. 神期望我知道他正准备做何事，以致我能与他同工。

＿＿（3）他的方法　C. 他期望我有信心，深信他能做到他所说的。

答案：（1）C；（2）B；（3）A

当我刚刚开始学习与神同行的时候，我太倚赖别人的帮助。我常常会去征询别人的意见说："你认为这真是神的旨意吗？这是我的想法。你认为如何？"我会有意或无意地靠赖别人，多过倚靠我与神的关系。

后来，我决定自己在神面前寻求，要清楚知道神对我讲的话是否属实，然后按神的指示去做，留心察看神如何亲自印证他自己所说的。我开始在生活各方面全然倚靠神之后，我与神之间相爱的关系变得更加重要。我开始领悟到神常常借着他的话语，向我启示他行事的方法。

明天我们会思想神如何借着他的话语向人说话。以后，我们还会思想神如何借着祷告、环境和教会，把他的旨意显明给我们知道。

11 尝试高声背诵本周金句。

＿＿＿＿＿＿＿＿＿＿＿＿＿＿＿＿＿＿＿＿＿＿

＿＿＿＿＿＿＿＿＿＿＿＿＿＿＿＿＿＿＿＿＿＿

＿＿＿＿＿＿＿＿＿＿＿＿＿＿＿＿＿＿＿＿＿＿

本课摘要

神启示的目的，是为了与我建立相爱的关系。

神向我启示他自己，目的在于增强我对他的信心。

神向我启示他的计划，以致我能与他同工。

神向我启示他行事的方法，以致我能完成他的计划。

重温今天的功课。祷告求神帮你找出一两句他期望你明白、学习或付诸实践的课文内容或经文，并回答以下问题：

在今天研读的课文中，哪些字句或经文对你最有意义？	将这些字句或经文改写为你回应神的祈祷。	神期望你做什么来回应今天所学习的？

神借着《圣经》说话

神借着圣灵向我说话，向我启示他自己、他的计划和他行事的方法。下面几个问题，是最常见的问题：

· 神以什么方式向我说话？

· 我怎样知道神正在对我说话？

· 我怎样会更经历到神的真实，经历到他是我个人的神？

神可以随意选择用何种途径，以独特的方式向人说话。你若与神同行，与他有一个亲密相爱的关系，你必然可以认出他的声音，你也会知道神是否正在对你说话。

耶稣将他和门徒的关系，比成牧人和羊群的关系，他说："从门进去的，才是羊的牧人……羊也听他的声音……羊也跟着他，因为认得他的声音。"（约10:2-4）因此，当神对你说话的时候，你也会认出他的声音，并且会跟从他。

神会透过各种途径对人说话。如今，神主要借着圣灵，透过《圣经》、祷告、处境和教会表明他的心意。但是，这四种方式（《圣经》、祷告、处境和教会）彼此之间并非毫无关联。神常常同时借着《圣经》和祷告向人说话。实际的处境、教会或其他信徒也会帮助你，使你肯定神对你所说的。神也会借着教会和你所处的景况，帮助你明白他的时间表，在第6单元我们会较详细讨论这个问题。今天，我们会思想神如何透过《圣经》对人说话。明天，我们会思想有关祷告的问题。

1 是非题：

_____ a. 神可以随意选择用何种途径，以独特的方式向每一个人说话。

_____ b. 如今，神主要借着梦和异象对人说话。

_____ c. 只要与神有正确的关系，神的子民可以听见他的声音，并且认出他的声音。

_____ d. 神常常借着圣灵，透过《圣经》及祷告向人说话。

神有绝对的主权。他可以完全随己意行事，他可以以独特的方式向每一个人说话，神的子民可以听见他的声音，也可以认出他的声音。如今，神主要借着圣灵，透过《圣经》、祷告、处境和教会对人说话。上述四项是非题中除了b项，其他全部是对的。

当圣灵引导我注意《圣经》中的一项真理时，我会把它记下来，细细默想，然后调整自己，配合这项真理，我会注意察看神如何帮助我，使我可以在日常生活中活出真理。

真理的灵

　　《圣经》是神自己的话语，它记述了神对人完整的、关乎他自己的启示，神也透过《圣经》对你说话。但是，正如我们曾经提过的，除非神的灵启示人，否则，人是不可能明白属灵的事的。圣灵就是"真理的灵"（约14:17）。下面的一幅图画，会帮助你更容易理解圣灵如何透过神的话语对你说话。

神借着《圣经》说话。

　　上面这幅图画，描绘出人与神相遇的一个过程。在你研读神话语的时候，圣灵会向你启示《圣经》中的属灵真理，是与你个人的生命攸关的。那就是一次与神的相遇。这过程包括下列几点：

　　a. 你研读神的话语——《圣经》。

　　b. 真理的灵（圣灵）透过你所读的经文，向你启示真理。

　　c. 你调整自己的生命，去与神的真理配合。

　　d. 你顺服神。

　　e. 神在你的生命中做工，又借着你去完成他的计划。

2 简单写出神如何透过《圣经》向你说话。

_____

_____

3 请在下面的横线上，填上正确的字句：

调整　　启示　　顺服　　研读

　　a. 我＿＿＿神的话语——《圣经》。

　　b. 真理的灵（圣灵）透过我所读的经文，向我＿＿＿真理。

　　c. 我＿＿＿自己生命的方向，活在神的真理中。

　　d. 我＿＿＿神。

　　f. 神在我的生命中做工，又借着我去完成他的计划。

圣灵借着神的话语（圣灵的宝剑，参弗6:17），向人启示神自己、神的计划和神行事的方法。我们靠自己不能明白神的真理，没有圣灵的帮助，我们会以神为愚拙的（参林前2:14）；有了圣灵的帮助，我们便能看透万事（参林前2:15）。

④ 从参与这个课程开始直到如今，神也许借着某一节经文对你说话。现在请重温第1单元至第5单元，在下面的横线上写下神要你注意的那节经文。（只需把经节记下）

    a. 经文_____

    b. 这节经文对你启示了什么有关神自己、他的计划和他行事方法的真理？

    _____

    _____

默想这节经文，祷告祈求神继续启示你与这节经文有关的真理。请你谨记：神关心你会成为一个怎样的人，多过关心你会为神做什么。

    c. 神期望你有一个怎样的生命？他希望透过你做成什么？

    _____

    _____

    _____

    d. 你会在各方面做出什么调整，使你的生命能与神启示你的真理并行不悖？

个人生活_____

家庭生活_____

教会生活_____

工作岗位_____

    e. 写下你的祷告，祈求神使你能应用这真理在你的生命中。

    _____

    _____

    f. 你领悟这个真理以后，神是否要求你在生活上应用出来？他是否期望你与人分享你所领受的真理？

      是□   否□

如果是，请加以说明：

    _____

    _____

    _____

领悟属灵的真理本身就是一次与神相遇的经历。除非神的灵教导你，否则，你不能明白神的计划和神行事的法则或方法。倘若神借着一节经文向你启示了属灵的真理，你已经经历了神在你内心的工作！

属血气的人不领会神圣灵的事，反倒以为愚拙，并且不能知道，因为这些事惟有属灵的人才能看透。属灵的人能看透万事，却没有一人能看透了他。

（林前2:14－15）

领悟属灵的真理本身就是一次与神相遇的经历。

回应真理

对我来说，阅读《圣经》是充满期待和兴奋的一件事。神的灵知道神的心意，也知道神在我身上的计划。因此，神的灵会开启我的心窍，使我能领悟神的计划和他行事的方法。所以，我会以非常认真的态度来研读神的话语。

神借着《圣经》将真理启示给我的时候，我会把该段经文抄下来，然后默想其中的意思，直至我完全了解经文的含义为止。之后，我会调整自己生命的方向，与神和神所启示的真理配合。我也会采取必须的行动，好让神能按他所期盼的方式做工。然后，我留心察看神会使用什么方式，使我可以在日常生活中活出真理，你也可以采用我在下面列出的几个步骤。

神借着《圣经》，使你对他和他行事的方式有崭新领悟的时候：

- 在一本灵修日记簿内抄下那些经文。
- 细细默想经文。
- 全人投入于查考研读这些经文，直到完全了解经文的含义。然后问自己：神启示了什么与他自己、他的计划和他行事的方式有关的真理？
- 列出你在个人生活、家庭生活、教会生活和工作岗位上需要做出的调整，以致神能与你同工。
- 向神祷告，把祷告内容写下来。
- 做出一切必须的调整，去适应神。
- 留心察看神会怎样在你每天的生活中，使你活出真理。

现在我举一个例子，说明神怎样借着《圣经》对你说话。假若你今天要读的经文是《诗篇》37篇，这篇诗篇你曾经读过许多遍，但是今天当你读到第21节"恶人借货而不偿还"的时候，你被这句说话吸引住，于是你再读一次。这时候，你想起自己曾经借了别人一笔款项，却未曾偿还。于是你就知道这节经文需要应用在你身上，你要立刻采取行动，把这项债务还清了。

圣灵已经借着这节经文对你说话。你已经与真理相遇。现在，你明白那些借贷而不偿还的人在神眼中都是恶人。圣灵使你注意到这节经文可以应用在你自己身上；圣灵在你内心使你知罪，神借着圣灵在你内心工作，透过他自己的话语。向你说话。神期望在你和他相爱的关系之间，毫无阻隔。

 5 如果你正在这个处境中，你下一步会怎样做？根据上文那幅图画的指示，圣灵使你明白了属灵的真理后，你会怎样做？

_____

_____

一旦神借着《圣经》向你说话，你如何回应他的启示是非常重要的。你必须调整自己，去适应神所启示的真理。因此，现在你要做出的调整包括：

· 你必须同意神所启示的真理——借货而不偿还的，在神眼中都是恶人。

· 你必须同意自己在这件事（借贷而不偿还）上得罪了神，必须承认自己犯了罪。

当你愿意改变自己的看法，同意神的观点，承认借贷而不偿还是罪的时候，你已经做出了调整。然而，单单同意神的启示并不足够，因为只要你仍未还清借货，你在神的眼中仍然是一个恶人。你必须顺服神，偿还一切的借贷，这样，你就能自由地享受与神相爱的关系。

本课摘要

神可以随意选择用何种途径，以独特的方式向每一个人说话。

当神对我说话的时候，我会认出他的声音，并且跟从他。

我无法明白属灵的真理，除非神的灵把它启示出来。

神关心我会成为一个怎样的人，多过关心我会为他做什么。

重温今天的功课。祷告求神帮你找出一两句他期望你明白、学习或付诸实践的课文内容或经文，并回答以下问题：

在今天研读的课文中，哪些字句或经文对你最有意义？	将这些字句或经文改写为你回应神的祈祷。	神期望你做什么来回应今天所学习的？
_____	_____	_____
_____	_____	_____
_____	_____	_____
_____	_____	_____
_____	_____	_____

第5天

神借着祷告向人说话

如果你还未有写灵修日记的习惯，你必须现在就开始有这个操练。倘若那位掌管宇宙万有的神在你安静的时间对你说话，你必须立即把他的说话记下来，免得忘记。你要把神启示你的那节经文记下来，然后，要以祷告回应神对你所说的话，并且把你的祷告也记下来。你也应当把在生活上要做出什么调整（改变）记下来，提醒自己立即顺服神所启示的真理。

真理是一位有位格的神

认识你独一的真神，并且认识你所差来的耶稣基督，这就是永生。

（约17:3）

我就是真理。

（约14:16）

圣灵将真理启示人，真理本身并不只是一些可以学习的观念；真理是一位有位格的神。耶稣并没有说"我会教导你们真理"，他说："我就是……真理"（约14:6）。

神赐给你永生的时候，他把自己也给了你（参约17:3）；圣灵向你启示真理的时候，他并不是教导你一些观念，而是引导你与那有位格的神建立关系。他就是你的生命！神把永生赐给你的时候，他就是把耶稣基督赐给你，当你成为一个基督徒的时候，你得着的是耶稣基督自己。

1 填充题：

1. 圣灵将_____启示人。
2. 真理本身并不只是一些可以学习的_____。
3. 真理是一位_____。
4. 圣灵引导你与那位有位格的神_____。

下面几点，说明我如何在生活中表达神与我之间亲密的关系：

· 神使我内心有一种渴慕，就是愿意参与他救赎这个失丧世界的计划。

· 我继续寻求神在我身上的旨意和计划。

· 神将真理向我启示的时候，我便知道他期望我察觉到他正在我的生命中做什么。

祷告是一种关系

祷告是与神交通，这是一种双向的关系：你对神说话，神也向你说话。祷告并不是你单方面在讲话。你个人的祷告生活可能只有你自己对神说话。其实，祷告包含有聆听神说话的成分。事实上，在祷告的时候，神对你说了什么，远较你对神说了什么来得重要。因为神早知道你要说什么，而你却不知道神的想法。

祷告并不是一种宗教活动，祷告是神人之间的一种关系。在祷告当中，你学会调整自己去适应神，而不是神调整他自己来迎合你。神并不需要你的祷告，但他期望你肯祷告。你需要祷告，因为神很想在你祷告的时候，在你生命中或借着你的生命，做一些他想要做的。当神子民祷告的时候，他便借着圣灵向他们说话。下面这幅图画，说明神如何在人祷告的时候向人说话。

神借着祷告向人说话。

当圣灵在你的祷告中向你启示属灵的真理时，他便会临在，并且在你生命中做工。真正的祷告并非导致人与神相遇，它本身就是一次人与神相遇的经历。当你祷告寻求神心意的时候，常会有什么事情发生？

2 **阅读下面的句子，把每句中的关键字词圈出来。**

1. 神主动地促使你愿意祷告。
2. 圣灵借着神的话语，向你启示神的旨意。
3. 你在圣灵里的祷告，会与神的旨意一致。
4. 你调整自己的生命，去适应真理（就是神）。
5. 你注意从《圣经》、处境和教会（其他信徒）而来的印证。
6. 顺服神。
7. 神在你生命中做工，并借着你成就他的计划。
8. 你经历神（真理），就正如你在祷告时，圣灵向你启示一样。

在圣灵里祷告

你祷告的时候，我深信神的灵会运用神的话语帮助你。我发现当我为一些事情祷告的时候，常常会有一些经节在我脑海中浮现出来，我相信神借着《圣经》引导我，神的灵借着神的话语，在我心思意念中把真理启示给我。因此，我会立即停止祷告，打开《圣经》，查看神的灵引导我去思想的经文。我想神是要透过他所指示的经文给我特别的引导。有时，在我祷告当中，圣灵会把某个人放在我心上，我想神是要透过祷告提醒我，他要借着我传福音给那个人。因此，祷告之后，我会求神指示我用什么方法来带领那个人。

3 **请读《罗马书》8章26-27节，然后回答下列各问题：**

a. 我们祷告的时候，为什么我们需要圣灵的帮助？（第26节）

_____

_____

b. 有些什么事情是圣灵做得到而我们做不到的？（第27节）

_____

_____

c. 圣灵常常为我们做什么？

_____

_____

我们既软弱又不懂得该如何祷告，但圣灵知道神的心意。因此，当圣灵为我们祷告的时候，他是绝对跟神的旨意一致。然后，他又帮助我们明白神的心意。

我最大的儿子理查德6岁的时候，我决定买一辆脚踏车给他作生日礼物。我买了一辆漂亮的脚踏车，然后把它藏在车房里。原本，他只喜欢一些容易坏的小玩具。随后，我要做的事，就是说服理查德，告诉他一个6岁的男孩需要有一辆脚踏车，理查德终于决定要一辆脚踏车作为他的生日礼物。最后，理查德得到什么作为他的生日礼物呢？就是那辆藏在车房里的脚踏车。我尝试说服理查德要一辆脚踏车作为生日礼物，他便要求一份这样的生日礼物，最后他终于如愿以偿！

你祷告的时候，有什么事情发生？圣灵知道神预备要赐给你的好东西，就像那辆要送给理查德的脚踏车一样。圣灵的工作，就是使你向神求那些神已预

况且，我们的软弱有圣灵帮助，我们本不晓得当怎样祷告，只是圣灵亲自用说不出来的叹息替我们祷告。鉴察人心的，晓得圣灵的意思，因为圣灵照着神的旨意替圣徒祈求。

（罗8:26-27）

既放出自己的羊来，就在前头走，羊也跟着他，因为认得他的声音。

（约10:4）

备要赐给你的好东西。因此，当你向神求那些东西的时候，你必然得着它们，因为你所求的，是按着神的旨意祈求。神应允你的祷告的时候，他便得着当得的荣耀，你的信心亦随之而加增。

知道圣灵在什么时候向你说话是十分重要的。但是，你如何知道圣灵对你说了什么呢？对于这问题，我不能提供一条方程式说可以怎样做，我只可以告诉你，他对你说话的时候，你会认出他的声音（参约10:4）。此外，你必须决定是否只愿神的旨意成就，你要除去个人自私的、属血气的私欲；这样，你祷告的时候，圣灵会引导你的心思意念，使你按着神的旨意祈求（参腓2:13）。当你祷告的时候，圣灵早已知道神为你所预备的。圣灵并不是自己做主来引导你，他只是把从父神那里听到的告诉你（参约16:13），他引导你做出合神旨意的祈求。

当我祷告和读神话语的时候，我常常把神对我所说的话记下来，我也把感觉到神带领我要把祷告的事项记下来。从神的话语中，我开始认识神自己、神的计划和他的法则。我也渐渐察觉到神向我说话是循着一种模式——如果我注意圣灵如何带领我祷告，我便可以清楚知道神要对我说什么。在这个聆听神说话的过程中，你必须对属灵的事专心一致。

或许你会问这个问题：我如何得知是圣灵在引导我去祷告，而不是出于我自己的私欲呢？你是否还记得穆勒这个人？在寻求神指引的时候，穆勒首先会怎样做？

④ 请翻到第2单元第3天"学习与神同行"，穆勒首先会做什么？

_____

_____

首先你要否定自我。你要诚诚实实面对自己、面对神，以致你清楚自己唯一的渴慕就是知道神的旨意。然后，你注意圣灵是否透过其他途径对你说话，你可以问自己下面几个问题：

    ·借着神的话和祷告，圣灵对我说了什么？

    ·圣灵是否借着我的处境印证他的话？

    ·圣灵是否借着其他信徒的意见印证他的话？

神对你的引导和带领，绝不会与他在《圣经》上的话语产生矛盾。因此，倘若你在祷告里感觉到神的引导与《圣经》上的话不一致，可以肯定你的感觉是错误的。举例来说，神绝不会引导你犯奸淫之罪，或与人有不正常的关系，因为神不赞成这种事情。所以，你只需注意神如何用他自己在《圣经》上的话语，印证你在祷告中的感动。不过，你不要跟神开玩笑。你不可从《圣经》中找些经文来配合自己的私欲，然后宣称这是神的旨意。这样做是非常危险的！千万不要这样做。

因为你们立志行事，都是神在你们心里运行，为要成就他的美意。

（腓2:13）

他不是凭自己说的，乃是把他所听见的都说出来，并要把将来的事告诉你们。

（约16:13）

你只需注意神如何用他自己在《圣经》上的话语，印证你在祷告中的感动。

本课摘要

当那位掌管宇宙万有的神对我说话的时候，我必须把他所说的记下来。

真理是一位有位格的（神）。

祷告是人与神的双向交通（或称沟通）。

祷告是一种关系，不是一种宗教活动。

我要清楚知道自己唯一的渴慕，就是知道神的旨意。

5 填充题：（将下列各个钥词，填在合适的横线上）

计划　　调整　印证　话语　　主动　经验　一致　顺服

1. 神_____地促使我有祷告的心意。

2. 圣灵借着神的_____向我启示神的旨意。

3. 我在圣灵里的祷告，会与神的旨意_____

4. 我_____自己的生命与真理配合。

5. 我注意从《圣经》、处境和教会（其他信徒）而来的_____。

6. 我_____神。

7. 神在我生命中做工，并借着我成就他的_____。

8. 我_____到神，正如圣灵在我祷告中所启示的。

6 从参与这个课程开始直到如今，神有没有借着圣灵，在你祷告的时候向你说话？

有□　没有□

倘若神曾经向你说话，请说明你感觉神对你说了什么？

如果你认为神并没有向你说话，你可以求问神，请他把他没有对你说话的原因启示你。

_____

7 神有没有透过《圣经》、处境和教会（其他信徒）印证他对你所说的话？

有□　　没有□

如果有的话，你感到神对你说了什么？

_____

_____

8 温习本周要背诵的金句，并预备在小组时间向另一位组员背诵。

_____

_____

重温今天的功课。 祷告求神帮你找出一两句他期望你明白、学习或付诸实践的课文内容或经文，并回答以下问题：

在今天研读的课文中，哪些字句或经文对你最有意义？	将这些字句或经文改写为你回应神的祈祷。	神期望你做什么来回应今天所学习的？
_____	_____	_____
_____	_____	_____
_____	_____	_____
_____	_____	_____
_____	_____	_____

金·句·背·诵

耶稣对他们说:"我实实在在
地告诉你们,子凭着自己不能
作什么,惟有看见父所作的,
子才能作;父所作的事,子也
照样作。"

《约翰福音》5:19

神 向 人 说 话（下）

神赐给你的，并非你所祈求的

你是否曾向神求一样东西，神却把另一样东西赐给你？我曾经有过这样的经验。有些主内亲爱的同伴这样对我说："神是要试一试你是否恒切祷告，你只要持之以恒，至终你会得着你所祈求的。"于是，我继续向神求，神也继续赐给我一些我没有祈求的东西。

在经历那种经验期间，我在自己的灵修中读到《马可福音》第2章。那里记载了一个故事，说到有四个人把一个瘫子抬到耶稣面前，求耶稣医治他的病，由于人太多，他们只好把房顶拆掉，把瘫子从房顶缒下去。耶稣看见这个瘫子，对他说："小子，你的罪赦了。"（可2:5）

我继续读这章经文，但是我感觉神的灵对我说："布莱卡比，你是否看见了？"我重复再读一次，细细默想神自己的话语。在圣灵的引导和启迪之下，我开始领悟到一个奇妙的真理：那四个人求耶稣医治瘫子，耶稣却赦免了他的罪。为什么？他们向耶稣求一个神迹，耶稣却施行了另一个神迹；瘫子和他的朋友求耶稣医治不治之症，耶稣却扭转了瘫子的生命，使他成为神的儿子，以致他能承受一切的产业！

当我领悟到这个真理之时，我在神面前痛哭，我对神说："神啊！如果你要赐给我的，比我自己所求的更丰盛，那么，请你把我的祷告一笔勾销吧！"

第**1**天　你祷告的时候，什么事正在发生？

唯有神的灵才知道神正在做什么或神正在我生命中进行什么计划。

圣灵参透万事，就是神深奥的事也参透了。除了在人里头的灵，谁知道人的事？像这样，除了神的灵，也没有人知道神的事。我们所领受的，并不是世上的灵，乃是从神来的灵，叫我们能知道神开恩赐给我们的事。

（林前2:10-12）

倘若我开始为一件事向神祈求，却有些与我所求的迥然不同的事情发生，我便会关注这看来迥然不同的事。因为我注意到神赐给我的，往往是超乎我所想所求的。保罗说："神能照着运行在我们心里的大力，充充足足地成就一切，超过我们所求所想的。但愿他在教会中，并在基督耶稣里，得着荣耀，直到世世代代，永永远远。"（弗3:20）

凭你自己，实在无法想出你在祷告中祈求的，与神要赐给你的会是多接近。只有神的灵才知道神在你生命中的计划，和神在你身上的作为。就让神把他想要赐给你的一切赐给你好了（参林前2:10-12）。

1 如果神要赐给你的是超乎你所求的，你会坚持只要自己所求的，抑或要神所赐的呢？你如何得知？

_____

2 唯有谁能教导你知道神在你生命中的作为？

_____

3 假如你期望在市内某一地区开设一家福音堂。你做过调查，知道该地区的需要。你更制订了一些长远的计划，你已向神祷告祈求他祝福和引导你的计划了。就在这时候，神却带领了一群不同文化背景的人来到你的教会，他们并不是居住在你计划要设立福音堂的地区，在这情况下，你会怎样做？

☐a. 我会"继续不断地祷告"，直到神帮助我们在计划中的地区开设福音堂。

☐b. 我会把那群不同文化的人也纳入我们未来的计划中。

☐c. 我会开始求问神，看看我们应否为这群不同文化背景的人开设一家福音堂取代我们原先计划的那一家或作为另外多加的一家。

☐d. 其他

你必须决定：是继续做你自己想要做的并求神来赐福你所做的，抑或是来参与他正进行的工作。

在这种情况下，我会立即到神面前，以求清楚知道神自己的心意。若我祷告和计划的方向与神自己动工的方向不同，我会调整自己，去配合神的工作。在这种情况下，你就必须做决定，是继续做你自己想要做的并求神来赐福你所做的，抑或是来参与他正进行的工作。

我们的教会开始了一项针对温哥华年轻人的福音工作。在那年秋季我们开始接触了30位年轻人，为他们预备聚会。到了春季学期结束的时候，来参加聚会的人数已增至250人，其中三分之二为来自世界各地的青年人。我们原本可以这样对他们说："我们的聚会并不是为国际学生而设的，所以请你们另外寻找合适的地方去聚会，又愿神继续赐福给你。"当然，我们并没有那样做。我们只是调整我们的计划，去配合神在我们周围开始了的工作。

属灵的专注

在信仰生活中我们的一个问题就是：我们在祷告以后，便不再注意随后发生的事情与我们的祷告所祈求的这两者的关系。在你向神祷告之后，最要紧的，就是开始将你的属灵注意力集中起来。当你在某一方面祷告了，就要立即注意神会如何回应你的祷告。我在《圣经》里到处可以找到这样的例子：每当神的子民祷告，他必定会做出回应。

如果你祷告以后，忘了自己曾祷告祈求过什么，那些开始发生在你平凡的生活中的一些不寻常的事，你会视为使你分心的事，尝试把这些事置诸脑后。你竟不晓得把这些不寻常的事情与你祷告所祈求的联系在一起。

我常常会在祷告以后，便立刻开始注意随后会有什么发生。我也随时预备调整自己去配合在我生命中所发生的事。我心中从没想过，当我祷告以后神会不回应我的祈求。因此，你若期望神会回应你的祷告，就要锲而不舍地求答案。神回应他儿女祷告的时间往往是最适当和最好的。

4 你是否为某些事情持续祷告了很久，却得不到你所求的，或者神对你祷告的回应并不是你所期望的？

有□ 没有□　　简单描述一次或多次这样的经历。

_____

_____

_____

5 现在，你是否为一些事情祷告，神却仍未照你所求的赐给你？

是□ 否□　　若是，你所求的是什么？

_____

_____

_____

6 若第5题的答案是"是"，请你现在先向神祷告，祈求神帮助你知道他现今正在你的生命中做什么，然后注意随后会有什么发生。你也要注意神会借着他的话语启示你什么。

神默然不语

我曾经为一件事祷告了很长一段时间，神却一直默然不语。你可能也有过这样的经历。那时候，我一点都不明白发生了什么事。有人对我说是因为我有罪，所以神掩面不听我的祷告。他们把一张列出许多项"对罪做自我省察"的单子交给我，我便按着上面列出的事项祷告，看看自己是否触犯了哪一条。当我逐一祷告以后，觉得自己并没有什么不安。但我仍然不明白神为何静默不言。

你是否记得有一位《圣经》人物也有过类似的经历？这人就是约伯。他的朋友认为他一切问题的根源在于他犯了罪，得罪了神。但是，约伯不断申诉说："按我自己所知，神和我之间的关系并没有出现问题。"约伯朋友的看法是错误的，虽然约伯并不知道神在他那段暗淡的日子里正在做什么。神的缄默其实另有原因。

 若你有过神对你静默不语的经历，请扼要地把这个经历写在以下横线处。

_____

_____

在这种情况下，我知道唯一当做的事，就是去寻求神的面。我深信那位与我建立了相爱关系的神，也必定会在最恰当的时刻，让我知道他正在我的生命中做什么。于是，我祷告说："天父，我不明白你为何默然不语，请你告诉我，你在我生命中的作为。"神果然借着他的话语，让我知道他在我生命中的作为。这次经历，成为我信仰历程中一次最有意义的经历。

我并不是胡乱地自己去寻求一个答案，我只是如常地每日研读《圣经》。我深信在我研读神话语的时候，神的灵（他知道父神对我的心意）会帮助我知道神正在我的生命中做什么。当你需要知道神在你生命中正在做什么的时候，神必定会让你知道。

一天早上，我读到有关拉撒路（参约11:1-45）死而复活的事迹。让我说一说我在那次读经中所看见的结果。使徒约翰指出耶稣爱拉撒路、马利亚和马大，但耶稣知道有关拉撒路病倒的消息后，并没有立即去见他，直到拉撒路死了，耶稣才起行。换言之，当马大和马利亚请求耶稣来帮忙的时候，耶稣却不发一言。自拉撒路病况转为严重直至死亡，耶稣没有采取任何行动。耶稣曾说过他爱拉撒路、马大和马利亚；但是，在这个时候，马大和马利亚却发现耶稣

当你需要知道神现今在你生命中正在做什么，神必定会让你知道。

什么也没有做。

拉撒路死了！她们姊妹二人做足一切葬礼程序。她们用布将他的身体裹好，放在坟墓里，又用大石把墓穴堵塞。直到这个时候，她们所经历的神，仍然是一位默然不语、没有行动的神。之后，耶稣才对他的门徒说："我们的朋友拉撒路睡了，我去叫醒他。"

当耶稣来到他们村子的时候，拉撒路已经死了四天，马利亚对耶稣说："主啊，你若早在这里，我兄弟必不死。"（约11:32）。当我读《圣经》读到这里的时候，神的灵开启我的心眼，我好像听见耶稣对马大和马利亚说：

> 你说得一点不错，我若早在这里，你兄弟必不死。因为你曾经看见我治好许多人的病，所以你知道我必能治好他。但是，我若早来，把拉撒路的病治好，你对我的认识，便一点不会增加。我知道你已经可以领受更大的、关乎我的启示；我希望你知道复活在我，生命也在我。我没有立刻来治好拉撒路的病，并非不顾你们的感受。我拖延来看你们，是要让你们更多认识我。

当我明白耶稣的心意后，我实在兴奋不已，我对自己说："我现在所经历的，正是马大和马利亚所经历过的！神对我默然不语，表示他正准备向我更多启示他自己。"明白了这一点，我对待神的态度立即改变过来。我积极地注意神会将一些关于他自己的真理教导我。倘若我没有这种积极期待的心态，我就会失去许多认识神自己的机会。

8 你祷告以后，神却缄默不言，可能是哪两个原因呢？

现在，我祷告以后，神若缄默不言，我依旧会根据那张"自我省察事项"来省察自己，看看是否有什么事得罪了神。有时候，由于我个人的生命中有罪没被处理，神便对我的祷告不做出任何回应，我必须向神认罪，并且转离自己的恶行。如果认罪悔改以后，神仍沉默不言，也许是因为他正准备带领我更深入地认识他。因此，当神沉默不发一言的时候，只管继续去做神所吩咐你的，并且期待与他有一个崭新的相遇经历。

面对神的缄默，你可以有两种截然不同的反应：第一种是你变得情绪低落、满了罪咎感和自怨自恨；另外一种是积极地期待神会带领你更深入地认识他。

是什么使我得享自由？是真理！真理是一位有位格的（神），他与我的人生息息相关。当我明白到神可能要在我生命中行奇事，我便把一切郁闷和罪咎感抛弃，我不再因神不听我的呼求而看不起自己。我调整自己，让生命充满期盼、信心和对神的倚靠。我若肯这样改变自己的心态，神便会开始启示我当行的路，以致我能更多认识他。

9 在下面横线上，写出本单元要背诵的《圣经》金句。另外，请温习前面几个单元所背诵过的金句。

_____

_____

_____

_____

_____

_____

_____

_____

_____

_____

重温今天的功课。 祷告求神帮你找出一两句他期望你明白、学习或付诸实践的课文内容或经文，并回答以下问题：

在今天研读的课文中，哪些字句或经文对你最有意义？	将这些字句或经文改写为你回应神的祈祷。	神期望你做什么来回应今天所学习的？
_____	_____	_____
_____	_____	_____
_____	_____	_____
_____	_____	_____

神借着处境对人说话

圣灵利用《圣经》、祷告和我们的处境对我们说话，向我们启示父神的旨意。《约翰福音》5章17节、19-20节也记载了耶稣如何借着自身的处境，得知神在他生命中的旨意，和神对他每天的带领。

从神的角度去认识自己身处的困境是十分重要的。

① 《约翰福音》5章19节是本周要背诵的金句，请把这节《圣经》写在下面。

_____

_____

_____

_____

耶稣说，他凭着自己不能做什么，唯有看见父神所做的，他才能做（参约5:19）。父神自创世以来，一直到耶稣在世的日子，都在做事，并且一直做事到如今（参约5:17）。父神也将自己所做的一切事指给子看（参约5:20）。当耶稣看见父神在做工，他便知道是父神向他发出邀请，邀请他与父同工。

耶稣就对他们说："我父作事直到如今，我也作事。"

（约5:17）

② 填充题：

我们已经看过两次耶稣的榜样，现在请你填写下面的题目，看你是否还记得。你可以选用下面的字句，再翻到第1单元第2天"耶稣的榜样"核对答案。

做工　一切事　注意　父神　做　主动　爱

a. _____做事直到如今。

b. 现在神也要我_____。

c. 我不采取_____做任何事。

d. 我_____父神所做的事。

e. 看见父神在_____何事，我也去做。

f. 瞧! 父神_____我。

g. 他将自己所做的_____指示给我看。

神借着各样的处境，向耶稣启示他要做的事。

有些事情唯独神方能做，耶稣在他身处的环境中，看见父神的工作。

耶稣不用自己猜想要为神做什么，他也无需去梦想可以为神成就什么。

3 请翻到第4单元第5天"唯独神才能够做的事情"，重温一些唯独神方能做的事。

耶稣常常注意父神在何处动工，然后他便与神同工；父爱子，父将他所做的一切事都指给子看。因此，耶稣不用自己猜想要为神做什么，他也无须去梦想可以为神成就什么。耶稣只要注意父神在他生活的处境中的作为，然后积极参与神的工作，这样，父神便借着耶稣成就了他的计划。

耶稣是我们生命的主，他期望我们与他的关系，就像他与父神的关系那样。当我们注意到他正在做工的时候，我们便调整自己的生命和人生大计，完全听命于他，任他差遣，以致他能借着我们完成他的计划。

4 考考你的记忆力。请勿翻至书末附录图，看看你能否写出经历神的七项实况。你可以利用下面的提示。完成后，可翻到书末附录图，核查答案。

☐ 实况1：做工＿＿＿＿＿＿＿＿＿＿＿＿＿＿＿＿＿＿＿＿＿＿
☐ 实况2：关系＿＿＿＿＿＿＿＿＿＿＿＿＿＿＿＿＿＿＿＿＿＿
☐ 实况3：邀请＿＿＿＿＿＿＿＿＿＿＿＿＿＿＿＿＿＿＿＿＿＿
☐ 实况4：说话＿＿＿＿＿＿＿＿＿＿＿＿＿＿＿＿＿＿＿＿＿＿
☐ 实况5：危机＿＿＿＿＿＿＿＿＿＿＿＿＿＿＿＿＿＿＿＿＿＿
☐ 实况6：调整＿＿＿＿＿＿＿＿＿＿＿＿＿＿＿＿＿＿＿＿＿＿
☐ 实况7：顺服＿＿＿＿＿＿＿＿＿＿＿＿＿＿＿＿＿＿＿＿＿＿

从神的角度去看事物是十分重要的

上述提到父神如何在耶稣身处的环境中对他说话，是一个在"顺境"中的例子。但有时候，你身处的环境可能是一个困境，一个逆境。当你身处逆境的时候，也许你会问神："为什么这种事情会临到我的身上？"约伯也有过困苦的经历。当约伯失去一切的财物、儿女，并且满身长了毒疮的时候（参伯1-2），他并不明白发生了什么事。约伯挣扎着要明白为何自己会陷于这个困境。他并不知道在天上所发生的一切事（参伯1:6-12，2:1-7），也不知道神后来会加倍赐福给他（参伯42:12-17），让他再度拥有财富、家庭和健康。

约伯的朋友以为自己懂得从神的角度解释约伯的遭遇，告诉约伯要承认自己的过犯。但约伯省察自己以后，却不觉得自己生命中有不义不洁的事要向神认罪。倘若你处身于约伯的景况中，不知道神如何看这临到你身上的一切灾难，也不知道最终会加倍赐福给你，也许你会像约伯一样，追问神为何会让这一切的灾难临到你身上，也许你会认为神是一位残忍的神。

从神的角度去了解自己身处的困境是十分重要的。困境和逆境可以把一个人完全摧毁。如果你从自己身处的困境为出发点去求问神，你只会误解神和神的旨意。你可能会说"神并不爱我"，或说"神既不公义又不公平"。你这样描述神显然是错误的。

⑤ 你是否曾身处困境，在祷告中对神发出怨言和指控（例如说神并不爱你），而你知道这样说是不对的？

曾□ 不曾□

若你有过这样的经历，请简单记述当时你所处的困境。

_____

_____

也许在困境中，你开始对神的慈爱和智慧产生疑问。你可能不敢直截了当说神做错了，但是你会埋怨说："你为什么会让我陷入这种困境中？为什么你不阻止事态的发展？"如果你以自己所处的困境为出发点去求问神，你只会继续处身于困境之中。

在困境中，你应当来到神面前，求神帮助你从他的角度来了解你自己的处境。你要以神的心意为出发点，了解自己的处境。当你处身于苦境之中，圣灵会借着神的话语，帮助你从神的角度去了解自己的处境。圣灵会把真实的景况向你启示。

在第3单元我曾经提及我的女儿嘉莉患上癌症，这件事对我们全家人来说，是一个困境。医生告诉我们，嘉莉要接受六个月或八个月的化疗和放疗。我们知道神爱我们，所以我们到神面前，向他祷告，祈求神让我们明白他要在我们生命中的作为。当时我们很想做正确的调整，去适应神，我们对神说："主啊，我们当如何调整自己，来配合你借着这个经历要成就的旨意？"

当我们祷告的时候，相信神借着一节经文给了我们宝贵的应许。事实上，不单只是我们领受了这个应许，有许多弟兄姊妹在寄给我们的安慰信和拨来的

你应当来到神面前，求神帮助你从他的角度来了解你自己的处境。

电话中，都提及《圣经》里这句带应许的经文，他们同样感觉到这应许是神为我们预备的。这节经文说："这病不至于死，乃是为神的荣耀，叫神的儿子因此得荣耀。"（约11:4）透过读《圣经》、祷告和其他弟兄姊妹的印证，我们愈来愈肯定神借着这节经文对我们说话。因此，我们调整自己去接受这个应许，并且开始注意神会如何利用这个处境来荣耀他自己。

嘉莉患病期间，许多在加拿大、欧洲和美国的弟兄姊妹不断为她祷告。许多教会、大学生团契和个别信徒纷纷来电，说他们都在为嘉莉祷告。我跟这些弟兄姊妹交谈的时候，发觉他们当中不少人都这样说："我们的祷告生活已经变得很枯干、冰冷、形式化，我们已有很长一段时间，没有经历到神是应允祷告的神。现在，知道嘉莉患病，我们都在祷告中切切记念她。"

嘉莉接受了三个月的治疗后，医生决定为她再做检查。检查后，医生对我们说："实在令人难以置信！我们并没有发现任何癌细胞。"我立即与那些不断为嘉莉祷告的弟兄姊妹联络，告诉他们神应允了众人的祷告。许多人也表示，神借着这次祷告蒙应允的经历，更新了他们的祷告生活，教会的祷告事工和大学生祷告团契都得到更新。

这时候，我才开始领悟到神的心意。借着嘉莉患病这个经历，神在他子民当中得着荣耀。许多人感到神更新了他们祷告的灵。他们个别地经历到真理，活活泼泼地经历到神。嘉莉一些最要好的朋友开始学会迫切为人祷告，有些同学目睹了神在嘉莉身上的作为后，愿意归信基督。神确实借着嘉莉的病，得着了荣耀。

你是否也明白嘉莉患病的意义？当时，我们处于一个困难的景况中，我们可以只看困境然后去质问神事情的缘由。这样的话，我们会对神产生许多不正确的想法。但我们并没有这样做。我们到神面前祷告，寻求从他的角度去理解这件事。圣灵借着神的话，把神对嘉莉患病的看法向我们启示。我们相信神，于是，我们调整自己，去适应他，去跟他的作为配合，注意神会如何成就他自己的计划，让他的名得着荣耀。因此，当神应允了众人祷告的时候，我立即知道要做的一件事，就是向他的子民宣告神奇妙的作为。这次经历，神把他对嘉莉患病的看法告诉我们，向我们展示了他慈悲怜悯的心肠，我们对他也有了崭新的认识。

现在，让我做出一个总结，列出当你处于困境时或彷徨时该有的反应。

阅读下面的总结，圈出关键字词。

处于困境时

1. 在思想上肯定神已借着耶稣基督的十字架，向你表明他绝对爱你，永远爱你。他对你的爱永不改变。
2. 不要陷在你自己所处的困境中，尝试去了解神为什么会这样。
3. 来到神面前，祈求神帮助你从他的角度去看清自己的困境。
4. 等候圣灵。圣灵会借着神的话语，帮助你明白自己的处境。
5. 调整你的生命去适应神，配合神，成就神借你的处境要做的工作。
6. 完全顺服神，做一切他吩咐你去做的。
7. 经历到神在你生命中做工，并且借着你去成就他的计划。

 用你自己的话，扼要说出在处于一个困境时，你所当做的事。

_____

_____

你必须谨记，神是有绝对主权的神。或许你会有约伯的经历，就是神始终没有告诉你他在做什么。在这种情况下，你只要肯定神对你的爱，承认他有绝对的主权，并且不断倚靠他的恩典去度过这段困苦的岁月。

本课摘要

父神借着处境，向耶稣启示他要做的事。

耶稣注意自己身处的环境，借此知道父神期望在何处与他同工。

从神的角度去了解我自己身处的困境或逆境是十分重要的。

重温今天的功课。 祷告求神帮你找出一两句他期望你明白、学习或付诸实践的课文内容或经文，并回答以下问题：

在今天研读的课文中，哪些字句或经文对你最有意义？	将这些字句或经文改写为你回应神的祈祷。	神期望你做什么来回应今天所学习的？

第**3**天

处境的实情

当你从神那里得着了话语，你便会知道自己处境的实情。

当你从神那里得着了话语，你便会知道自己处境的实情。在《出埃及记》第5及第6章，摩西照神所吩咐的，请求法老容许以色列民离开埃及。法老拒绝了摩西的请求，并且加重了以色列人的劳苦，因此，以色列人向摩西发怨言，指责他令百姓工作加重了。

1 若你处身于摩西的境地，你会怎样做？（选择题）

□a. 我会向以色列人发怒，然后重操故业，牧养羊群。

□b. 我会向神发怒，并且请他找另外一个人去承担他要我承担的工作。

□c. 我会认为自己误解了神的意思，我不应向法老提出要求。

□d. 我会再次回到神面前，耐心地求告他，求神让我可以从他的角度来明白这个恶劣的处境。

摩西的反应对我很有帮助。如果我们处身于摩西的境地，通常我们的反应会像上述a. b. c项其中一项。倘若你没有读过《出埃及记》第5、6章，你会以为摩西的反应与d项相似。事实上，在当时的处境，摩西埋怨神并没有照他所应允的去做。摩西说："主啊，你为什么苦待这百姓呢？为什么打发我去呢？自从我去见法老，奉你的名说话，他就苦待这百姓，你一点也没有拯救他们。"（出5:22-23）摩西气馁到一个地步，想放弃承担神交付他的使命（参出6:12）。

幸好神对我们有极大的忍耐，如同他对摩西那样。神用时间向摩西解释，让他明白神的心意：神任凭法老硬着心不让以色列人离去，以致以色列民看见，是神大能的手把他们从为奴之地拯救出来。神期望他的子民借着这个经历，认识他是那位自有永有的神。我们应该从摩西的经历学到功课，当我们处身于一个不明朗的处境，千万不要埋怨神，也不要放弃跟从他，只管到神的面前，祈求他将你处境的实情启示你，让你能够从他的角度和眼光看事物，然后耐心等候主。

你必须要彻底地过以神为中心的生活。你要做的最困难的一件事，就是否定自己，遵行神的旨意，跟从他走每一步。你与神之间的关系，应当以神为中心。如果你把自己每天的祷告、生活态度、思想等等细加省察，你会发觉自己多么以自我为中心。当你以自己为生活的中心，你便不能从神的角度来看事物，甚至你还会要求神从你的角度来处理问题。在神成为你生命的主以后，他有绝对的主权，成为：

　　——你生命的焦点

　　——你人生的策划者

　　——你人生道路的引导者

　　这就是让基督作你的主的意思。

聆听真理向你说话

　　圣灵对你说话的时候，他会向你启示真理（真理是一有位格的神）圣灵会对你谈及那位有位格的耶稣基督（参约14:6）。

　　门徒遇上了暴风，那时候他们正在船上，耶稣却在船舱里睡着了。如果你在这个波涛汹涌的景况中问门徒说："你们现在处于一个怎样的景况中？"他们会如何回答呢？"我们快要丧命啦！"他们的看法是否正确？不，绝不！那位声称自己是真理的耶稣，正在船舱里睡着了，只消片刻，他就会从熟睡中醒过来，然后平静风浪，门徒便会知道，在他们身处的环境里，基督正在他们中间。真理（耶稣基督）也常常与你同在，正如他常与门徒同在一样。

　　当你从神那里得着话语，你便能知道自己处境的实情。神就是真理，真理常常在你的生活中，与你同在，向你说话。

2 **请读《路加福音》7章11-17节，然后回答下列问题：**

　　a. 试想在那个葬礼举行的时候，你也参与其中。在耶稣出现之前，拿因城的寡妇认为她自己面对的是一个怎样的景况？

　　＿＿＿＿＿＿＿＿＿＿＿＿＿＿＿＿＿＿＿＿＿＿

　　＿＿＿＿＿＿＿＿＿＿＿＿＿＿＿＿＿＿＿＿＿＿

　　b. 当耶稣（真理）临在的时候，景况有何不同？

　　＿＿＿＿＿＿＿＿＿＿＿＿＿＿＿＿＿＿＿＿＿＿

　　＿＿＿＿＿＿＿＿＿＿＿＿＿＿＿＿＿＿＿＿＿＿

　　c. 当耶稣（真理）向群众启示他自己的时候，他们有何反应？

　　＿＿＿＿＿＿＿＿＿＿＿＿＿＿＿＿＿＿＿＿＿＿

　　＿＿＿＿＿＿＿＿＿＿＿＿＿＿＿＿＿＿＿＿＿＿

　　倘若在这个葬礼进行的过程中，你问这个寡妇："现在你处于什么景况之中？"她极可能这样回答你："我丈夫英年早逝，我和那唯一的儿子一同生活。我常常盼望与这个儿子一起，快快乐乐过日子，他会看顾我，与我谈心。但是，现在我的孩子也死了，只剩下我孤单一人，继续过我自己的生活。"妇

> 我就是……真理。
>
> （约14:6）

> 耶稣往一座城去，这城名叫拿因。他的门徒和极多的人与他同行。将近城门，有一个死人被抬出来。这人是他母亲独生的儿子，他母亲又是寡妇，有城里的许多人同着寡妇送殡。主看见那寡妇，就怜悯她，对她说："不要哭！"于是进前按着杠，抬的人就站住了。耶稣说："少年人，我吩咐你起来！"那死人就坐起，并且说话。耶稣便把他交给他母亲。众人都惊奇，归荣耀与神说："有大先知在我们中间兴起来了。"又说："神眷顾了他的百姓。"他这事的风声就传遍了犹太和周围地方。
>
> （路7:11-17）

当你从耶稣那里得着了话语，你便会知道自己处境的实情。耶稣就是真理！

人对她自己身处的景况的描述，是否真实？

妇人的看法并不真实！耶稣正站在那里！当他伸出他的手，触摸她的儿子，吩咐他从死里复活的时候，一切都改变了！同样，当你从耶稣那里得着话语，你便会知道自己处境的实情。耶稣在葬礼进行的时候把他自己启示给众人知道，众人都惊奇，归荣耀与神，说"有大先知在我们中间兴起来了"，又说"神眷顾了他的百姓"。他做这事的风声就传遍了犹太和周围地方（参路7:16-17）。所以，永远不要单单注视身处的困境，误以为这就是你处境的实情。当你从耶稣那里得着了话语，你便会知道自己处境的实情。耶稣就是真理！

3 阅读《约翰福音》6章1-15节，然后回答下列问题：

a. 有5000饥饿的民众到耶稣那里去，耶稣希望使他们得饱足。如果在这种情况下，你问门徒他们处于一个怎样的景况中，他们会如何回答？

_____

_____

b. 耶稣为什么要问腓力从哪里买饼给这5000人吃？（第5-6节）

_____

_____

c. 真理（耶稣）临在这个处境中的时候，情况有何不同？

_____

_____

_____

d. 耶稣把他自己启示给群众知道以后，他们如何反应？（第14节）

_____

_____

神是否也会考验我们的信心，正如他曾经考验腓力的信心一样？神有没有对你的教会说："去喂饱那些饥饿的群众！"但你们却回应说："我们没有足够的经费！"如果你问门徒他们当时面对一个怎样的处境，他们或许会说："我们没有办法喂饱这5000人，要喂饱这一大群的民众简直是不可能的事。"门徒的看法是否正确呢？不！我们知道耶稣终于喂饱了这5000人和他们的家人，并且剩下了12篮的碎饼！

假如神对你的教会说："把福音传遍天下！"你们会不会说："我们办不到！"真理（耶稣）是教会的头，他站在你们中间，说："相信我，我会把我的权柄能力赐给你们，使你们可以做成我吩咐你们去做的工。只管相信我，顺服我，福音便能传遍天下！"

◁ 写出本单元要背诵金句。

_____

_____

_____

_____

_____

_____

_____

_____

_____

_____

_____

_____

_____

_____

_____

本课摘要

切勿单单注视身处的困境，误以为这就是自己处境的实情。

当我从神那里得着了话语，我便会知道自己处境的实情。

圣灵借着神的话语，向你启示神对你的处境的看法。

重温今天的功课。祷告求神帮你找出一两句他期望你明白、学习或付诸实践的课文内容或经文，并回答以下问题：

在今天研读的课文中，哪些字句或经文对你最有意义？	将这些字句或经文改写为你回应神的祈祷。	神期望你做什么来回应今天所学习的？

第4天 灵程标记

当神预备引导你踏上新的一步，与他同工的时候，他的带领，往往与他在你过往生命中的作为有连带的关系。

"是，主！"

这些石头，可以作为你们的证据。

在上一课，我用了几个图来阐释如何面对身处的困境。我们身处的景况不一定是困境，有时候，我们会在一个要做决定的处境中。在做决定的时候，最困难的事，并不是从"好"与"坏"之间做选择，而是在面对许多看来都不错的选择中，做出一个最好的决定。在这种情况下，最好的办法，就是在神面前诚诚实实、全心全意对他说："主啊，只要我知道是你的旨意，我必定遵行，不管要付出多大代价，不管要做出何等重大的调整，我会全心全意、竭尽所能地顺服你的旨意。主啊，不管怎样，我必定照你的旨意去做。"

在开始寻求神旨意的时候，你就要立即献上这个祷告；否则，你便不是真正期望神的旨意得以成就（参太6:10）。你可能只是期望在与你自己的心意没有冲突的情况下，神的旨意得以成就。基督徒断不能对主说"不"，却又称呼他为主，如果你对主说"不"，他就不是你的主。若他真是你的主，你只能顺服他。当你要做决定之前，你必须可以真诚地对主说："主啊，不论你向我提出什么要求，我都会遵照你的心意去做。"

属灵经历的实物标记

以色列人经约旦河，进入应许之地的时候，神吩咐约书亚说："你从民中要拣选十二个人，每支派一人，吩咐他们说：'你们从这里，从约旦河中，祭司脚站定的地方，取十二块石头带过去，放在你们今夜要住宿的地方。'"（书4:2-3）这些石头在你们中间可以作为证据。日后你们的子孙问你们说：'这些石头是什么意思？'你们就对他们说：'这是因为约旦河的水在耶和华的约柜前断绝；约柜过约旦河的时候，约旦河的水就断绝了。这些石头要作以色列人永远的纪念。'"（书4:6-7）

这些石头，是纪念神为他的子民施行的一项大能的作为。许多《圣经》人物在不同的情况下，或是筑坛，或是立石，纪念他们与神相遇的经历。

1 请翻开《圣经》，在下列八个人物中挑选一个，读一读这个《圣经》人物与神相遇的经历，然后回答下面的问题。

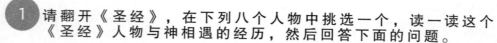

□ 挪亚　　　　创世记6-8章
□ 亚伯兰　　　创世记12:1-8或13:1-18

☐ 以撒 　　　　 创世记26:17–25
☐ 雅各 　　　　 创世记28:10–22，35:1–7
☐ 摩西 　　　　 出埃及记17:8–16或24:1–11
☐ 约书亚 　　　 约书亚记3:5–4:9
☐ 基甸 　　　　 士师记6:11–24
☐ 撒母耳 　　　 撒母耳记上7:1–13

简单描述这位《圣经》人物与神相遇的经历，神做了什么？

_____

_____

这位《圣经》人物为何会筑坛或立石为记？

_____

在经文中，他们为神或所筑的坛和所立的石头起了什么名字？

_____

_____

　　旧约中的人物，常常以筑坛或立石的方式，纪念他们与神相遇的经历。伯特利（神的殿）和利河伯（宽阔）这两个地方的名字，是纪念神曾经在他子民中的作为；摩西筑了一座坛，起名为"耶和华是我的旌旗"；撒母耳立了一块石头，起名叫"以便以谢"，说："到如今耶和华都帮助我们。"（撒上7:12）这些坛和石头，成为神人难得的灵里相遇的实物标记。借着这些名字，神的子民可以把神为他的百姓所做的事教导子子孙孙。

这些坛和石头，成为神人难得的灵里相遇的实物标记。

从神的角度洞察属灵的远景

　　神按部就班成就他自己的计划，他在过去所做的一切，都是为着建立他的国度；现今他所做的一切，同样是为着建立他的国度。但是，神每做一件事，必定承接着过去他已做成的，并且为他将来要做的事做好准备。所以，神做事是按部就班，按着次序的。

　　当神呼召亚伯拉罕的时候（参创12），他正开始为自己建立一个民族。神对以撒说话的时候，他提醒以撒有关他与亚伯拉罕之间的关系，以撒便学会从神的角度来看自己与神的关系（参创26:24）。神对雅各表明他是亚伯拉罕和以撒的神（参创28:13）。神对摩西说话的时候，他帮助摩西从神自己的角度，去了解神在历史中的作为，他告诉摩西他是亚伯拉罕、以撒、雅各的神（参出3:6–10）。每当神在他永恒的计划中，要采取新一步的行动之时，他会呼召人参与他的工作。神会向他所呼召的人复述他过往的作为，以致蒙召的人可以从神的角度了解所发生每一件事的属灵意义。

以色列民需要明白，进入应许之地这件事，是与神一直以来对他们民族的引导有关。

在《申命记》中，摩西回顾了神为以色列民所做的一切事。那时候，神正准备带领以色列人进入应许之地，神期望他的子民在踏出新的一步之前，可以从神的角度来回顾过往的历史。在《申命记》29章，摩西扼要讲述了以色列民的历史，希望借着与神重新立约这个时机，再次提醒以色列人要忠心跟从神。以色列民正准备进入应许之地，摩西的领导地位亦会由约书亚接替，以色列民需要明白，进入应许之地这件事，是与神一直以来对他们民族的引导有关。

在书末附录图的图例中，我们用了一个箭头，代表了神的计划。

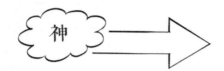

2 在《出埃及记》第3章，神在荆棘火焰丛中呼召摩西的时候，神如何向摩西启示一幅属灵的远景？请根据以下三项指示完成随后习作：

· 在有关神过往之作为的句子旁边写上"过去"。

· 在有关神与摩西说话时显现之作为的句子旁边写上"现在"。

· 在有关神将要施行之作为的句子旁边写上"将来"。

____a. 我是你父亲的神，是亚伯拉罕的神，以撒的神，雅各的神。（第6节）

____b. 我的百姓在埃及所受的困苦，我实在看见了，他们因受督工的辖制所发的哀声，我也听见了。（第7节）

____c. 我原知道他们的痛苦，我下来是要救他们脱离埃及人的手。（第7－8节）

____d. 故此我要打发你去见法老，使你可以将我的百姓以色列人从埃及领出来。（第10节）

____e. 我必与你同在，你将百姓从埃及领出来之后，你们必在这山上侍奉我，这就是我打发你去的证据。（第12节）

____f. 我也说，要将你们从埃及的困苦中领出来，往迦南人……就是到流奶与蜜之地。（第17节）

____g. 我必叫你们在埃及人眼前蒙恩，他们去的时候，就不至于空手而去……这样，你们就把埃及人的财物夺去了。（第21-22节）

答案：1，2，6"过去"；3，4"现在"；5，7"将来"。

神正在帮助摩西透过一个属灵的远景，明白神对他的呼召：

· 神曾经与亚伯拉罕、以撒、雅各，甚至摩西的父亲同工，为要建立一个民族。

· 神曾应许亚伯拉罕，要把他的百姓从困苦中拯救出来，使他们进入应许之地。

- 当他们在埃及的时候，神的眼目并没有离开他们。

- 现在，神准备要救他们脱离一切的困苦。

- 神拣选了摩西与他同工，成就他在以色列民身上要成就的计划。他要使用摩西拯救以色列人脱离埃及人的手，也要把埃及的财物，掠夺归以色列人所有。

- 摩西顺服神以后，神会带领他们在神向摩西显现的山上侍奉神，这就是神打发摩西去做工的证据。

自创世以来，神一直不间断地做工。他期望你肯与他同工，参与他永恒的计划（参约5:17）。其实你还未出母胎，神已为你的一生定下美好的计划。自你生下来直到如今，他也不断在你生命中做工。神对先知耶利米说："我未将你造在腹中，我已晓得你；你未出母胎，我已分别你为圣；我已派你作列国的先知。"（耶1:5）当神预备引导你踏上新的一步与他同工的时候，他的带领，往往与他在你过往生命中的作为有连带的关系。他不会断然撇下你或引导你走冤枉路，他乃是按着他已定的心意，按着计划来塑造你的品格。

一份灵程的结算单

在我信仰的历程中，对我极有帮助的一件事，就是记下那些"灵程的标记"。每次我与神相遇，神呼召我去做一件事，或引导我如何继续走前面道路的时候，我都会记下这些重要时刻所发生的事。"灵程的标记"使我可以清楚记起神曾经怎样帮助我做出重要的决定，怎样引导我踏上人生另一个新的阶段。借着这些"灵程的标记"，我常常可以回顾神如何引导我的一生，活在他永恒的计划中。

当我要决定如何进一步跟从神的带领时，我便会回顾这些"灵程的标记"，我会回想神在我过往一生中的带领，以便清楚看明神在我身上的旨意，然后做出一个怎样的决定最能配合神过往的带领。要做出一个配合神过往的带领的决定并不困难，但当我发觉任何决定都不能与神过往的带领配合的时候，我会继续祷告，寻求神的引导。如果实际的处境，与神在《圣经》及祷告中所说的有出入，我便会假设这并不是神的时间，我会继续等候神，直至他把应当做决定的时间启示给我。

3 用你自己的话，为"灵程的标记"下一个定义。

_____

_____

> "灵程的标记"使我可以清楚记起神曾经怎样帮助我做出重要的决定，怎样引导我踏上人生另一个新的阶段。

④ 用你自己的话，说出你可以如何运用"灵程的标记"，帮助自己察验神引导的方向，以便做出合神心意的决定。

_____

_____

_____

_____

⑤ 为何"灵程的标记"对你有帮助？有何帮助？

_____

_____

_____

神呼召我参与灵性觉醒的侍奉

当美南浸信会国内传道部联系我，请我带领祷告及灵性觉醒运动的时候，我从未有过这方面的经验。面对这个提议，只有神才能启示我，让我知道这是否是他计划的一部分。因此，我回顾自己一生中的"灵程标记"，尝试从神的角度做出一个恰当的决定。

我的祖先来自英国，我家族中有几位成员是司布真学院的毕业生。那时候，司布真正在英国，努力为基督耶稣赢取无数失丧的灵魂。我在加拿大一个市镇中长大，那里并没有任何福音的使者，愿意为耶稣基督作见证。因此，我父亲在镇上开设了一家福音堂，担任义务牧师一职。当我还是一个少年人的时候，加拿大很多地方仍未建立福音教会，我对此事有很大的负担。1958年，当我还在神学院进修的时候，神让我知道，他爱我的国家，他必定会赐下复兴，让圣灵大能的作为横扫整个加拿大。当我回应神的呼召，到萨斯卡通牧养教会的时候，神借着一次属灵大觉醒，肯定了他对我的呼召。在第11单元，你会读到在70年代，由萨斯卡通开始横扫加拿大的那次灵性大觉醒。

1988年，传道部的负责人打电话给我，他说："布莱卡比，我们祷告了很久，求神预备一位同工带领我们祷告，一同寻求灵性的觉醒。我们四处找人出任这个职位，已有足足两年的时间。你是否考虑到美国来，带领美南浸信教会寻求灵性的觉醒？"

当我回顾神在我生命中的作为（回顾我的"灵程标记"）的时候，我发现祈求灵性觉醒是我侍奉神的主流。我便答复他说："你可以请求我做任何事，但是我绝不会离开加拿大。但是，如果为了寻求教会灵性的大觉醒，我一定义不容辞。我自从十六七岁开始，尤其是自1958年开始，祈求灵性复兴一直是我侍奉生命中的主流。"经过许多的祷告，并且有了神话语和其他信徒的印证后，我接受了美南浸信会传道部的邀请。神并没有扭转我侍奉的方向，他只是带领我更专注地在我的侍奉道路上前进。

6 尝试写下你生命中的"灵程标记"。这些标记可能与你的家庭背景、信主经历和人生中一些重要的决定有关。你记起有哪些时刻，神帮助你做出重要的决定，引导你踏上人生的一个新阶段？请用一张白纸或用一本笔记簿把这些"灵程标记"记下来。你可以从今天开始列出这些"灵程标记"，但是，你绝不可能一下子就把所有的都记下来。你可以祷告，默想神在你生命中的作为，以后记起什么就把它写下来。

在本周小组聚会中，你会有机会与组员分享你的"灵程标记"。

_____
_____
_____
_____
_____
_____
_____
_____

本课摘要

在做决定的时候，最困难的事，并不是从"好"与"坏"之间做选择，而是在面对许多看来都不错的选择中，做出一个最好的决定。

基督徒不能对主说"不"，又称呼主是"主"。

神按部就班，按着次序做工，去成就他永恒的计划。

当神预备引导我踏上新的一步，与他同工的时候，他的带领，往往与他在我过往生命中的作为有连带的关系。

"灵程标记"使我可以清楚记起神曾经怎样帮助我做出重要的决定，怎样引导我踏上人生另一个新的阶段。

重温今天的功课。祷告求神帮你找出一两句他期望你明白、学习或付诸实践的课文内容或经文，并回答以下问题：

在今天研读的课文中，哪些字句或经文对你最有意义？	将这些字句或经文改写为你回应神的祈祷。	神期望你做什么来回应今天所学习的？
_____	_____	_____
_____	_____	_____
_____	_____	_____
_____	_____	_____
_____	_____	_____

第5天

神借着教会说话

作为教会中的一分子，我需要其他的肢体，帮助我明白神的旨意。

圣灵透过神的子民——地方教会向人说话。下面我们会用整整一个单元，讨论地方教会如何去聆听及明白神的旨意。今天，我们先看看你如何可以透过教会明白神的心意。

1 现在让我们先来温习一下，然后回答下列问题：

a. 神在旧约时代如何向人说话？

_____

b. 耶稣在世的时候，神如何向人说话？

_____

c. 从使徒时代直到如今，神如何向人说话？

_____

d. 圣灵透过哪四种途径向人说话？

_____

_____

基督的身体

许多福音派教会如今面对的一个问题，就是过分强调"信徒皆祭司"这教义，而忽视了教会作为一个属灵群体的重要性。许多基督徒认为自己只需向神负责，而不需要向教会负责。不错，基督徒可以借着中保耶稣基督，直接到神面前；但是，神建立了教会，要借着教会完成他救赎世界的目的，神将信徒安放在教会里，为要借着教会成就他救赎的计划。

教会是基督的身体（参林前12:27）。耶稣基督是地方教会的头（参弗4:15）。神随着自己的意思，把肢体俱各安排在身上（参林前12:18）。圣灵又显在各人身上，叫人得益处（参林前12:7）。父神把众肢体连于一起，成为一个身体。各肢体靠着圣灵，各按各职，建立基督的身体，直到众人都得以长大成人，满有基督长成的身量（参弗4:13）。神使我们彼此相助，一个肢体有缺欠，其他的肢体便可以补足。

知道神在教会中的作为和神要借着教会成就什么，是十分重要的一件事。因为当我知道神在教会中动工，我便可以立即调整自己，配合神的工作。在教

惟用爱心说诚实话，凡事长进，连于元首基督。全身都靠他联络得合式，百节各按各职，照着各体的功用彼此相助，便叫身体渐渐增长，在爱中建立自己。

（弗4:15–16）

会里，我任由神随意使用我，去做成他在每一位弟兄姊妹身上要成就的旨意。这就如保罗所说的："我们传扬他，是用诸般的智慧劝戒各人、教导各人，要把各人在基督里完完全全地引到神面前。"（西1:28）保罗也经常请求信徒在他的侍奉生活中与他同工，因为他事工的果效，与信徒的代求有不可分割的关系（参西4:3；帖后3:1-2；弗6:19）。

2 请读《哥林多前书》12章7-31节，然后回答下列问题：

a. 保罗写信的对象，是一家地方教会（哥林多教会）的基督徒。什么是地方教会？（第27节）

_____

b. 根据第12节，你认为右边两幅图画中，哪一幅图画较清楚表达了"教会"的含义？

_____

c. 根据第25节，保罗认为怎样才是一个真正的教会？你的教会是否像第25节所描述的那样？

_____

d. 根据第14-24节，回答下列的是非题。如果答案是"非"，请把正确的答案写下来：

___（1）身子只有一个肢体。

_____

___（2）虽然脚不是手，但是它仍然是身子中的一个肢体。

_____

___（3）耳不是眼，所以它不是身子中的一个肢体。

_____

___（4）众肢体随自己的意思，把自己安排在身子上。

_____

___（5）每一个肢体都需要身子上的其他肢体。

_____

答案：

地方教会就是基督的身体，虽然在父神的管治下，普世的信徒都属于神国的子民，但是一家地方教会的功能，就如一个身体。地方教会并不是身子上的一个肢体，乃是一个身子。

右图可能代表了一些教会的景况，但是，神的心意是期望教会众肢体都联络得合式，不是肢离破碎。

教会里面，众肢体不应分门别类。若在你的教会中，各肢体分门别类，不能彼此相顾，你的教会便是一个生了病的身体。耶稣基督是一位大能的医生，离开了基督的身体，你便不能透彻知道如何与身体保持合神旨意的关系。

你的教会若肯让耶稣医治，这个身体必得痊愈。

（1）（3）（4）是错误的，（2）（5）是对的。

离开了基督的身体，你便不能透彻知道如何与身体保持合神旨意的关系。若没有了眼，手便不能触摸东西，若没有了耳，身子便不知道怎样做出回应。因此，教会中每一个成员，都必须聆听其他成员的意见。但是，如果他们所说的，并不是与神在教会中要做的工有关，教会整体就会遇到麻烦。

容让神借着教会向你说话

当我与教会保持正常的关系时，我便可以借着其他肢体的帮助，明白神的旨意。现在，让我先举一个例子略做说明，然后在第10单元，我会再帮助你明白在教会中，如何让众肢体都发挥功用，彼此联络，成为一个身体。

当我在神学院就读的时候，我在一家地方教会参与侍奉。第一年，我要负责教导一班青少年，我欢喜快乐地接受了这项工作。第二年，教会要求我负责策划推动音乐及宗教教育的工作。我信主以后，曾经参加过诗班，但从未在音乐方面肩负过领导的职责。对于如何在这间教会中策划及推动音乐及宗教教育事工，我更是一窍不通。现在，让我告诉你我怎样做出决定。

教会中的弟兄姊妹需要有一位领袖来牧养他们。当他们为这件事祷告的时候，他们感觉到神带领我去到他们当中，就是为了让我成为他们的牧者。我也看到这间教会的需要，并且也意识到神可以使用我。因此，作为耶稣基督的仆人，我不能对教会的提议和安排提出异议，我深信教会的元首耶稣基督可以透过其他肢体说话，引导我知道如何在这身体中发挥功用。所以，我应允了教会的提议，表示会尽我最大的努力，做好音乐及宗教教育的工作。

有两年时间，我在这间教会里负责音乐及宗教教育事工。后来，教会决议聘请我成为他们的牧师，但我有生以来讲道未超过三次。我进入神学院进修，并不是因为神呼召我去做牧养的工作。我进入神学院的原因，是因为神和我之间已建立了一种关系，我已甘心乐意任主差遣。我觉得接受了神学训练后，我便有了基本的装备去与神同工。因此，我从来没有说过我要为神在国内或海外传道，也没有说过要在音乐或宗教教育或讲道方面侍奉神。我只是向神表示："主，不管你如何引导我在教会中服侍你，我必遵照你的心意而行。我是你的仆人，任你差遣。"所以我终于接受了那间教会的邀请，成为他们的牧者。

教会需要牧者，但是这并不一定等于我要接受这个邀请。另一方面，我们也不应忽视教会的需要，不要怕让教会中其他的肢体帮助你去明白神的旨意。但是，你也要记得，一个肢体并不可以代表教会的整体。总括而言，你需要聆听其他人的意见，然后到神面前，寻求他清楚的指引。你会从《圣经》、祷告和处境中得到印证，让你知道当如何一步步走下去。这样，你便可以满有信心地前进。

或许你会对我说："布莱卡比，你并不了解我的教会，我不能依赖他们来帮助我明白神的旨意。"如果你这样说，你必须非常小心，因为你的话，表明了你对神的认识和信心的程度。事实上你要说的是："布莱卡比，就算是神也没有办法借着这些人向我说话。"我相信那并不是你心中真正的想法，可是你的表现比你的话更真实地反映了你对神的信心程度。这就是我们要面对的信心危机。一旦神说话，你就必须秉持你对神的信心并按着你的信心去行。

3 把要背诵的金句（约5:19）写在下面。

_____

_____

4 温习你要背诵的金句，预备好在本周小组聚会中向一位组员背诵。

5 你若还未完成第4天的"灵程标记"，切记在本周小组聚会之前完成这项作业。

_____

_____

_____

重温今天的功课。祷告求神帮你找出一两句他期望你明白、学习或付诸实践的课文内容或经文，并回答以下问题：

在今天研读的课文中，哪些字句或经文对你最有意义？

_____

_____

_____

_____

将这些字句或经文改写为你回应神的祈祷。

_____

_____

_____

_____

神期望你做什么来回应今天所学习的？

_____

_____

_____

_____

7

·金·句·背·诵·

人非有信，就不能得神的喜悦；因为到神面前来的人，必须信有神，且信他赏赐那寻求他的人。

《希伯来书》11:6

信仰危机

凭信心厘定预算案的经历

有一年，教会财务部的弟兄姊妹对我说："牧师，你曾经教导我们在办理教会各项事情上要凭信心与神同工，可是你却从未教导我们在厘定教会预算案的时候如何凭信心与神同工。你看，我们所订出来的预算，只是根据自己力所能及的奉献数目来厘定，这反映了我们并不相信神可以有奇妙的作为。"

"唔……那么，你们认为应当怎样制订教会的预算呢？"我问他们。

他们说："首先，我们必须清楚神在未来一年要借着我们做什么。我们也要计算所需用的经费；然后，我们应当把经费目标分为三类：第一类是弟兄姊妹十一奉献的数目，第二类是其他人承诺的奉献数目，第三类是仰赖神自己供应的数目。"

我们同心合意祷告后，深信神的心意是要我们用这种方式来制订预算。我们并没有凭自己为神图谋大事，然而我们必须绝对肯定，所要完成的工作都是神自己在教会中的心意，然后我们计算这些工作所需用的经费而已。我们也列出了弟兄姊妹十一奉献和其他人（包括浸信会联会、合作教会和友会的弟兄姊妹）捐献的总数。预算中总支出的数目和奉献总收入的差额，必须仰赖神自己的供应。

当我们决定这样制订教会明年的预算案时，我们面临一个信仰的危机。我们是否真的相信那位带领我们去做工的神，会供应一切的资源，使工作能顺利完成呢？任何时候当神带领你做一些"唯独神"能做成的工作，你便会面临一个信仰的危机。此刻，你下一步决定怎样做，会反映出你是否真正信靠神是大能的神。

通常我们教会的预算总支出为74000美元。这一年，当我们凭信心制订预算案时，预算总支出达到16.4万美元。我们立志天天祷告，求神供应我们的所需。在年终的时候，我们计算一下，总收入为17.2万美元！神教导了我们教会一个重要的信心功课，这件事也彻底改变了每一个弟兄姊妹的生命。

第 **1** 天

转折点

神邀请我与他同工的时候，我会面临一个信仰的危机。

这个单元会集中讨论，在你跟随神的心意时，必定会面临一个信仰的转折点。当神邀请你与他同工的时候，他会把一项只有他方能成就的，在人看来异常艰巨的任务交给你。神若袖手旁观不加援手，你注定会失败。许多人在面临这个转折点的时候，虽然感觉神在带领他们，却放弃了继续跟从神。因此，他们会奇怪为何自己不能像其他基督徒那样，经历神的同在和神的作为。

现在，让我们先用几分钟时间，温习你所学过的几项实况，并且看看这几项实况和本单元的主题（信仰危机）彼此的关系。

1 我们已经提及神与他子民同工的七项实况。现在，尝试利用下面的提示，用你自己的文字写出第1至第4项实况，然后翻到书末附录图，核对答案。

实况1：神做工＿＿＿＿＿＿＿＿＿＿＿＿＿＿＿＿＿＿＿＿＿

实况2：关系＿＿＿＿＿＿＿＿＿＿＿＿＿＿＿＿＿＿＿＿＿＿

实况3：邀请＿＿＿＿＿＿＿＿＿＿＿＿＿＿＿＿＿＿＿＿＿＿

实况4：说话＿＿＿＿＿＿＿＿＿＿＿＿＿＿＿＿＿＿＿＿＿＿

实况5

神

⑤

信仰危机

2 现在，试在下面的空格内填上恰当的字句，这句子是与第5项实况相关的。

实况5. 神邀请你与他同工，当他发出邀请的时候，你会面临一个＿＿＿＿的＿＿＿＿＿，需要你以＿＿＿＿和＿＿＿＿来回应。

英文的"危机"（Crisis）一词是从一个希腊字演变出来的，这个希腊字可以译作"决定"的意思，有时也可以翻译为"审判"。信仰的危机（挣扎）就是信仰的转折点。面临一个信仰危机的时候，你必须做出一个决定，这个决定会反映出你对神的信心；也会显示出你是否愿意与神同工，参与一件只有神方能成就的大事。你的决定，会涉及你是否开始偏行己路，以致失去神为你所预备的福乐。面临信仰的危机是基督徒常常会遇到的经历。因此，你的生活就是一个见证，显出你对神的信心。

你的生活就是一个见证，显出你对神的信心。

3 请再看一次本单元开始时有关我们教会凭信心厘定预算案的那个经历，在这个经历中，什么时候我们的信仰面临危机呢？

☐a. 当财务部决定改变将来厘定预算案的方法的时候。

☐b. 当教会整体要决定明年有哪些工作是神交给我们的时候。

☐c. 当财务部要决定采用最大的预算案，或采纳预计奉献总数与支出经费相等的预算案的时候。

上述三个答案，每一个都是对的。在上述每一种情况下，我们都需要做出决定，这个决定会反映我们信的神是一位怎样的神。当我们要决定采用最大的预算案，抑或是我们很难办得到的预算案时，我们面临的考验最大。按照可预估的预算案并不需要什么信心，因为我们肯定自己可以奉献这个数目。但是神指示的计划所研究的预算案却需要对神有信心，因为我们没有办法筹措那么多经费，除非神亲自供应我们的所需。现在，你是否明白什么是信仰的危机？我们可以采纳较低的预算案，但是，那样我们便不能更多认识神和经历神。在我们的社群中那些未认识神的人，只看到我们这班基督徒所做的事，却没有机会看见神和神自己大能的作为。

在教会进行扩建计划的时候，我们面临另一次的危机。那时候，我们有一个绝佳的机会，可以买下加拿大萨斯克其万省雅仑镇的一幢建筑物做福音堂。我们的宣教牧师莱恩·科斯特跟业主接洽时，那业主说："我花了15000美元买下这幢房子，装修等费用用了7000美元，现在我以15000美元的售价卖给你。"业主要求我们先付9000美元作为首期费用，并且表示可以让我们有6000美元贷款额，年息8%。

高牧师对他说："让我们有两个礼拜时间先考虑一下，再跟你联络。"

当时我们这间小型教会正在支持四个宣教工场，我们本身的扩建经费还欠下10万美元。神清楚呼召我们要在雅仑镇开始宣教的工作，但我们连9美分也没有，又何来9000美元呢？因此，我们与众弟兄姊妹商量，问他们说："你们认为神期望我们做什么呢？"

众弟兄姊妹异口同声表示："让我们切切祷告，祈求神供应我们在宣教事工上的需用吧。"我们开始为这事祷告，并且决定了在以后两个礼拜内收到的意外而得的奉献，都是神为雅仑镇的宣教事工的经费而预备的。

一个礼拜之后，我接到从德克萨斯州来的一个电话，来电的弟兄对我说："有人告诉我们教会，说你们正在推展宣教事工。你可否把计划简单说一说？"我就扼要讲述了这事工的计划，对方说："我们正考虑奉献5000美元给你们教会，并且在两年内每月奉献200美元，支持一位宣教牧师的薪金。你认为那笔钱可以用在什么地方？"

"我们会把这些奉献用于雅仑镇的宣教事工的。我们正在为这件事祷告。"我答道。

第二天，我又接到德克萨斯州另外一位牧师的电话，他说："有人告诉我你们正在推动的宣教事工。我们教会里有一位姊妹，她的丈夫是一位传道人，她丈夫去世后，她愿意奉献1000美元作为宣教的经费，你认为这奉献可以用在什么地方呢？"

我说："我们正为在雅仑镇的宣教经费祷告。"现在，我们有6000美元可以用来购买房子，每个月也有200美元支付牧师的薪金。我们继续祷告，两个礼拜很快过去了，我们仍欠3000美元，高牧师再次联络业主，洽商购买房子的事。

高牧师还未开口，这位业主就说："唔，上次交谈以后，我想到有关利息税的问题，若是你先付6000美元做首期楼价费用，另外9000美元同样以年息8%借给你，对我会较为有利，你是否同意这样交易？"

"当然！"高牧师回答他，"这正是我准备向你提出的建议。"我们很快便办完一切买卖手续，又建立了一家教会。雅仑镇的教会后来也买了另外一些物业，如今他们自己也开设了两间教会。

若是我们只注目于银行存款的数目，我们是否继续推动宣教的工作？肯定不会！倘若我们只注目于客观的环境和条件，我们是否会继续推动宣教事工？当然不会！但是，你对神信靠的程度，决定了你是否有进一步的行动。当你知道神要借着你做工的时候，你便面临一个信仰的危机。而你之后所采取的行动也显明你对神的信心程度。

当你知道神要借着你做工的时候，你便面临一个信仰的危机。

④ 用你自己的话，对"信仰危机"下一个定义。

_____

_____

⑤ 细读下列几段经文，然后描述每个《圣经》人物所面临的"信仰危机"。

《约书亚记》6:1-5_____

_____

《士师记》6:33，7:1-8_____

_____

《历代志上》14:8-16_____

_____

《马太福音》17:24-27_____

_____

⑥ 你自己或你的教会是否曾觉得当神要你们做一件大事的时候，你就会面临一次信仰的危机？

曾□ 不曾□

若是曾经有过这种经历，请简单讲述当时的情况和你自己（或你的教会）如何面对这信仰的危机。

_____

_____

 你的回应是否反映了你对神信心的程度？是充满信心还是缺乏信心？

_____

_____

你会不会吩咐一支军队跟随你围绕一座城行走，并且告诉士兵说，当你吹角的时候，城墙自会倒塌下来呢？对约书亚和以色列人来说，神吩咐他们这样行的时候，他们正面临一次信仰的危机，他们要做出一个决定——是否相信神会照他所说的去做？虽然以色列人刚刚亲眼目睹神使约旦河的河水停止不流，让他们安然过河。但他们仍需用信心踏上这一步。事实上，每一次神吩咐以色列人做某件事的时候，他们都需要以不同程度的信心做出回应。

基甸在面对他的信仰危机的时候，一定挣扎得相当厉害。米甸人、亚玛力人和一些东方的部族一同联合起来要攻击以色列人。起初基甸挑选了32000人，但神要基甸把31700人遣回。神要借着300人战胜联军。从神的角度来看，只用300人战胜入侵的联军，神便会得着当得的荣耀！人人都知道战胜敌军，乃是耶和华神的作为！

大卫是神忠心的仆人，他拒绝倚靠人的智慧聪明作为引导，只愿寻求神的带领。神应许大卫会战胜非利士人。对大卫来说，这是不是他面临的一个信仰危机呢？当然是！大卫仍然要决定是否信任神的应许。他相信神会照他所说的话去做。

你是否注意到大卫与神之间的亲密关系呢？大卫并不是倚靠神过往对他的带领，他是天天倚靠神。大卫也没有运用人的智慧，判定是否要再次攻击敌人。大卫是一个很好的榜样，说明神期望我们倚靠他，而不是借着一套方法与他团契相交。

神以前怎样引导你，并不等于神今天会照样带领你；神怎样引导另一家教会，也不等于神会照样带领你的教会。只有神有绝对的主权，可以告诉你下一步怎样做！

彼得是一个渔夫，但他从未曾在鱼的口中寻见银币。他需要有极大的信心，照耶稣所说的去捕捉一条鱼，又从鱼的口中找到缴税的款项。彼得凭信而行，神就供应他一切的需用。

在我们继续思想"信仰危机"这个课题之前，让我们先学习四个重要的原则。

信仰危机

1. 与神相遇的时候，你要以信心回应神。

2. 与神相遇的时候，他交托给你的工作，只有神自己才能做成。

3. 你对于来自神的启示（邀请）所做的回应，便反映出你对神信心的程度。

4. 真正的信心必定带来行动。

8 把上表内每项原则里的钥词圈出来。

9 在下面的横线上，写出本周要背诵的《圣经》金句。另外，请温习前面各单元所背诵过的金句。

_____

_____

_____

_____

-

重温今天的功课。祷告求神帮你找出一两句他期望你明白、学习或付诸实践的课文内容或经文，并回答以下问题：

在今天研读的课文中，哪些字句或经文对你最有意义？	将这些字句或经文改写为你回应神的祈祷。	神期望你做什么来回应今天所学习的？
_____	_____	_____
_____	_____	_____
_____	_____	_____
_____	_____	_____
_____	_____	_____

艾滋病研究员蒙召到乌干达

　　我们在北卡的一个城市为夫妇们举办一个周末研讨会，会后有许多人要跟我分享，神如何透过他的话改变了他们的生活。其中有一个人说："听你分享信息的时候，神让我想起我小时候的事。当时神曾经要求我去取得医学学位，然后到某个地方参与医疗事工，在执行医疗时顺便把福音的信息传递出去。我已经取得医学学位，我的博士论文主要是针对艾滋病免疫系统的研究。我目前在某间著名的医科大学研究中心担任研究教授。接下来，我应该做什么呢？"

　　我的回答是："既然神提醒你曾经许下的承诺，现在我只能给你四个字：立即去做！"他说："我就知道你会这么说。"于是我们一起交谈、祷告，之后，长达一年，我都没有他的消息。

　　有一天，一个朋友告诉我："最近一个国际性差传年会中，有对出色的夫妇受差派成为带职宣教士，那位先生是专研艾滋病的研究教授。他们被差派到乌干达。"我一听就知道那个人是谁！面对信仰危机时，那位医生对主说："是的，主！"因此他能够按着神的旨意前行。如今，他在非洲为主做了美好的福音工作，不断把福音带给需要的人。

第2天

耶稣是你的道路

神对你说话的时候，你需要以信心回应他。我们从《圣经》的记载中可以看到，当神向人启示他自己，他的计划和他做事的方法时，人需要以信心回应他。

信心就是确信神所应许的必定成就。

1 **请读下面列出的经文，然后回答各问题：**

a. 信是所望之事的实底，是未见之事的确据（来11:1）。什么是"信"？

_____

b. 我们行事为人是凭着信心，不是凭着眼见（林后5:7）。"信"的相反表现是怎样的？

_____

c. 若有先知擅敢托我的名说我所未曾吩咐他说的话……那先知就必治死。……先知托耶和华的名说话，所说的若不成就，也无效验，这就是耶和华所未曾吩咐的，是那先知擅自说的……（申18:20、22）。为何要把你的信心建基于神和神自己的话语，而不是建基于你自己或其他人的期望上？

_____

_____

d. 耶稣说："我所做的事，信我的人也要做，并且要做比这更大的事，因为我往父那里去。"（约14:12）信心本身有什么潜能？

_____

_____

e. 我实在告诉你们，你们若有信心像一粒芥菜种，就是对这座山说，"你从这边挪到那边"，它也必挪去，并且你们没有一件不能做的事了。（太17:20-21）你只需要有多少的信心，神就能借着你做出人看来不可能的事？

_____

f. 保罗说："我说的话，讲的道，不是用智慧委婉的言语，乃是用圣灵和大能的明证，叫你们的信不在乎人的智慧，只在乎神的大能。"（林前2:4-5）

我们的信心应当以什么为根基？我们的信心，不应以什么为根基？

_____

g. 你们若是不信，定然不得立稳（赛7:9）。缺乏信心会有什么危险？

_____

_____

信心就是确信神所应许的必定成就。人凭己力可以做成，凭肉眼可以看得到的，就不需要信心。倘若你凭自己可以完成一件事，你根本就不需要信心。你是否记得我们教会厘定预算案那个例子？倘若我们选择了我们能力可以应付的预算案，我们就不需要信心。信心就是相信那位呼召我们为他做工的神，会供应我们一切的所需，使工作可以完成。

信心并不是思想中的一个意念。信心必须以神——一位有位格的神——为对象。如果你带领别人去"相信"某件事情发生会是好的，你所处的便是一个危险的位置。信心的对象是神自己，和神应许过要做成的一切。倘若你期望发生的事是出于你自己而不是出于神，你只能凭一己的努力去做成这件事。因此，当你呼吁自己家人和教会要对某件事有信心的时候，你必须肯定自己从神那里得着他的话语。

只需要有芥菜种（十分细小）那样的信心，就没有不可能的事。耶稣说，跟从他的人，要做比他所做的更大的事。但是，我们的信心必须建基于神的大能，而不是人的智慧。缺乏坚固的信心，你会失脚跌倒。

> 信心的对象是神自己，和神应许过要做成的一切。

一些唯独神方能做成的事情

摩西自己不能救以色列人脱离法老的大军，他也无法带领以色列人在干地上横过红海。他不能吩咐磐石流出水来供以色列人饮用，也不能供应面包和肉食给他们。摩西要相信那位呼召他的神，会照他所说的话成就一切。约书亚也不能独自带领以色列人走在干地上过约旦河，也不能攻陷一个城又一个城和打败敌军。他不能叫日头站住不动，是神做成这一切；约书亚唯一能做的是对神有信心。

在新约的记载中，门徒的情况也是这样。门徒不能喂饱众多饥饿的群众、不能治好有病的人、不能平静风波、也不能令死人复活，唯独神能做成这一切。不过，神曾呼召一些仆人，可以借着他们做成这一切。

当神要借着我去做一件事的时候，我会发现这件事只有神自己方能做成。你对神信心的大小，会影响你怎样回应他。你若对那位呼召你的神有信心，你便会顺服他；他也会成就他所定的计划。你若缺乏信心，你便不会照他的心意去做，这是不顺服神的表现。耶稣问他周围的人说："你们为什么称呼我主啊，主啊，却不遵我的话行呢？"（路6:46）耶稣常常责备他的门徒缺乏信心。门徒的不信，正好显出他们还未真正认识耶稣。因此，他们不知道他所能做的。

② 回答下列各问题：

a. 神要借着摩西去做些什么事情，那是唯独神自己才能做成的？

_____

b. 耶稣要借着门徒去做些什么事情，那是唯独神自己才能做成的？

_____

_____

c. 当神邀请一个人跟他一起做一件事情，那是唯独神才可以做成的，那么，这个人心里须具备什么条件去回应神？

_____

d. 这个人若不顺服，便表明他是一个怎样的人？

_____

e. 这个人若顺服，便表明他是一个怎样的人？

_____

f. 本周背诵的金句（来11:6）是告诉我们信心的重要性。请把这节金句写在下面：

_____

_____

_____

_____

顺服是相信神的表现。

摩西和耶稣的众门徒都需要有信心。当神呼召一个人来参与一件唯独神方能做成的事情或工作的时候，这个人心须要有信心。顺服是相信神的表现。不顺服是不信的表现。人非有信，就不能得神的喜悦；教会对神没有信心，这个教会也不会得神的喜悦。

我们面对的危机，同样是《圣经》人物曾经遇过的。神对我们说话的时候，我们需要以信心回应神。然而，我们最大的问题，就是我们以自我为中心。我们以为要完成神的工作或任务，就要靠自己的能力和现存的资源。我们想："我办不到，那是不可能的。"

我们会忘记当神对人说话的时候，他是向人启示他正准备要做某件事，但不是他期望我们可为他去做什么。我们跟他一起，于是他就能借着我们去做他的工作，我们根本无须靠赖自己有限的能力和资源去完成神的工作。凭着信，我们就能有信心地去顺服神，因我们深信神会按着他所说的成就一切。耶稣曾经表示，在人看为不可能的，在神凡事都能（参可10:27），《圣经》证明了这个说法是真的。

我们在萨斯卡通的教会感觉神要使用我们，把福音传遍整个萨斯克其万省。这个省共有200多个城市、市镇和村落，因此我们需要设立许多教会。我

当神对我们说话的时候，他是向我们启示他正要借着我们去做某件事情或工作。

耶稣看着他们，说："在人是不能，在神却不然，因为神凡事都能。"

（马10:27）

们觉得神要带领莱恩·科斯特成为我们教会的宣教牧师，协助在各地建立教会。

　　莱恩·科斯特和他的妻子路得曾经在一些小型教会工作，有14年牧会的经验。莱恩·科斯特是一位委身于基督的人。他带职侍奉主已有14年之久。若不是莱恩·科斯特愿意在那些小型教会中担任兼职牧师的工作，那些教会根本就没有人牧养。我们联络莱恩·科斯特的时候，他们夫妇二人在银行里一共有7000美元存款，他们期望将有一天可以为自己的家买一幢房子。莱恩·科斯特也感觉神呼召他到萨斯卡通的教会，帮助我们开设教会。不过我对他说："我们没有经费可以支付你的搬迁费和薪金！"

　　他对我说："呼召我到这里来的神，会供应我一切的需用，我们会动用银行的存款，很快就会搬到你们这里来！"后来，莱恩·科斯特告诉我："布莱卡比，路得和我整夜祷告，我们谈了一晚。你知道，我带职侍奉主已有14年，我也可以赚到足够的钱供应家庭的开支。但是，萨斯克其万省的需要这么大，我又清楚神要带领我作一个全时间的福音使者。昨晚，路得和我明白到银行中的7000美元是神的，不是我们的，神期望我们可以动用这笔款项去维持生活，当这笔钱用尽以后，他会指示我们怎样生活下去的，所以不要为我的经济问题担心！"

　　莱恩·科斯特离去后，我在神面前流泪哭泣，我祷告说："父啊，我不明白为何这对忠心的夫妇需要做出这样的牺牲。"莱恩·科斯特夫妇对神的信心，借着他们的行动表明出来了。

　　两天以后，我收到一位英属哥伦比亚地区长老教会的会友寄来的一封信，信上这样说："我知道有一位名为莱恩·科斯特的弟兄会与你同工，神感动我要在经济上支持他的工作，附上一张7000美元的支票，用来支付莱恩·科斯特弟兄的需用。"读完这封短简，我只能跪下来，再次在神面前痛哭流泪。这次，我求神赦免我，因为我不相信他是可信的神。

　　我立即拨电话给莱恩·科斯特，对他说："你把一生的积蓄放在祭坛上，神却为你另有预备，那位对你说：'我是供应你一切需用的神'，已经照他所说的供应了你的所需！"我把信上的内容告诉莱恩·科斯特。这件事对莱恩·科斯特和我们的教会产生了什么影响？我们对神的信心都增长了。这件事以后，我们一次又一次凭着信心为主做工，我们目睹了神奇妙的作为。倘若我们当初没有凭着信心请莱恩·科斯特来协助宣教事工，我们便失去一个经历神的机会。这个经历，帮助我们学会更多信靠神。

　　当你与神相遇的时候，你会面临一个信仰的危机。面对这个危机，你必须以信心来回应，如果你对神没有信心你便不能讨神的喜悦。

本课摘要

神对我说话的时候，我需要以信心回应神。

信心就是确信神所应许的必定成就。

不凭眼见的信就是信心。

信心必须以那位有位格的（神）为对象。

当你呼吁自己家人和教会要对某件事有信心的时候，你必须肯定自己已从神那里得着他的话语。

当神要借着我做成一件事的时候，我会发现这件事只有神自己才能做成。

我对神信心的大小，会影响我怎样回应他。

3 请简单记下你生命中一次因为缺乏信心而没有对神做出回应的经历。

_____

_____

4 简单记下你生命中一次以信心响应神的经历，这个经历若不是透过神的作为，你是无法单独完成的。

_____

_____

_____

5 你是否知道神正期望你去做一件事而你却没有去做的？

_____

6 你认为自己拖延不顺服的原因是什么？

_____

7 你是否像门徒那样祷告，说："求主加增我们的信心"（路17:5）？

有□ 没有□

8 用几分钟时间祷告，为自己对神的信心祷告，也为神期望借着你的生命要做成的工作祷告。

_____

重温今天的功课。祷告求神帮你找出一两句他期望你明白、学习或付诸实践的课文内容或经文，并回答以下问题：

在今天研读的课文中，哪些字句或经文对你最有意义？	将这些字句或经文改写为你回应神的祈祷。	神期望你做什么来回应今天所学习的？
_____	_____	_____
_____	_____	_____
_____	_____	_____
_____	_____	_____
_____	_____	_____

神交托的工作，只有他能做成

神期望全世界的人都认识他，人能够认识神的唯一途径，就是亲眼目睹神自己做工。这样，人便能透过神的作为，认识神的本性。因此，每当神邀请你与他同工的时候，他交托你的工作，只有他自己才能做成。

> 神期望全世界的人都认识他。

我听过有些人这样说："神从来不会要求我做一些我力所不逮的工作。"在我个人信仰的历程中，我发觉如果神交给我的任务是我可以独力承担的，那往往就不是神要交托给我的工作。在《圣经》里，我们发现神交托给人的使命（工作），往往是人所承担不起的。神把人承担不起的使命（工作）交托给人，是因为他要向他的子民和那些观看他作为的世人显明他自己，他的能力、他的供应，和他的慈爱。唯有这样，世人才会认识他。

1 凭着记忆，尝试从《圣经》中列举一些事例，说明神（父神或耶稣）交托给人的工作，往往是人所不能独力承担的。

_____

_____

_____

_____

在《圣经》里，你可以找到许多这样的例子。神告诉亚伯拉罕他要成为一国之父的时候，亚伯拉罕并没有一个孩子，撒拉也过了生育的年岁。神吩咐摩西去领以色列民出埃及、过红海，并吩咐水从石头里流出来，供应百姓的需用。他吩咐基甸带领300人，打败米甸的大军。耶稣吩咐门徒喂饱5000人，又嘱咐他们去使万民作他的门徒。这一切的任务，都是人所不能承担的。因此，当神的子民和不信的世人，看见神做了唯独他才能做成的事情之时，他们便得以认识神。

2 下列几段《圣经》记载了神借着他的仆人彰显了他自己的作为。当人看见神的作为时，他们如何回应？请在那些描述人的回应的句子下面加上横线。参考我标示的第一例。

神吩咐摩西带领以色列人在红海海边安营。神知道他将会使海水分开，领他们走过干地，救他们脱离埃及人的手。神说："我要在法老和他全军身上得荣耀，埃及人就知道我是耶和华。"（出14:4）事情的结局是怎样的？"<u>以色</u>

列人看见耶和华向埃及人所行的大事，就敬畏耶和华，又信服他和他的仆人摩西。"（出14:31）

神命令约书亚在河水涨过两岸的时候带领以色列人渡过约旦河。为什么神要这样做？是因为神"要使地上万民都知道耶和华的手大有能力，也要使你们（以色列民）永远敬畏耶和华你们的神。"（书4:24）

有一支大军来攻击以色列人，约沙法王定意寻求耶和华，在犹太全地宣告禁食，他祷告说："我们的神啊……我们无力抵挡这来攻击我们的大军，我们也不知道怎样行，我们的眼目单单仰望你。"（代下20:12）

神对他们说："不要因这大军恐惧惊惶，因为胜败不在乎你们，乃在乎神……你们不要争战，要摆阵站着，看耶和华为你们施行拯救"。（代下20:15、17）约沙法就立了歌唱的人，走在军队前面，赞美耶和华的慈爱，耶和华就在他们眼前击杀来攻击他们的大军，这时候，"列邦诸国听见耶和华战败以色列的仇敌，就甚惧怕。"（代下20:29）

沙得拉，米煞和亚伯尼歌选择了顺服神而不顺服尼布甲尼撒王，在他们三人被捆起来扔入火窑之前，他们说："我们所侍奉的神，能将我们从烈火的窑中救出来。王啊，他也必救我们脱离你的手"（但3:17），抬沙得拉、米煞和亚伯尼歌入火窑的士兵都被火焰烧死了，神却拯救了这三位忠心的人。

尼布甲尼撒王见此奇迹，说："沙得拉、米煞、亚伯尼歌的神，是应当称颂的！他差遣使者救护倚靠他的仆人……现在我降旨，无论何方、何国、何族的人，谤讟沙得拉、米煞、亚伯尼歌之神的，必被凌迟，他的房屋必成粪堆，因为没有别神能这样施行拯救。"（但3:28-29）这位异邦的君王又晓谕住在全地各国各族的人说："我乐意将至高的神向我所行的神迹奇事宣扬出来。他的神迹何其大！他的奇事何其盛！……"（但4:2-3）

初期教会的基督徒是随从圣灵的引导，《使徒行传》所载便见证了神在那个世代中的作为。五旬节的时候，门徒都被圣灵充满，说起别国的话来。然后彼得站起来宣讲，"领受他话的人就受了洗。那一天，门徒约添了三千人。"（徒2:41）

神又使用彼得和约翰，他们奉耶稣的名，治好了一个瘸腿的乞丐。他们二人向人传讲耶稣，"但听道的人有许多信的，男丁数目约到五千。"（徒4:4）

神使用彼得，叫多加从死里复活，"这事传遍了约帕，就有许多人信了主。"（徒9:42）

3 回答下列各问题：

a. 当世人看见神借着他的仆人做工的时候，谁会得着称赞（是神还是神的仆人）？

_____

b. 那些看见或听见神的作为的人，他们的生命有何改变？

_____

c. 在你生活的社群中，民众对耶稣基督的福音有什么反应？

_____

如果生活在我们周围的人看到的，只是一群热诚委身的基督徒，在侍奉他们所信奉的神；世人看不见神和神的作为，他们只是对他们加以评价："唔，他们是一群献身侍奉神的人。"他们却看不到神和神的作为，原因何在呢？原因在于我们作基督徒的，并没有尝试去做些只有神才能做成的事。

世人不被我们所侍奉的基督吸引，原因在于他们看不见神的作为。世人只看见我们为神做了许多的善工，因此就给了这样的响应："那样做很好，可是跟我无关。"人们对我们的所作所为没有反应，因为他们根本不想参与我们所做的事情。世人只看见我们所做的，却没有机会看见神大能的作为。倘若世人看见了神的作为，他们就会被神吸引。只要我们肯高举耶稣基督，不是靠言词，而是将基督的生命活活泼泼呈现在世人面前，他们就会被基督的生命吸引。让世人看到永活的基督如何改变一个人，改变家庭或改变一家教会，他们就会对基督的福音做出积极的响应。当世人看见神的子民身上所发生的事，是除了神以外，没有其他原因可以解释时，世人就会来亲近这位神。

4 回答下列各问题：

a. 世人如何认识神？

_____

b. 为什么世上的人不被基督和他的教会吸引？

_____

c. 神交托给他子民的工作，是哪一类型的工作？

_____

d. 神为什么要把个人或教会不能承担，只有神才能做成的工交托给他们？

_____

e. 你正在努力做什么事是只有神才能做成的？

_____

世人看不到神和神的作为，原因在于基督徒并没有尝试去做一些只有神才能做成的事。

如果世人看见神的作为，他们就会被吸引。

f. 你的教会正努力做什么事是只有神才能做成的？

_____

_____

g. 下列两项中，哪一项可以用来形容你在第e及第f题中写下的答案？

☐ 这些事情是神带领我（我们）去做的。

☐ 这些事情极具挑战性，可以请求神为我们成就。

h. 你正努力做的那些只有神才能做的事，和人的回应，两者之间有何关联？

☐ 我们并没有做许多只有神才能做成的事，因此只有极少数人对耶稣基督的福音做出回应。

☐ 我们并没有做许多只有神才能做成的事，却有许多人对耶稣基督的福音做出回应。

☐ 我们看见神在我们的教会中，又借着我们的教会成就大事，但是，只有极少数人对耶稣基督的福音做出回应。

☐ 我们看见神在我们的教会中，又借着我们的教会成就大事。因此，许多人对耶稣基督的福音做出回应。

世人透过神的作为而看见他的本性时，他们便会认识神。当神做工的时候，他会成就一些唯独他才能做成的工。这时候，神的子民和不信的世人便会认识他更多。因此，神往往把那些只有他自己才能做成的工作交托给他的子民。世人不被基督和他的教会吸引的原因，是由于神的子民缺乏信心，去做那些只有神才能做成的工。倘若你或你的教会从不去做那些只有神才能成就的工作，你们就没有操练自己的信心。"人非有信，就不能得神的喜悦。"（来 11:6）若在你生活的社群中，世人对福音的回应，并不像你在新约《圣经》中见到的那样，其中一个可能的原因，就是他们看不见神在教会中的作为。

神期望你可以经历他的实在，更甚于你为他做工。你可以完成了一项事工，却始终没有经历过神。神关注的，不是这项事工是否已经做得妥善，因为神可以随时把一项事工做得妥善。到底神关注的是什么事？神关心的，是你和世人都认识他，并且可以经历他的实在。因此，神会把一件只有他才能成就的工作托付你，当你遵照他的吩咐去做的时候，神就会按着他自己的心意成就一切。这样，你和其他人就会因着经历到神而充满喜乐，你们对神的认识亦会比以前加增。

神期望你可以经历他的信实，更甚于你为他做工。

我们在萨斯卡通的教会不断增长，需要更多的地方供聚会之用。我们感到神带领我们开始一项扩建的工程，扩建经费需要22万美元。但是，我们的扩建基金中只有749美元。

我们尽了一切的力量节省开支。但是，扩建工程完成了一半的时候，我们尚欠10万美元。教会中那些亲爱的弟兄姊妹注意着我的反应，看看我是否仍然相信神会照他吩咐我们去做的，为我们成就一切。在这段时期，神使我内心平静安稳，深信那位带领我们的神，会启示我们当怎样行。

神逐渐供应扩建所需的经费，工程快要完成时，我们尚欠60000美元。德克萨斯基金会曾应允奉献一笔款项，我们期望可以早日收到这笔款项。但我们一直收不到，也不明白个中的原因。有一天，加元与美元的兑换价在两个小时内跌至历史的最低点，就在这时候，德克萨斯基金会把款项汇来加拿大，我们终于得到足够的60000美元，支付工程的费用。其后，兑换价又立刻回升。

天父是否掌管着这世界的经济活动，让他的儿女得到及时的供应？这个世界上没有人会相信，神会为着一家地方教会，改变加元与美元的兑换价，但是我们教会中每一个人都相信神这样做了！我把主为我们做成的事，清楚展露在众人的眼前，并且把一切的荣耀都归给他。神向我们启示他自己，我们也借着这个经历，对他有更多认识。

本课摘要

当神的子民及不信的世人看见神做成那些只有他才能做成的事，他们便会认识神。

让世人看到永活的基督如何改变一个人、改变一个家庭或一家教会，他们就会对基督的福音做出积极的回应。

重温今天的功课。 祷告求神帮你找出一两句他期望你明白、学习或付诸实践的课文内容或经文，并回答以下问题：

在今天研读的课文中，哪些字句或经文对你最有意义？	将这些字句或经文改写为你回应神的祈祷。	神期望你做什么来回应今天所学习的？
_____	_____	_____
_____	_____	_____
_____	_____	_____
_____	_____	_____
_____	_____	_____

第4天 你的生活行为表明了你的信仰

你的生活行为，表明了你对神的认识和信靠的程度。

神对一个人说话，向他启示他的计划和旨意的时候，这个人便面临一次信仰的危机。

1 填充题：

复习信仰危机的内容

1. 与神相遇的时候，你要以_____回应神。
2. 与神相遇的时候，他交托给你的工作，只有_____才能做成。
3. 你对于来自神的启示（邀请）做出的回应，反映出你对神信心的程度。
4. 真实的信心需要有实际的行动表明出来。

2 请在第3，4两句中，把每句的钥词圈出来，帮助自己记得这两个重点。

你的生活行为表明了你对神的认识和信靠的程度。当神向你启示他自己的计划的时候，你便面临一次危机，要做出一些决定；从你的决定和随后而有的行动，可以看出你对神的信心。你信靠神多少就决定你会采取什么样的行动，过什么样的生活。

3 在下面这段文字中，根据大卫所说的话，在他相信神是一位怎样的神的词句下面加上横线。（我已把其中一个词句加上了横线）

在《撒母耳记上》16章12-13节，记载了神拣选大卫，又命撒母耳膏立他为以色列王。在《撒母耳记上》17章，神带领大卫参与他的工作。那时候，扫罗仍然作王，以色列人正与非利士人争战，大卫年纪尚幼，他父亲差他往军营去探望他的哥哥。大卫到达军营的时候，歌利亚（一位身高九尺的士兵）正向以色列人挑战，叫他们拣选一个人出来应战，战败的一方便作获胜方的仆人，服侍他们。以色列全军都惊恐万分，大卫却说："这未受割礼的非利士人是谁呢？竟敢向永生神的军队骂阵么？"（第26节）大卫正面临一个信仰的危机，他已体会到神把他带到战场上，并且预备让他承担重任。

大卫表示他会迎战歌利亚，他说："耶和华救我脱离狮子和熊的爪，也必救我脱离这非利士人的手。"（第37节）出迎歌利亚的时候，大卫并没有穿上战衣，也没有戴上盔甲，只是带了几块石子和甩石的机弦，他对歌利亚说："你来攻击我，是靠着刀枪和铜戟。我来攻击你，是靠着万军之耶和华的名，就是你所怒骂带领以色列军队的神。今日耶和华必将你交在我手里……使普天下的人都知道以色列中有神，又使这众人知道耶和华使人得胜，不是用刀用枪；因为争战的胜败全在乎耶和华。他必将你们交在我们手里。"（第45－47节）大卫终于杀了歌利亚，以色列人大获全胜。

4 大卫表示他相信神是一位怎样的神？

_____

_____

5 根据大卫回应歌利亚的话，你认为大卫相信神是一位怎样的神？

_____

_____

大卫所讲的话，表明了他相信神是永生神，是拯救者。他指出神是大能的神，他必保护以色列人的军队。大卫的行动，印证了他对神的信心是真实的信心。许多人认为大卫只是一个愚拙的少年，甚至歌利亚也讥讽他。但是，神借着大卫，拯救了以色列，使他们大大得胜，使普天下的人都知道以色列中有神！

神呼召亚伯兰，并且应许他的后裔要如天上的星那样多。可惜，亚伯兰年纪老迈的时候，膝下无子。亚伯兰便求问神，神再次肯定答复他说："你本身所生的才成为你的后嗣……亚伯兰信耶和华，耶和华就以此为他的义。"（创15:4、6）

这时候，亚伯兰的妻子撒莱年约70多岁，她知道自己已过了生育的年龄。因此，她决定自己想办法，为亚伯兰存留后嗣。她把自己的婢女给亚伯兰为妾。一年后，夏甲生以实玛利，撒莱的行径，表明了她对神的认识和信靠的程度。

6 下列哪一项说明，将撒莱对神的认识和信靠的程度描述得较贴切？

☐a. 撒莱相信神是大能的神，他能成就任何事情，包括在她已70多岁的时候，神仍会赐她一个孩子。

☐b. 撒莱认为神不可能在她70多岁的时候仍会赐她一个孩子；她认为神需要她想办法为亚伯兰存留后嗣。

你是否看到撒莱的行径，表明了她对神的认识和信靠的程度？她并不相信神会在她70多岁的时候，赐她一个儿子。撒莱对神的信心，是受着她个人理性逻辑思考的限制。撒莱因不信神而付出了沉重的代价。在她和亚伯兰年老的时候，以实玛利常常让他们伤心。以实玛利和他的子孙对以撒和以撒的子孙非常敌视。这种景况一直延续到今天。你对神的邀请做出怎样的回应，就显示出你对神的认识和信靠的程度。

因不信神而付出的代价是非常大的。

7 请读一遍下面列出的个案，对下列各人和各教会的回应做出评估，看看他们对神认识和信靠的程度。

1. 比尔和凯西刚刚参加完一个聚会，听到一位宣教士的见证分享。他们相信神期望他们去非洲作宣教士。由于凯西对比尔提及她的双亲不会容许他们带着孩子远离家园，因此，他们决定不再考虑是否要往非洲宣教。你认为比尔和凯西所信的神，是一位怎样的神？

☐a. 神是有绝对主权的神，他可以随意使用他们的生命。

☐b. 神会说服凯西的双亲，使他们明白这是他的旨意和计划。

☐c. 神曾经使法老让以色列人离开埃及，但是他绝不能说服凯西的双亲准许他们带着孩子去非洲。

☐d. 其他＿＿＿＿＿＿＿＿＿＿＿＿＿＿＿＿＿＿＿＿＿＿＿

2. 莉芳妮曾暗暗祷告，祈求神带领她在教会中参与侍奉。主日学校的校长也曾为需要一位成人级的主日学老师祷告，他相信神带领他邀请莉芳妮担任这个职位。莉芳妮说："我不能接受，我没有能力教成人级主日学，而且我也从未教过主日学。"你认为莉芳妮所信的神，是一位怎样的神？

☐a. 圣灵会帮助我，使我能做任何他呼召我去做的事。

☐b. 神不能借着我去做那些我不能独力承担的工作。

☐c. 其他＿＿＿＿＿＿＿＿＿＿＿＿＿＿＿＿＿＿＿＿＿＿＿

3. 有一组成年基督徒聚在一起已有六个月时间，他们祈求神会在他们居住的市镇中设立一家教会，因为那里并没有任何福音派的教会。他们祷告的时候，众人感觉神要他们去接触加略山教会，请求这教会的弟兄姊妹帮助他们成立一家教会，加略山教会的会众说："我们仍未付清购置堂所的欠款，所以我们没有能力支持另一家教会，你们可以试试联络第一教会吧。"你认为加略山教会所信的神，是一位怎样的神？

☐a. 神借着加略山教会做工所需的资源，只限于由教会弟兄妹妹的奉献而来。

☐b. 神掌管宇宙万有，他会供应一切的资源，去完成他计划要做成的工作。

☐c. 其他＿＿＿＿＿＿＿＿＿＿＿＿＿＿＿＿＿＿＿＿＿＿＿

4. 第一教会财务小组的成员在与教会领袖商讨明年预算案前，用了一个月的时间一同祷告。他们也请求教会领袖为明年的预算案祷告。祷告以后，财务小组订出的预算案，极具挑战性。因为这个预算案，是根据他们相信神期望教会明年要完成的工作来厘定的。教会全会众存着祷告的心，考虑是否接纳这个预算案。最后，全会众一致投票，通过财务小组呈交的预算案。这时候，一班执事提出另一个比原先所订的支出预算少10%的预算案，教会因而要求财务小组削减10%的预算经费，以免支出过多收入。你认为第一教会他们所信的神是一位怎样的神？

a. 神是信实的神，在他带领教会去做的事情上，他会供应一切的需用。

b. 神是吝啬的神，他引领我们去做许多的事情，却不供应要做成这些事需
用的经费。

c. 神不能做教会承担不起的工作。

d. 其他＿＿＿＿＿＿＿＿＿＿＿＿＿＿＿＿＿＿＿＿＿＿＿＿＿＿＿＿＿

比尔、凯西、莉芳妮、加略山教会和第一教会可能还有许多其他的选择，
上面列举的可能性，不一定反映了他们对神的信靠，但有一件事可以是肯定
的，就是他们的行动，表明了他们信心的程度。

当比尔和凯西在面临一个信仰危机的时候，他们的决定，表明了他们将
焦点放在凯西父母的身上，而忽略了神是他们的王。莉芳妮关注的问题，是
自己有没有能力承担成人级主日学的职分，而忽略了神是大能的神。加略山
教会和第一教会想到的，是他们有没有足够的资源，而忘记了神会供应一切
的需用。

行动表明了一个人的信仰

当神邀请你与他同工，你便面临一个信仰的危机；你随后会采取什么
行动，就表明了你对神信心的程度。你的行动比你的言语，更能说明你的
信仰。

8 请读下列几段经文，然后回答各问题：

a. 《马太福音》8章5-13节，百夫长做了什么事来表明他的信心？

＿＿＿＿＿＿＿＿＿＿＿＿＿＿＿＿＿＿＿＿＿＿＿＿＿＿＿＿＿＿＿＿＿

b. 你认为百夫长对耶稣的权柄和医治的能力是否有信心？他信心的程度
有多少？

＿＿＿＿＿＿＿＿＿＿＿＿＿＿＿＿＿＿＿＿＿＿＿＿＿＿＿＿＿＿＿＿＿

c. 《马太福音》8章23-27节，在风暴中，门徒做了什么事，表明他们的"小
信"？

＿＿＿＿＿＿＿＿＿＿＿＿＿＿＿＿＿＿＿＿＿＿＿＿＿＿＿＿＿＿＿＿＿

d. 《马太福音》9章20-22节，妇人做了什么事来表明她的信心？

＿＿＿＿＿＿＿＿＿＿＿＿＿＿＿＿＿＿＿＿＿＿＿＿＿＿＿＿＿＿＿＿＿

e. 你认为妇人对耶稣治病的能力是否有信心？她信心的程度如何？

＿＿＿＿＿＿＿＿＿＿＿＿＿＿＿＿＿＿＿＿＿＿＿＿＿＿＿＿＿＿＿＿＿

f. 《马太福音》9章27-31节，那两个瞎子如何呼求耶稣治好他们？

（第27节）

_____

g. 基于什么原因，耶稣治好了他们？（第29节）

_____

9 用你自己的话，完成下面第三个句子。

1. 与神相遇的时候，你要以信心回应神。
2. 与神相遇的时候，他交托给你的工作，往往只有神自己才能做成。
3. 我对于来自神的启示（邀请）做出的回应，_____
4. 真正的信心必定会带来行动。

当那两个瞎子表明他们相信耶稣是怜悯人的，是弥赛亚（大卫的子孙）的时候，耶稣便因着他们的信心，治好了他们的病。妇人相信只要摸一摸耶稣的衣裳，他医治的能力就会临到她身上。当我们在人生的旅途上遇到风暴的时候，我们的反应，就像门徒一样，以为神不会理会我们。耶稣责备门徒，他并不是责备他在暴风中感到惧怕，因为惧怕是人本性的倾向；耶稣责备他们，是因为他们忽略了主与他们同在，他有能力保护他们的生命。百夫长说："只要你说一句话，我的仆人就必好了。"耶稣夸赞百夫长对他的权柄和能力有信心。这些人的行动，分别表明了他们对耶稣信心的程度。

10 高声背诵你背诵过的金句，或把它们写在另一张纸上。

_____

重温今天的功课。祷告求神帮你找出一两句他期望你明白、学习或付诸实践的课文内容或经文，并回答以下问题：

在今天研读的课文中，哪些字句或经文对你最有意义？	将这些字句或经文改写为你回应神的祈祷。	神期望你做什么来回应今天所学习的？
_____	_____	_____
_____	_____	_____
_____	_____	_____
_____	_____	_____
_____	_____	_____
_____	_____	_____

真正的信心必定会带来行动

《雅各书》2章26节说："身体没有灵魂是死的，信心没有行为也是死的。"当你面对一个信仰危机的时候，你所做的，就表明了你信的神是一位怎样的神。信心没有行为是死的。《希伯来书》第11章有时被称为"信心的点名册"，以下我们就来看看其中那些人在表现信心时所采取的行动。

没有行为的信心是死的！

1 请翻阅《希伯来书》11章，下面左栏一系列的名字，是记载在《希伯来书》11章的信心伟人。右栏列出的，是《希伯来书》中论到信心伟人所采取的行动，请根据《圣经》，把正确的英文字母填在空格内，有些人物可能有多个答案。

_____1. 亚伯（第4节）　　　　　A. 宁可和神的百姓同受苦害

_____2. 以诺（第5-6节）　　　　B. 因着信献祭与神

_____3. 挪亚（第7节）　　　　　C. 离开埃及

_____4. 亚伯拉罕（第8，19节）　D. 在异地居住帐棚

_____5. 约瑟（第22节）　　　　　E. 围绕耶利哥城行走

_____6. 摩西（第24-28节）　　　F. 竭力寻求神，讨他的喜悦

_____7. 以色列人（第29，30节）　G. 为自己的骸骨留下遗命，要埋在　　　　　　　　　　　　　　　　　应许之地

_____8. 喇合（第31节）

　　　　　　　　　　　　　　　　H. 跟从神，虽然不知道要往哪里去

　　　　　　　　　　　　　　　　I. 守逾越节

　　　　　　　　　　　　　　　　J. 过红海如走干地

　　　　　　　　　　　　　　　　K. 接待探子，把他们藏匿起来

　　　　　　　　　　　　　　　　L. 以那位应许他的是可信的

　　　　　　　　　　　　　　　　M. 预备方舟使全家得救

　　　　　　　　　　　　　　　　N. 把以撒献为燔祭

答案：1-B；2-F；3-M；4-DHLN；5-G；6-ACI；7-EJ；8-K。

2 在上面右栏内，把一个表明信心行动的动词圈出来。

3 根据《希伯来书》11章，回答下面的是非题：

真实的信心是由行动表明出来的。是□　　非□

当你细读《希伯来书》11章的时候，也许你会注意到一个有信心的生命，

不一定带来人看为美好的结局。

4 请读《希伯来书》11章32-38节。根据你自己的看法，把那些有信心的人的"好"结局和"坏"结局分别列在左栏和右栏，我已为你列出了两个作为例子。

"好"结局	"坏"结局
制服了敌国	被石头打死
————	————
————	————

第33至35节上半节，描述了一些信心人物得胜和蒙拯救的经历。第35节下半节至38节，描述了另外一些信心人物所经历的——严刑、戏弄和死亡。是否他们当中有些人比另一些人更有信心呢？不！"这些人都是因信得了美好的证据。"（来11:39）他们认为得着主人的称赞比自己的生命更为宝贵，第40节说神为这些有信心之人预备了更美的东西，是这个世界上找不到的，因此：

> 我们既有这许多的见证人，如同云彩围着我们，就当放下各样的重担，脱去容易缠累我们的罪，存心忍耐，奔那摆在我们前头的路程，仰望为我们信心创始成终的耶稣。他因那摆在前面的喜乐，就轻看羞辱，忍受了十字架的苦难，便坐在神宝座的右边。那忍受罪人这样顶撞的，你们要思想，免得疲倦灰心。（来12:1-3）

许多时候，外表的成功并不一定表示有信心；照样，外表的失败也不一定表示缺乏信心。一个忠心的仆人，不管后果如何，会遵照他主人的吩咐去做。耶稣遵行了神的旨意，他忍受了十字架的苦难，如今他就坐在父神宝座的右边！何等大的信心赏赐！所以，切勿疲倦灰心，因为神要厚厚赏赐他忠心的仆人。

5 现在花一点时间来温习一下前面的课程。填充题：

信心的危机

a. 与神相遇的时候要以___响应神。

b. 与神相遇的时候，他交托给你的工作，只有___才能做成。

c. 我对于来自神的___（邀请）所做出的回应，正反映我对神___的程度。

d. 真正的信心必定带来___。

6 请写下本单元要背诵的金句。

_____

_____

我祈求神使你竭力寻求他，讨他的喜悦（参来11:6）。在下一个单元，我们会深入讨论遵行神的旨意要付出的代价，遵行神的旨意是要做出一些调整

神为这些有信心之人预备了更美的东西，是这个世界上找不到的。

的。有时候，因做出调整而要付出的代价是相当高的；要付出这些代价的人不单是你自己，也包括你周围的人。

7 用一段时间重温第1单元至第7单元每天课文的结束前你要回答的三个问题。神有没有引导你去做一件事，你却因为缺乏信心而没有遵照神的吩咐去做呢？

有□ 没有□

若有这样的情况，你认为自己应当怎样做，才能表明你对神自己，他的计划和他行事的方式是有真实的信心？

_____

_____

8 用一段时间祷告，求神增添你的信心。

9 温习本周要背诵的《圣经》金句，预备在小组聚会中向另一位组员背诵。

_____

_____

_____

_____

_____

重温今天的功课。祷告求神帮你找出一两句他期望你明白、学习或付诸实践的课文内容或经文，并回答以下问题：

在今天研读的课文中，哪些字句或经文对你最有意义？	将这些字句或经文改写为你回应神的祈祷。	神期望你做什么来回应今天所学习的？

8

·金·句·背·诵·

你们无论什么人，若不撇下一切所有的，就不能作我的门徒。

《路加福音》14:33

调整生命去
适应神

年轻夫妇的奉献

在40英里外我们教会的其中一个福音站有一项需要。我就请我们教会的人一起来祷告，求神兴起带职传道人（lay pastor），到该区牧会。结果有一对年轻夫妇回应。但当时那位丈夫还在大学进修，所以经济力量仍很薄弱。

若是他们留在福音站这一区内居住，丈夫便要每天奔走80英里路，往返于大学和居所之间。我知道他们不可能办得到，于是对他们说："我不会让你们这样的。"我仔细解释原因，认为这种安排会对他们不公道。

这对年轻夫妇因深深感谢神拯救了他们，那丈夫就注视着我说："牧师，请不要拒绝我们为主奉献的机会。"这句话就令我无话可说。我凭什么去拒绝他们呢？然而，我知道这对夫妇将要付出高昂的代价，都因为我们教会顺服了神，要开设新的福音堂。

既然我们已祷告求神呼召一位带职传道人给我们，我就必须开放自己去接受神以出人意外的方式来回应我们的祈祷。当这对夫妇以这么深刻的委身和个人奉献来做回应，基督的身子（我们教会）认定他们蒙召的确是出于神，而神也供应他们一切的所需！

必须做出调整

你不能一方面停留于现况，而另一方面又与神同行。

重要转折点：
1. 信心危机或难关
2. 重大的调整

我们当中许多人都常常希望神对我们说话，又将任务交给我们；但我们却又无心将自己的生活做出重大的调整。从《圣经》的教导看来，这是不可能的。每次神在《圣经》中向他的子民说出他想要透过他们做一些事情的时候，都免不了要他们有一些重大的调整。他们必须将他们的生命调整去适应神。当他们调整好了，神就会透过这些蒙他呼召的人去成就他的旨意。

在认识神和遵行神的旨意方面，第二个重要的转折点就是将你自己的生命调整去适应神。第一个转折点是信心的危机——你必须相信，神是一位正如他自己所描述的，并且会履行他自己所讲过一切话的神。假如你对神缺乏信心，你便会在第一个转折点的地方做出错误的决定。将生命调整去适应神是第二个转折点。如果你选择调整自己，你便能够继续走在对神顺服的路上。你若拒绝作出调整，便可能会错失他为你的生命所预备的。

① **如果你在信心危机中仍对神有信心，你还需要做些什么将这份信心表明出来呢？请填写以下空格。**

实况5：神邀请你参与他的工作时，他往往会引领你去到信心的危机或难关，这是要你以信心和_____的态度去面对。

当你相信了神，你就会在行为上将你的信心表现出来。那便需要有一些实质的行动。这项行动就是将会在本单元内详细讨论的其中一项重大调整。顺服是实质行动的一部分。你所作的调整和顺服，将会令你和你身边的人要付出重大的代价。

> 信心 ⟶ 行动
>
> 行动=调整+顺服

② **试用你自己的话，将你对上面方格内容的体会作简要陈述。**

_____

_____

_____

_____

调整自我去适应神

当神向你说话，把他想要做的事情向你启示，这便表示他邀请你调整生命来适应他，而你的回应也会清楚表明你对神的信心程度。你所要做的其中一项，就是让你的生命做出必要的调整，好让你能顺服神。当你调整你的生命去适应神，你就是准备要顺服他了。这时神就会透过你来完成他的计划。调整是使你能够顺服的预备工夫。你不能一方面照惯常的方式生活或停留在现况中，另一方面又与神同行。这个道理在整本圣经中随处可见。例如：

- 挪亚不能继续过惯常的生活，又同时建造方舟。（参创6）
- 亚伯兰不能留居吾珥或哈兰，而又在迦南地成为一个民族之父。（参创12:1–8）
- 摩西不能躲在沙漠的另一边牧养羊群，同时又站在法老面前。（参出3章）
- 大卫必须离开他的羊群，才能成为国王。（参撒上16:1–13）
- 阿摩司必须离开他的桑树，才向以色列民说预言。（参摩7:14–15）
- 约拿必须离开家乡和放下极大的成见，才可以在尼尼微城传讲信息。（参拿1:12，3:1–2，4:1–11）
- 彼得、安得烈、雅各和约翰必须舍弃捕鱼的事业，才去跟从耶稣。（参太4:18–22）
- 马太必须离开他的税关，才去跟从耶稣。（参太9:9）
- 扫罗（后来称保罗）必须彻底改变生命的方向，才可为神使用，向外邦人传讲福音。（参徒9:1–19）

必须做出许多的改变和调整！有些人必须离开家庭和祖国，有些人则必须撇下固有的成见和喜好，有些人更要放弃自己的生活目标、理想和愿望，一切都为神放下，并将整个生命调整对准他。当所需的调整都做好了，神就会借着这些人去成就他的旨意。无论如何，每个人最终都会晓得，调整生命去适应神所付代价是值得的。

3 本单元的背诵金句指明，要成为耶稣的门徒，就必须做出重大的调整，试将经文写下来：

_____

_____

_____

实况6

调整

4 此刻你是否愿意撇下"一切",来跟从他?

是□　否□

5 前一单元你已经学习过神借着他的子民做工的第五项实况。这一单元我们将连同第6项实况一起研习。请完成以下填充,作为温故知新。

实况5:神邀请你参与他的工作时,往往会引领你去到＿＿＿＿＿＿,这是要你以＿＿＿＿＿＿和＿＿＿＿＿＿来面对。

实况6:当你要参与神的工作,你就必须在你的生命中做出重大的＿＿＿＿＿。

你或者以为:"也许神不会要求我做出重大的调整吧。"如果你从《圣经》去了解神,你就会看到神是绝对要求他的子民有所调整,他甚至要求他自己的爱子做出同样重大的调整:"你们知道我们主耶稣基督的恩典;他本来富足,却为你们成了贫穷,叫你们因他的贫穷,可以成为富足"(林后8:9)。耶稣舍弃了他在天上的身份地位以及富贵荣华,来参与天父的工作,借着他在十字架上的死亡,为我们带来救赎——这是何等大的调整!

你若要成为耶稣的门徒或跟随者,就没有其他的选择:你必须离开原先的处境,在你的生命中做出重大的调整来跟随神。跟随主耶稣的条件,就是要调整你的生命。除非你肯为了跟随神和遵行他的话而做出必要的调整,否则对神来说你仍是一无用处。我们跟随神的最大困难可能就来自不能完全顺服神。

我们很容易想要越过调整这个步骤,直接由相信神进到顺服神的阶段。可是,如果你想跟随他,你便没有这种选择。他的道路跟你的道路是截然不同的(参赛55:9),因此若要跟随他,你只能调整你的生命,来适应他的道路(或做法)。

> 天怎样高过地,照样,我的道路高过你们的道路,我的意念高过你们的意念。
>
> (赛55:9)

6 以利沙和一个年轻有钱的官同受神的邀请。请阅读以下两段经文,并解答下面的问题。

以利沙——《列王纪上》19章15-21节;年轻有钱的官——《路加福音》18章18-27节

> 耶和华对他说:"你回去,从旷野往大马士革去。到了那里,就要膏哈薛作亚兰王;又膏宁示的孙子耶户作以色列王;并膏亚伯米何拉人沙法的儿子以利沙作先知接续你。将来躲避哈薛之刀的,必被耶户所杀;躲避耶户之刀的,必被以利沙所杀。但我在以色列人中为自己留下七千人,是未曾向巴力屈膝的,未曾与巴力亲嘴的。"于是,以利亚离开那里走了,遇见沙法的儿子以利沙耕地,在他前头有十二对牛,自己赶着第十二对。以利亚到他那里去,将自己的外衣搭在他身上。以利沙就离开牛跑到以利亚那里说:"求你容我先与父母亲嘴,然后我便跟随你。"以利亚对他说:"你回去吧!我向你作了什么呢?"以利沙就离

开他回去，宰了一对牛，用套牛的器具煮肉给民吃，随后就起身跟随以利亚，服侍他。（王上19:15-21）

有一个官问耶稣说："良善的夫子，我该作什么事才可以承受永生？"耶稣对他说："你为什么称我是良善的？除了神一位之外，再没有良善的。诫命你是晓得的：'不可奸淫，不可杀人，不可偷盗，不可作假见证，当孝敬父母。'"那人说："这一切我从小都遵守了。"耶稣听见了，就说，"你还缺少一件：要变卖你一切所有的，分给穷人，就必有财宝在天上，你还要来跟从我。"他听见这话就甚忧愁，因为他很富足。（路18:18-23）

a. 神要求这两个人各自做出什么调整？

以利沙：

年轻富有的官：

b. 他们各自有什么反应？

以利沙：

年轻富有的官：

年轻富有的官。这名有钱的官渴望得到永生，但又不愿意为耶稣做出必要的调整。他看金钱与财富更为重要。耶稣知道这个人不可能一方面完全爱神，一方面又爱他的钱财（参太6:24）。耶稣要他放弃这些已成为他的神的东西，就是他的财富。这年轻的官拒绝调整他的生命优先次序，因此也失去经历永生的机会。

那年轻富有的官既然贪爱钱财，他的贪财就使他成为一个拜偶像的人（参弗5:5）。他因此无法认识真神，认识神所差来的耶稣基督。他希望得到永生，却拒绝做出必要的调整来得到永生。

以利沙。以利沙的反应则迥然不同。他为了依从神的呼召，便离开家人，放弃了原本的职业（农耕）。你一定听过"破釜沉舟"这成语，以利沙就是如此，他烧毁他的农具，宰了一对牛，又把牛肉煮熟，分给邻舍吃。他并不打算走回头路！当他做出了必要的调整，他便处于一个顺服神的地位。结果，神就借着以利沙施行了旧约所记载的一些最大的神迹（参王下2-13章）。以利沙蒙召的第一步，就是调整自己。当他做出调整之后，神就能借着他做工，行出他的神迹。

 7 当你决意要认识并遵行神的旨意时，以下的反应会依什么次序出现？请将它们的正确次序用数字写下来。

顺服　调整　信心

每逢神邀请你来与他同工，通常那工作都会艰巨到只有神才能应付，因而你会面对信心的危机。这时你首先需要信心。但信心是要用行动表明的：第一

因为你们确实地知道，无论是淫乱的，是污秽的，是有贪心的，在基督和神的国里都是无份的。有贪心的，就与拜偶像的一样。

（弗5:5）

项行动是调整你的生命去适应神，第二项行动是顺服神对你的吩咐。你不可能顺服神而没有先调整你的生命。因此，正确的次序是：信心—调整—顺服。一个完全降服于神、调整生命并顺服神的人，没有人能估算得到，神借着他所能成就的一切有多大！

8 你是否愿意作一个完全降服神、调整生命并顺服神的人呢？

愿意　　不愿意

9 默写本单元所背诵的金句，并温习其他的经文。

_____

_____

_____

_____

_____

_____

　　重温今天的功课。祷告求神帮你找出一两句他期望你明白、学习或付诸实践的课文内容或经文，并回答以下问题：

在今天研读的课文中，哪些字句或经文对你最有意义？	将这些字句或经文改写为你回应神的祈祷。	神期望你做什么来回应今天所学习的？
_____	_____	_____
_____	_____	_____
_____	_____	_____
_____	_____	_____

各种调整

神喜悦我们完全的降服。

哪一种的调整是必需的呢？要回答这问题，就好比要做一个表，列出一切神会吩咐你去做的事情，而这表可能是没有结尾的。不过，我可以举出好些例子，帮助你将所需的调整大略分成若干类别。

你可能需要做以下一至两方面的调整：

· 环境：例如工作、家居环境、财政状况以及其他事情。

· 人际关系：家人、朋友、业务伙伴以及其他人。

· 思想模式：成见、思想方法、你的潜能以及其他事情。

· 责任承担：对家人、教会、工作、计划、传统以及其他方面的承担。

· 行动：你如何祷告、付出、侍奉、服务及其他。

· 信念：关于神、他的旨意、他的法则或做法、你和他的关系以及其他方面的信念。

这表可以列出的事情数之不尽。能否做出重大调整就在乎你采用的行动是否出于信心。当你面对信心危机的时候，你便要决定自己对神有多大的信心。做头脑上的决定可能很容易，但要你调整生命去适应神，将信心实践出来，那就相当困难了。如今你可能是蒙召尝试去做一些只有神才可以做的事情，而以前你可能尝试去做的都是那些你以为自己承担得起的工作。

1 请列出最少四方面神可能要求你做出的生命调整去适应他的法则的，我已为你列出其中一项。

a. 信念 _____

b. _____

c. _____

d. _____

2 试为每一方面的调整列出一个例子。例如，在信念方面，你必须要做什么调整才能相信神是无所不能的神。

3 阅读以下经文，每段经文都说出做某种调整所需的条件。请将左方的经文和右方的调整项目互相配对，有些经文可能指多种调整的条件，把各相配项目的字母填在横线上。

经文	调整
1. 《马太福音》4:18–22	A. 环境
2. 《马太福音》5:43–48	B. 人际关系
3. 《马太福音》6:5–8	C. 思想模式
4. 《马太福音》20:20–28	D. 责任承担
5. 《使徒行传》10:1–20	E. 行为
	F. 信念

有时一种调整可能同时包括几方面的。比方说，彼得与哥尼流的经历，很可能是要彼得在好几方面做出调整：与外邦人的关系、洁净与不洁的观念、对犹太传统的信奉，以及与外邦人交往的行为模式。不管怎样，为所需的调整定出名称倒不重要，最要紧的，是认清神要你为了他、为了他的旨意，或是为了他的法则或做法做出什么改变。在以上五段经文里，我起码看到的调整是：1 – A；2 – B或C；3 – E；4 – B、C或E；5 – C或F，如果你还看到其他方面的调整，那是绝对没有问题的。

有些人会问，若要参与神的工作，是否一定要做重大的调整？事实上，每当你要调整你的环境、你的思想模式、你的法则、你的目标来配合神，你都必须做出重大的调整。现在，为了配合神将来的计划，你可以在生命的某方面做一些调整，那么，当神要求你顺服的时间来到，你就可以顺其自然地调整自己，而不会觉得那是重大的调整。

 下列提到一些生活上的调整，请在前面横线上标示那是"重大"或"较小"的调整。

_____a. 将我的思想模式改变成神的思想模式

_____b. 将我的目标改变成以神的目标为重心

_____c. 将我的做事方法改变成以神的方法行事

_____d. 将我的价值观改变成神的价值观

你是否在每条横线上都标示"重大"两个字？在上面所提的各方面，要从我们原来的景况变成以神为中心，一定需要做重大的改变。当然，这些改变可能是循序渐进完成的，所以你并不会立刻感受到那是重大的改变，但每一项确实都是极大的调整。

绝 对 降 服

神常常会在你从来没有考虑过或接触过的问题上要你做出调整。你或许听过人常常这样说："千万不要告诉神你不愿意做的事情，因为那些很可能就是他要你做的。"他并非要设法使你"痛苦难安"，其实，他不过想要做你生命的主。如果有哪些地方你拒绝由他做主，他才会在那些地方动工。他喜悦我们绝对降服。他不一定要你做你认同的事情，但他会不断做工，直至你愿意在每件事上都将主权交给他。请记住，因为神爱你，他为你所定的旨意都是最好的！神期望你做的每一样调整，都是为了你的好处。在你跟随神的过程中，你的生命和你的未来如何，全取决于你是否依照神的指示迅速做出调整。

做出生命的调整并不是为了某种思想上的意念，而是为了一位有位格的神。你将生命调整去适应神，将你的观点调整成为跟神的观点相似，将你的处事方法调整成为跟神的方法相似。当你做好了一切必要的调整，他便会告诉你下一步要怎样去顺服他。只要跟随他，你便会经历到他如何透过你去进行一些只有神才可以承担的工作。

> 神期望你做的每一样调整，都是为了你的好处。

5 修读这课程期间，你的思想有什么调整？至少试述一项。有人可能会这样响应："我接受这个事实就是离了神我便无法做天国的工作，但目前我不知道要为神做些什么，只能注意观察，祷告求问他期望透过我做什么。"

6 请阅读下面一些敬虔人士的陈述。每段记载都描述了这位人士所做或愿意做的某项调整。例如，在第一则摘录中，李文斯顿愿意做的一项调整，是放弃在祖国做一个有钱的医生，而宁愿到非洲做一位传教士，过清贫的生活。

李文斯顿（David Livingstone，到非洲去的医疗传教士）——"既然许多人把替地上政府服务视为无上光荣，求你禁止我们对万王之王的侍奉有任何保留。如今我是一个全心全意献上自己的传教士。昔日神自己有一独生子，他曾是一位传教士，也是医生。如今我卑微地仿效他（或希望能够仿效他），我盼望为这种侍奉而活，也盼望为这种侍奉舍命。我宁愿过着清苦的宣教生活，放下财宝安舒。这是我的选择。"

做出的调整＿＿＿＿＿＿＿＿＿＿＿＿＿＿＿＿＿＿＿＿＿＿＿＿

吉姆・埃利奥特（Jim Elliot，一位在南美洲向奎查斯族印第安人传道的传教士）——"将无法保留的财宝付出去，以换取永不朽坏的财宝。这样的人，才是智者。"

做出的调整＿＿＿＿＿＿＿＿＿＿＿＿＿＿＿＿＿＿＿＿＿＿＿＿

鲍勃・皮尔斯（Bob Pierc，世界宣明会及撒玛利亚会的创办人）——"愿那使神伤心的事物也来伤我的心。"

做出的调整＿＿＿＿＿＿＿＿＿＿＿＿＿＿＿＿＿＿＿＿＿＿＿＿

奥斯瓦尔德・史密斯（Oswald J. Smith，加拿大宣教领袖）——"神啊，

如果耶稣是神，并且为我舍命，那么我为他而做的牺牲就没有一样可称得上是太大的了。

我需要你为我的生命所定的计划。愿我不论身在家乡或是异地，不论是已婚或是独身，不论是处于喜乐或忧愁、健康或疾病、富足或贫困、顺境或逆境——神啊，我都需要你为我生命所定的计划。我需要它，噢，我需要它！"

做出的调整＿＿＿＿＿＿＿＿＿＿＿＿＿＿＿＿＿＿＿＿＿

施达德（C.T.Studd，在中国、印度及非洲宣教的传教士）——"如果耶稣是神，并且为我舍命，那么我为他而做的牺牲就没有一样可称得上是太大的了。"

做出的调整＿＿＿＿＿＿＿＿＿＿＿＿＿＿＿＿＿＿＿＿＿

这些人所做的或是愿意做的一些调整包括：

- 李文斯顿认为到非洲宣教是无上光荣，而不是一种牺牲。
- 吉姆·埃利奥特愿意放弃地上的东西，以换取天上的赏赐。他去南美洲，是准备向那些未曾听过耶稣的印第安人传福音，结果被那里的族人杀害。
- 鲍勃·皮尔斯甘愿心碎，为的是使他可以更像天父。
- 奥斯瓦尔德·史密斯那么恳切求神为他的生命所定的计划，以致只要得着那计划，他愿意无论遇祸遇福，都感到满足。
- 施达德愿意为耶稣做出任何牺牲。

7 在你认为最有意义的一段摘录旁边画上星号。

8 请思想你认为最有意义的那一段摘录所反映的委身程度。假如你也愿意对基督做同样的委身，就请花一点时间向神祷告，表明你愿意调整你的生命去适应他。

你不能一方面停留于现况，另一方面又与神同行！

我已尝试帮助你明白，你不能一方面停留于现况，另一方面又在顺服神的旨意的道路上与他同行。第一步必须是做出生命的调整，然后你就能在顺服中跟随。这位呼召你的神也是那位令你有能力遵行他旨意的神。在本单元余下部分，将讨论以下的第二及第三项论点：

> ### 顺服之前需要调整
>
> 1. 你不可能一方面停留于现况，同时又与神同行。
> 2. 顺服往往会使你和你身边的人都要付上高昂的代价。
> 3. 顺服是要你完全倚靠神，让他透过你来做工。

耶稣又对众人说："若有人要跟从我，就当舍己，天天背起他的十字架来跟从我。"
（路9:23）

当你愿意将生命的一切都降服于基督的主权之下，你就会像以利沙一样，发觉这些调整比起亲历神而得的收获，是不值一提的。假如你至今仍然未将生命中的一切降服于基督的主权，就请你由今天开始，下定决心，舍己、背起你的十字架来跟从他（参路9:23）。

从食人族到跟随基督

在夏威夷一个牧长及同工退修会中，我担任讲员。会后，有位牧师来找我，与我分享了一则奇妙的见证。他说他和同工经常到斐济山区短宣，说着就拿出一张照片给我看。看到那张照片，我惊讶万分，忍不住要求他告诉我更多有关照片上的事。

照片中有一个笑得很开朗的人，指着一块用粗木板拼钉而成的展示板，上面放着一张图，正是此书的"属灵七项实况"，旁边还用他们的语言标示每一项实况。在他身后则是一间茅草屋顶、四面无墙的简陋房子。这位牧师说，照片中的人是他们的族长。过去，他的族人曾经是食人族，甚至吃过一位宣教士。但经过许多年，现在他们已经悔改，相信耶稣。照片中的那个人不只是族长，也是他们的牧师。他正在教族人《不再一样》这书的内容。这些土著为了跟随神，他们的生命作了何等大的调整啊！

本课摘要

神喜悦我以他为主，对他绝对降服。

我为了一位有位格的神而调整自己。

比照经历神可得的收获，调整是很值得的。

这位呼召我的神也是那位使我能遵行他旨意的神。

重温今天的功课。祷告求神帮你找出一两句他期望你明白、学习或付诸实践的课文内容或经文，并回答以下问题：

在今天研读的课文中，哪些字句或经文对你最有意义？

_____
_____
_____
_____
_____

将这些字句或经文改写为你回应神的祈祷。

_____
_____
_____
_____
_____

神期望你做什么来回应今天所学习的？

_____
_____
_____
_____
_____

第**3**天

顺服的代价极高（上）

顺服是要你付上高昂的代价。

你不能一方面停留于现况，另一方面又与神同行。你不能一方面继续用自己的处事方法，另一方面又用神的方法来完成他的计划。因为你的思想与神的并不接近，所以如果你要遵行神的旨意，就必须将生命调整，去适应他，又与他的旨意和方法配合。

① 本课将研读三项关于调整和顺服的论点，试用你自己的文字和观点，重写每一论点，并将"你"改写成"我"。

1. 你不能停留于现况，同时又与神同行。

————————————————————————

2. 顺服是要你和你身边的人都付上高昂的代价。

————————————————————————

3. 顺服是要你完全倚靠神，让他借着你来做工。

————————————————————————

若不付上调整和顺服的代价，你根本不可能认识神的旨意行在其中。

请注意第二项论点：顺服是要你和你身边的人都付出很高的代价。若不付上调整和顺服的代价，你根本不可能认识神的旨意行在其中。愿意为遵从他的旨意而付上代价，便是其中一项重大的调整。这正解释了为什么"他门徒中多有退去的，不再和他同行"（约6:66）。有些教会无法明白神的旨意，也无法经历神透过他们去成就他的旨意，其中的原因是他们不愿意付上顺服的代价。

当时，我正在洛杉矶牧养一家很棒的教会。有一天，我突然接到加拿大萨斯卡通市基督徒的来电，表示我如果不能去担任他们的牧师，他们的教会只好解散。当我和妻子为这件事祷告时，我们感觉神正把我们家从一个安舒的牧会环境差派到一个极具挑战的处境中。为了搬家，我们开了好几天的车程才到达新教会的目的地，还来不及吃午餐，就看到一辆车载着六个人停在我们面前。

那些人说他们来自离这里90英里远的一个小区，长久以来一直求神为他们预备一位牧师，可以在他们的小区成立福音堂。他们问，我是否也愿意牧养他们。接下来的两年，每个星期天，我在自己教会讲道、教导主日学之后，就驾驶90英里的车程到那个福音堂讲道，也教主日学。结束之后，再开90英里回到自己教会，在傍晚的聚会中讲道，然后教导成人的门徒训练课程。每个周二下午，我也会开车到福音堂，带领他们的祷告会。接受神的邀请的确需要付上代价，但是当我花了那么多时间在高速公路来回奔波，却换来与所爱的信徒及我的主相聚畅谈的团契时间，我必须说，我所获得的报偿是很大的！

我们常说，神是我们的主，他可以随时中断我们正在进行的工作。可是，我们心里就是不希望他这样做。我们以为他会赞成或支持我们所做的每一样事情，永不要求我们改变任何我们已计划妥当的一切。如果我们只想神依从我们设定好的路径，并保守我们的计划和安排不受干扰，那我们就大错特错了。每当神邀请我们与他同工，我们就必须做出一些大调整。调整自我和顺服神的指示是需要付上高昂代价的。

② 请阅读《使徒行传》9章1-25节并描述扫罗所曾做过的调整。再写出他为了跟从基督所付的代价。

_____

_____

③ 你觉得跟随基督为什么一定要付上代价？

_____

_____

扫罗（后来改名保罗）曾做出全面的改变。他最初迫害基督徒，后来却宣扬耶稣是基督。当你跟从神，他就会要求你将自己的计划和方向调整。对保罗而言，他调整的代价极高，甚至使他在犹太人中间要冒生命的危险。同样，你所做的调整也将要付出高昂的代价。

代价：忍受别人的反对

④ 阅读以下记载，将一些因为顺服而需要付上代价的字句标示出来，我已做了一个例子。

我们在萨斯卡通市的教会很清楚感到神要我们在全省各地设立新的福音堂，当时并非所有人都明白或同意我们的做法。有些人几乎在我们每次开设新的福音堂的时候都提出强烈反对。虽然我们十分确定加拿大已陷于可怕的灵性低潮，可是有些人却不以为然。在我们的省会利根那，报章刊登了一则占全版篇幅的文章，<u>指责我们竟敢在这个15万人口的城市里开设新教会</u>。我们在洪堡举行查经班，结果有一个宗派的教会派了一班领袖代表来到我的办公室，他们要求我停止这些聚会。他们说，我们的工作是"属魔鬼的"，他们反对查经班。在德斯杉堡，我们的牧师在街上受到一名巫医咒骂。我又收到从艾伯特王子城寄来的信，谴责我们的工作。在白赖恩湖，我们又听说有人开祈祷会，祈求我们失败和撤销这些工作。

甚至在我们的内部会议中，也有人认为我们能力太薄弱，在这时期开设分堂极为不智。他们对我们说，假如分堂的牧师和员工的薪酬出现困难，到时不要四处求助。神向我们说话的时候，这些人并没有跟我们一起，他们认为我们的工作是"假借神的名"。不久之后我更发觉，每次踏出信心的一步，都会被人说成是假借神的名。唯有顺服，以及我们的顺服在神的检视中一再获得确认，那才显明我们是正遵行神的旨意。

后来，这些分堂渐渐成长、兴旺，而且开始能够自给自足，反对我们的人才认识到这果真是神的工作。在这些人之中，有许多更因此受到鼓励，愿意同样踏出信心的步伐开始新的事工。神保守了我们对他的信心，教我们以爱心对待其他人，然而，其中的代价却是非常大的。

5 试根据以上描述，列出我们开设教会分堂时所付出的"代价"。

_____

_____

_____

6 阅读《哥林多后书》11章23-33节，然后列出保罗为了追随和顺服基督所付出的一些代价。我已经标示了一项。

> 他们是基督的仆人吗？（我说句狂话），我更是。我比他们多受劳苦，<u>多下监牢</u>，受鞭打是过重的，冒死是屡次有的。被犹太人鞭打五次，每次四十，减去一下；被棍打了三次，被石头打了一次，遇着船坏三次，一昼一夜在深海里。又屡次行远路，遭江河的危险、盗贼的危险、同族的危险、外邦人的危险、城里的危险、旷野的危险、海中的危险、假弟兄的危险。受劳碌、受困苦，多次不得睡，又饥又渴；多次不得食，受寒冷，赤身露体。除了这外面的事，还有为众教会挂心的事，天天压在我身上。有谁软弱我不软弱呢？有谁跌倒我不焦急呢？我若必须自夸，就夸那关乎我软弱的事便了。那永远可称颂之主耶稣的父神知道我不说谎。在大马士革亚哩达王手下的提督，把守大马士革城要捉拿我，我就从窗户中，在筐子里从城墙上被人缒下去，脱离了他的手。（林后11:23-33）

有时顺服神的旨意会招致反对和误会。保罗就因为顺服基督而受了许多的苦。经文中所列的受鞭打、监禁和冒死，听来好像不是一个人所能承受的，但他在一封书信的结尾却这样总结说："我身上带着耶稣的印记"（加6:17）。保罗在开始遵行主的旨意之前是不曾有过这些经历的。顺服的代价对他来说实在很大。虽然如此，保罗仍然说："使我认识基督，晓得他复活的大能，并且晓得和他一同受苦，效法他的死，或者我也得以从死里复活。这不是说我已经

得着了，已经完全了，我乃是竭力追求，或者可以得着基督耶稣所以得着我的。"（腓3:10-12）

当使徒保罗说："……向什么样的人，我就作什么样的人。无论如何，总要救些人"（林前9:22）的时候，便透露了他的调整是为了遵行神的旨意。你所做的自我调整和对基督的顺服付出的代价也会同样巨大的。

7 你是否曾有这经历，就是在做出调整和对神顺服上你要付出很大的代价？

有□　无□　　如有的话，请简述那经历以及所付出的代价。

_____

_____

李文斯顿是十九世纪来自苏格兰的著名传教士。他献上自己的一生在非洲宣扬基督，他委身的祷告或许会激励你也能付出跟从基督的代价：

> 主啊，只要你与我一起，哪怕你差我往哪里去；
> 只要你扶持我，哪怕你给我什么担子；
> 只要我紧系于你，哪怕你断绝我与任何人的联系。
>
> ——李文斯顿

8 引述或写出需要背诵的金句。

_____

_____

本课摘要

顺服常常会使得我和我身边的人都要付出高昂的代价。

倘若我没有为着调整和顺服付出代价，我就不能认识和遵行神的旨意。

我必须调整自己的原定计划和安排，来配合神所做的。

重温今天的功课。祷告求神帮你找出一两句他期望你明白、学习或付诸实践的课文内容或经文，并回答以下问题：

在今天研读的课文中，哪些字句或经文对你最有意义？	将这些字句或经文改写为你回应神的祈祷。	神期望你做什么来回应今天所学习的？

第4天 顺服的代价极高（下）

顺服会使你身边的人付出高昂的代价。

遵行神的旨意时其中一项最令人为难的调整，就是即使会连累身边的人付出高昂的代价，你仍要去顺服神。对于你和你身边的人来说，顺服所付的代价常是十分高昂的。

1 回答以下问题，如果你不知如何回答，可参阅经文内容。

　　a. 摩西顺服耶和华，要求法老让以色列人离去，结果令以色列人付出了什么代价？（参出5:1–21）

　　_____

　　b. 当耶稣顺服神，走上十字架的时候，他的母亲站在那里看着他死去，她所付出的代价是什么？（参约19:17–37）

　　_____

　　c. 当保罗顺服神，在帖撒罗尼迦向外邦人传福音，这使耶孙付出了什么代价？（参徒17:1–9）

　　_____

摩西顺服神，结果使得以色列百姓所负担的工作增加，他们的工头也因此挨打。因摩西遵行神的旨意，以色列人便要为他付出高昂的代价。

当主耶稣顺服天父的旨意死在十字架上，他的母亲马利亚就须忍受看着儿子被残暴杀害的伤心欲绝的苦楚。耶稣的顺服便使他母亲承受肝肠寸断的痛苦。他的顺服也将每个门徒的生命置于恐惧和苦痛中。因耶稣遵行神的旨意，其他的人便要付出高昂的代价。

保罗跟从神的旨意去传扬福音，其他人就去响应神在他们生命中所做的工作。耶孙和几个弟兄因为与保罗有交往，被暴徒拉到地方官那里去，控以搅乱天下的罪名。因保罗顺服神的旨意，经常使与他在一起的人受到生命的威胁。

在认识和遵行神旨意的时候，你不可忽略这方面的事实：神会将他的计划和旨意向你显明，但你的顺服可能会使你和你身边的人付出重大的代价。例如，一对夫妇顺服神宣教的呼召，这可能使他身边的人（如年长的父母及教会）付出比他自己更高的代价。可是，不顺服神的旨意，后果会更可怕！

2 填充题：

　　1. 你不能一方面_____现况，同时又与神同行。

　　2. 顺服往往会使你和_____的人都要付上代价。

3. 顺服是要你完全倚靠神，让他透过你来做工。

请翻开本单元第2天"顺服之前需要调整"核对答案。

当我妻子和我决定献身传道工作的时候，其中一项最大的代价，是孩子会因为我经常不在家而受许多损失。我们迁往萨斯卡通市的时候，最大的孩子只有8岁，最小的却在我们搬迁后几个月才出生。在孩子成长的那些年间，我大部分时间都不在家人身边，妻子付了很重的代价：因我经常不在家，她必须独自照顾五个小孩子。

我曾听许多属神的人说："我的确感到神在呼召我，可是，我的孩子需要我，我不能不顾我的家人。"诚然，你的孩子确实需要你的照顾；但你可有想过，假如你对于神的行动愿意顺服地做出回应，他就会另有安排，照顾你的孩子吗？我们已这样做了！

我们深信神会看重我们对他的顺服，也深信神呼召了我们，就会指示我们如何养育我们的孩子。我们相信天父爱他的仆人，他会照顾我们的儿女比我们照顾得更好。我们相信神会指示我们如何与孩子相处，以致能够弥补失去的相聚时日。当然，我不能以此作为借口忽略我的家人。不过，当我顺服天父的时候，我深信他必会照顾我的家人。

我们迁到萨斯卡通市的第一年，我曾给三个人施浸，其后经历了两年半非常艰辛的工作，聚会平均人数只有60人。妻子玛丽莲对我说："布莱卡比，理查德今天走来跟我说，他很替你难过，他说：'爸爸讲的道那么好，他每周都发出邀请，但却没有人来听。'"

于是我去跟理查德说："理查德，不要为你的父亲难过，纵然神让我工作10年，而只有很少的成果，我仍会坚持等候他收庄稼的日子来临。"我必须帮助理查德明白各种道理。我也借着《诗篇》126篇向他解释神的应许。神就是借着此刻让我有机会向我的儿子教导意味深长的属灵真理。

我记得有一段日子玛丽莲很消沉，她十分沮丧。后来到了第二个礼拜天，当我讲道完毕，理查德就来到礼拜堂的通道前做了个决定，他说："我感到神呼召我去传道。"

一位邻家的少年也走到理查德后面，他是一个来自问题家庭的少年。玛丽莲过去不知花了多少时间照顾他。他说："我也感到神呼召我去传道。"然后他转过来说："大部分功劳要归于师母。"

另一名男孩也在那次崇拜中站起来，说："我希望让你们知道，神也在呼召我去传道，而且我也希望你们知道，这都是因为师母的帮助。"在阿朗面对困厄的时候，我们一家曾帮助他和鼓励他寻求神在他生命中的旨意。玛丽莲更对他付出了很大的爱心。就在这关键时刻，神照顾了玛丽莲。

如今我们的五名儿女全都领会到神的呼召，而投身于带职侍奉或宣教工

那带种流泪出去的，必要欢欢乐乐地带禾捆回来！

（诗126:6）

作。只有神方能在我们孩子的身上作成这样的美事。我希望你明白，你尽可将你的家庭交托给神！我情愿将我的家交托神去照顾，甚于交给世上任何人。

你尽可将你的家庭交托给神！

3 你能否记得有一次，你的家人因为你遵行神的旨意而付出了极高代价的经历？

有□ 无□ 如果有的话，试简述这经历。

_____

_____

_____

_____

4 你能否记得有一次你选择不顺服神，使得你身边的人要付出高昂代价的经历？ 有□ 无□ 如果有的话，试简述当时处境。

_____

_____

_____

_____

5 你对于神有什么认识，而哪些事物是能够帮助你相信神会照顾你的家庭的？ 请列出其中几样。

_____

_____

_____

_____

_____

我们全都需要学习相信基督会与属他的人沟通。

让基督与属他的人沟通

　　假如你向一些属神的人寻求如何知道神的心意，你要学习接纳他们的回应，也要尊重他们的答复。我见过有些教会领袖邀请教会，或小组为某些事情祷告和求问神的旨意。他们表达了神启示的话后，有些领袖会说出这样的话："让我告诉你神要我们做些什么吧。"假如神的子民就是基督的身子，那么只有基督才是头，整个身子都要去到基督面前，了解神对这身子有什么旨意。我们全都需要学习相信基督会与属他的人沟通。

6 假设你的教会开始为应付一笔特别的财政需要祷告，一名退休人士正感到神在指引她，要她将毕生积蓄（4000美元）的一半拿出来，用作应付教会的需要，你想你会有什么反应？在下列各项中选出你的做法。

☐a. 我会拒收她的金钱，请那些经济较稳定的人奉献。

☐b. 我会收下她的奉献，感谢神应允祷告，并因她愿意为教会顺服神的旨意而付上极高代价，感激流涕。

☐c. 我会收下她的奉献，但尝试用别的途径尽快将钱归还。

☐d. 我会请她多等两三个星期并且祷告，直至确定神真的想她这样做。

这正是我需要面对的处境。我们其中一个新福音堂需要会址，我们的财务公司要求我们先付一定百分比的款项作为订金，然后才给我们贷款。

这福音堂很小，所以我呼吁我们的会友为这事祷告，看看能否为支付的订金做出奉献。他们同意祷告，并等候神的指引。其中为我们恳切祷告的一位姊妹叫艾娃·贝茨，她是一名寡妇，除了微薄的退休金之外，她只靠银行里的4000美元积蓄度过余年，但她写了一张2000美元的支票，作为建新堂的捐献。

作为她的牧师，我的心里百感交集。在这件事上我是领导教会去做我们相信是神要我们做的事。然而当我看到大家为了回应神而付出的代价，心里着实很难受。我与艾娃的女儿谈过，她说："请不要剥夺我母亲奉献的权利。她向来信任她的主，她更想现在实行出来。"

一些牧师和财务委员会的成员说："我们不能频频要求弟兄姊妹奉献，否则会危害我们的常规奉献。"我学习永不拒绝给予会友奉献的机会，也从不强迫或控制他们奉献，这不是我的工作。但我会制造机会，鼓励他们按着神的带领奉献。属神的人乐于遵行神的旨意，有些人会慷慨付出金钱来回应神，他们以此为荣，认为这是神容许他们有奉献的机会。有些人更会因为这些机会而改变一生。

7 你是否知道一种情况，就是有些个人或家庭曾经因为教会要跟随神的旨意而付出重大的代价？有☐ 无☐ 如果有的话，试简述当时的情况。

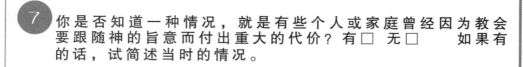

_____

_____

8 **完成起首两句话。**

1. 你不能一方面停留于现况，另一方面又_____。

2. 顺服往往会使_____都要付上高昂的代价。

3. 顺服是要你完全倚靠神，让他透过你来做工。

戴德生是祷告和信心的伟人。他回应神的呼召前往中国宣教。当时他的父亲已经去世，所以他前往中国，就必须留下寡居的母亲。1905年，在戴德生的生命即将结束的时候，回首他一生为神使用的历程：他创办了中国内地会，设立了205个宣教工场，有849名宣教士，125000名中国基督徒——是一个对神绝对降服的生命所做成的美好见证。下面是戴德生描述他自己如何因顺服神的旨意前往中国做传教士，而要母亲与他一同付上代价。

9 试想象你是戴德生，父亲已经逝世，你知道以后在地上可能永远也见不到母亲。请慢慢阅读戴德生描述他们的离别情，并尝试想象他们当时的感受。

我挚爱的母亲（她现在已回天家）到利物浦来给我送行，我永不能忘记那天的情景，也忘不了她怎样送我走进小船舱——那个将会是我未来差不多六个月的居所。母亲用她慈爱的双手抹平小床，坐在我身边，与我一起唱诗，那是我们长久离别之前最后一次共唱的诗歌。我们一同跪下，她祷告——我远赴中国之前所听见母亲的最后一次祷告。后来船员宣告要离去了，我们只好说再会，但却不敢奢望在地上再有机会相见。

她为了我的缘故极力抑制自己的情绪。当我们分开了，她走到岸上，为我祝福！我独自站在甲板上，船驶向水闸，母亲一直跟着来，直至船只穿越了水闸，我们终于要分开了。我永远无法忘记她从心里迸发出来的痛哭。哭声传来，使我心如刀割，我那时才真正领会"神爱世人，甚至将他的独生子赐给他们"的意义。我同时相信，我心爱的母亲也在那一刻，比前半生任何时候更体会到神那没保留的爱。

赞美神，愈来愈多人找到无比的喜乐、找到他的奇妙启示和大爱。因为他要将这一切赐给那些"跟从他"、愿意倒空自己、对他的大使命完全顺服的人。

10 根据这段摘要，回答以下问题：

a. 戴德生将生命调整去适应神，且顺服地前往中国，他付上了什么代价?

_____

_____

b. 戴德生的母亲因为儿子顺服神的旨意，她付上了什么代价?

_____

_____

c. 这次经历使他们对神的爱有什么体会?

_____

_____

戴德生离开祖国和家人，踏上波涛汹涌的宣教旅程，这是代价极高的一步。他的母亲因爱主，也愿意付出代价，容许儿子往外地宣教。他们二人为了顺服，都付上了极高的代价。可是他们却因此从神那里尝到了从来不曾领会过的大爱。历史也显示出神因戴德生的忠心事主，而赏赐了他的仆人，他使用他行了奇事，叫他深入中国内地，在那里传扬基督的福音。

11 如果神真的呼召你为他接受一项付代价的使命，你会如何回应呢？你会选择：

主啊，我愿意！□　　　　　　　不，代价太大了。□

你可能认为，现在谈论这问题似乎有点言之过早。其实不然，即使你不知道神将要你做什么，你也要面对这问题。基督的主权正是如此。你的一生就该以这样的态度去度过："主啊，不管你今天或将来差我做什么，我的答案都是我愿意！"就在此刻，立下心志，将你的生命完全向他降服。

本课摘要

我的顺服会使我身边的人付出重大的代价。

我深信神必会照顾我的家人。

不要拒绝给予别人为主奉献的机会。

我必须相信基督会与属他的人沟通。

主啊，不管你今天或将来差我做什么，我的答案都是"我愿意"。

重温今天的功课。 祷告求神帮你找出一两句他期望你明白、学习或付诸实践的课文内容或经文，并回答以下问题：

在今天研读的课文中，哪些字句或经文对你最有意义？

_____
_____
_____
_____
_____
_____

将这些字句或经文改写为你回应神的祈祷。

_____
_____
_____
_____
_____
_____

神期望你做什么来回应今天所学习的？

_____
_____
_____
_____
_____
_____

第5天

完全倚靠神

顺服是要你完全倚靠神借着你来做工。

认识又遵行神的旨意其中的另一项调整就是完全倚靠神，让他借着你来完成他想要做的工作。耶稣以葡萄树及枝子比喻我们和他的关系，他说："离了我，你们就不能作什么。"（约15:5）你既是神的仆人，就必须与他保持密切的关系，以便他透过你来完成他的工作。你必须单单倚靠神。

做出调整，就是要你不再以自己的才能、恩赐、爱恶和目标去做神的工作；而是完全倚靠神，以及倚靠他的安排和资源。这是一项重大的调整，绝不容易办得到。

① 根据本单元学习过的课文内容完成以下填充题：

1. 你不能一方面停留于＿＿＿，同时又与神＿＿＿。
2. 顺服常常会使得＿＿＿和你身边的人都要＿＿＿。
3. 顺服是要你＿＿＿神透过你来做工。

翻开本单元第2天"顺服之前需要调整"核对答案。

② 阅读以下的经文，并注意为什么你必须倚靠神来完成他的旨意，然后回答下面的问题。

> 万军之耶和华起誓说："我怎样思想，必照样成就；我怎样定意，必照样成立。"（赛14:24）

> 你不要害怕，因为我与你同在；不要惊惶，因为我是你的神。我必坚固你，我必帮助你，我必用我公义的右手扶持你。（赛41:10）

> 我是神，再没有能比我的……我的筹算必立定，凡我所喜悦的，我必成就……我已说出，也必成就；我已谋定，也必作成。（赛46:9-11）

你为什么要完全倚靠神透过你来工作？

_____

_____

_____

_____

如果神不在你里面动工，你根本无法结出天国的果子。因为你是与基督同钉十字架，他会住在你里面，使你借着他的恩典去完成他的旨意。神定意要做的事，他保证会成就。他就是那位会成就他自己所定旨意的神。若是你倚靠神

我是葡萄树，你们是枝子；常在我里面的，我也常在他里面，这人就多结果子；因为离了我，你们就不能作什么。

（约15:5）

然而我今日成了何等人，是蒙神的恩才成的；并且他所赐我的恩不是徒然的。我比众使徒格外劳苦，这原不是我，乃是神的恩与我同在。

（林前15:10）

我已经与基督同钉十字架，现在活着的不再是我，乃是基督在我里面活着；并且我如今在肉身活着，是因信神的儿子而活，他是爱我，为我舍己。

（加2:20）

以外的事物，在神国的工作中你会必败无疑。

有一个教会向神求问说："神啊，你想怎样借着我们去接触我们的社区和建立一个大教会呢？"神就带领他们开始了一项借公共汽车传福音的工作，他们为当地的男女老幼提供交通工具，并接载这些人到教会去。他们照着神的吩咐去做，他们的教会便逐渐增长成为一家大教会。

从全国各地来的人开始问："你们怎么会增长得这么快？"于是他们写了一本书，介绍怎样利用公共汽车做福音工作。于是成千上万的教会也开始买汽车去接触附近的社区，以为这是令教会增长的秘诀。不久之后，许多教会都把他们的巨型汽车卖掉，他们说："这种方法对我们并不奏效。"

奏效的绝不是方法，而是他！方法绝不是成就神旨意的秘诀，秘诀在于你和那有位格的神之间的关系。你如果想知道神要你怎样接触社区内的人、怎样建立新教会，或解决其他问题，你只管问他。当他告诉了你，而你却发现没有其他任何一家教会能够同样用得上这方法的时候，你也不必惊讶。为什么？因为神要你认识他。假如你依照别人的做法去安排、倚赖一种方法，或只强调一套计划，你会逐渐忘记倚靠神，放弃与神的关系，去崇尚一种方法或计划。那就是灵性的不贞。

奏效的绝不是方法，而是他！

3 思想以下问题，选出你的做法。

a. 你通常会怎样找出方法，去完成神为你生命或教会所定的旨意？在以下答案中选出你的做法（可以不止一项）。

□1. 到书局或图书馆找一本关于这问题的好书——是在这方面学有所成的知名人士撰写的。

□2. 找教会内的成功人士谈一谈。

□3. 联络一些教会机构，询问是否设有那方面的活动或课程，用以解决问题。

□4. 拿出时间祷告读经，求神引领我（或我们）按他的方法去做。

b. 寻求神的旨意时，以下哪一项对你是最重要的？

□1. 神要在我目前的处境中做些什么？

□2. 一个成功的方法。

□3. 在我目前的处境中最有用的活动或课程。

□4. 其他人或其他教会如何将神的工作做得成功？

好书、成功的方法、有创意的活动或课程，以及他人的成功例子，都不能取代你与神之间的关系。这一切绝不能奏效，但神却能够。离了他，你便不能作什么（参约15:5）。集中注意于神以外的方法，将之视为问题的答案，只会令你和教会无法看到神在动工，阻碍你和教会认识神。这是今天许多人的极大不幸，愿神救我们脱离那阻碍。

唯有神才有权告诉你做些什么。

那是否说，神绝不会带领你发展一种有组织的课程或引领你跟从某种方法呢？不是的。唯有神才有权告诉你做些什么。你不可采取主动决定自己将要做些什么。你必须安静等候神，直至他告诉你为止。

4 请阅读以下经文，并将每则经文中含有"等候"意思的字句圈出来。

> 耶和华啊！求你在清晨听我的声音；我要一早向你陈明，并且迫切等候。（诗5:3，《圣经》新译本）

> 我们的心向来等候耶和华，他是我们的帮助，我们的盾牌。（诗33:20）

> 你当等候耶和华，遵守他的道，他就抬举你，使你承受地土。（诗37:34）

> 耶和华啊，我仰望你！主我的神啊，你必应允我！（诗38:15）

> 但那等候耶和华的，必从新得力。他们必如鹰展翅上腾，他们奔跑却不困倦，行走却不疲乏。（赛40:31）

5 为什么你要等候耶和华，直至听到他将方向指示你？

_____

你也许认为等候是被动的、是虚度光阴。其实等候神一点不怠惰。当你等候他的时候，你会热切地祷告想要认识他，想要明白他的旨意和方法；还有，你会注意四周客观环境的变化，又求神借着启示，向你解释他所安排的前景。你也会和其他信徒分享，寻求神正在对他们说些什么。等候神的时候，你会积极地祈求、寻找、叩门（参太7:7-8）。在等候的时候，你要继续进行神上一次吩咐你的事情。在等候当中，你尽可安心把事情的后果卸给神来负责——责任本就属于神。

然后，当神给你具体的指引时，他透过你用数天或数周所做的，比较你自己用几年的辛劳所能完成的更多。等候神时常都是值得的。他的时间和方法时常都是最准确的。你必须倚靠他来指引你，用他的方法，又在他所定的时间，来完成他的计划或旨意。

你们祈求，就给你们；寻找，就寻见；叩门，就给你们开门。因为凡祈求的，就得着；寻找的，就寻见；叩门的，就给他开门。

（太7:7-8）

圣灵常常会帮助你成就天父的旨意

圣灵绝不会误解天父为你生命所定的旨意。天父有一项计划要借着你的生命去完成。为避免你忽略他的旨意，他就把圣灵放在你心里。圣灵的工作就是引领你按着天父的旨意去做，并且使你能够遵行神的旨意。完成他的计划所需要的知识和力量，是完全倚靠神。这就是你与他的关系那么重要的原因。所以你必须等候，直至你听到他说出他的目的和方法。

耶稣是我们的榜样，他就是向来都清楚知道神的旨意又常常遵行的那一位。每一样神定意要借着他去做的事情，主耶稣都即时去做。他成功的秘诀是什么？是他常与天父有正确的联系！你若常按他为你所命定的跟他保持关系——就是把他的儿子，他的圣灵赐给你，以及他自己在你生命中显现——那么你绝不会有不知道神的旨意的时候，也不会没有力量去实现他的旨意。

在耶稣身上，你可以看到一个与神常处于相爱关系中的生命，是恒常活出这种关系的生命。他是一个完美的榜样。相信你和我都会认为，要达至这境界，道路还很漫长。不错！但是基督已将他绝对顺服的生命活现在你眼前，使你能明白并遵行他的旨意。我们需要调整我们的生命去适应神，并借着完全倚靠他，恒常活出这种关系。他绝对能够将你的生命放在他的计划中，并使你有力量去实践。

6 若以1-10分来评估你与神关系的亲密度，你会给自己几分？请圈选其中一个数字。

1　　2　　3　　4　　5　　6　　7　　8　　9　　10

你为什么会给这个分数？

_____

_____

7 如有需要，你认为神要你做出什么调整，使你与他恢复稳定和紧密的关系呢？

_____

_____

在祷告上做调整

每逢教会面对从神来的指示，我便经历到祷告生活出现危机。在那些时刻我比平时学到更多祷告的功课。有些事情只有借着祷告才可办妥，神时常等候着我们祈求后才开始行动。我的危机是：我是否愿意继续祷告，直至神将事情办妥？《马可福音》11章24节是关于祷告的应许，这则经文一直挑战着我去关注信心与祷告的关系。

凡你们祷告祈求的，无论是什么，只要信是得着的，就必得着。

（可11:24）

8 请再阅读《马可福音》11章24节，然后用你自己的文字写出这段应许。

_____

_____

因为你们立志行事，都是神在你们心里运行，为要成就他的美意。
（腓2:13）

这则经文有时用来教导"要什么，求什么"的神学思想——你自行决定需要什么，并在祷告中提出来，向神祈求，你就得着。这是一种自我中心的神学思想。请记住，只有神才可以采取主动，神会赐给你一种成就他美意的愿望（参腓2:13），圣灵会引领你照着神的心意祷告（参罗8:26-28）。以神为中心的方法能够让神带领你按着他的旨意（奉耶稣的名和身份）祷告。你要相信他会领你祷告，要相信他会成就他自己的旨意。你只管继续用信心祷告，等候事情成就。

当神与你相遇，你会面对信仰的危机，那可能需要你在生命中做出重大的调整。你要学习如何祷告，你也要知道，祷告的代价将会极高。神可能要你半夜起来祷告，你可能需要拿出许多的时间祷告，你可能需要祷告至深夜，甚或要彻夜祷告。要成为一个祷告的人，你便需要在生命中做出重大的调整去适应神。

况且，我们的软弱有圣灵帮助，我们本不晓得当怎样祷告，只是圣灵亲自用说不出来的叹息替我们祷告。鉴察人心的，晓得圣灵的意思，因为圣灵照着神的旨意替圣徒祈求。
我们晓得万事都互相效力，叫爱神的人得益处，就是按他旨意被召的人。
（罗8:26-28）

带领身边的人祷告也需付上代价。大多数教会都没有学会祷告。据我所知，最大未经使用的资源就是神百姓的祷告。你若帮助你的教会成为祷告的教会，你便会得到丰富收获的经历。

9 你的教会在社区内是否已成为人所认识的"祷告之家"？你的教会是不是一家祷告的教会？以下的情况，哪一项是你教会的实情？

☐许多人都认识我们的教会是一同祷告的教会。

☐我们的教会将要成为一同祷告的教会，但道路仍很漫长。

☐我们的教会也会祷告，但果效不大。我们需要努力成为一个祷告的教会。

☐老实说，我们的教会其实不甚清楚如何祷告，我们需要努力建立祷告的教会。

10 如有需要的话，你认为教会在祷告方面，神想透过你做些什么呢？

_____

_____

11 背诵的金句，以便在本周的小组学习时间向其他学员背诵。

_____

_____

麻风病牧师所付的代价

一个响应神带领的地方教会，就是神改变这个失丧世界的策略。当神要这样做的时候，他通常会先感动其中一个人。这件事发生在爪哇东岸一个印度尼西亚牧师身上。这位牧师懂英文，他自己因为研读《不再一样》这本书，生命有了很大的改变，因此，他希望自己的国人也有机会研读这本书，只可惜他们都看不懂英文。为了帮助国人，这位牧师开始了漫长又艰巨的翻译工作，希望把这本书的内容翻译成他们看得懂的文字。宣教士们看到这位牧师每天坐在桌前三到四个钟头，用旧式打字机，一个字、一个字地敲击、翻译。因为他是麻风病患者，他的双手已经变形得很严重，也不太能久坐。可是，那牧者的心怀让他日复一日地敲打着打字机，直到他的国人能够拥有他们看得懂的《不再一样》这本书。

听到这个故事，我忍不住潸然泪下。我请这则故事的宣教士帮我拍一张照片，照片中要有这个牧师和他的打字机，还要看到他的手。我这位宣教士朋友说，那位牧师很谦卑，可能不会同意她拍照。隔了好多年，有一次，在盐湖城一个大型会议中，我看到那位宣教士朋友向我跑过来，手上还拿着一张照片。"我终于拿到照片了！给你。"如今，那张照片挂在我的祷告室中，提醒我常常为这位牧师和他的国人祷告，也帮助我记得，神何等看重每个地方教会的百姓。

本课摘要

顺服是需要完全倚靠神透过你来做工。

奏效的绝不是"方法"，而是"他"。

成就神旨意，秘诀在于我和那位有位格的神之间的关系。

神借着我在数天或数周所做的，会比我自己在几年辛劳所完成的更多。等候神时常都是值得的。

我必须相信神既带领我祷告，他必定会亲自成就。

我的教会需要成为一个祷告的教会！

重温今天的功课。 祷告求神帮你找出一两句他期望你明白、学习或付诸实践的课文内容或经文，并回答以下问题：

在今天研读的课文中，哪些字句或经文对你最有意义？

将这些字句或经文改写为你回应神的祈祷。

神期望你做什么来回应今天所学习的？

·金·句·背·诵·

耶稣回答说："人若爱我，就必遵守我的道，我父也必爱他，并且我们要到他那里去，与他同住。"

《约翰福音》14:23

借着顺服
体验神

顺服带来日后的祝福

　　我们的教会初时很小，但我们却要支持三间福音堂且为他们提供职员和行政费用，后来我们还要在文尼吐巴支持一家位于温尼伯的福音堂。这教会距离萨斯卡通市有510英里，到那里牧会的人来回必须驾驶1020英里的路程。最初看起来，我们这一小撮人不可能承担得起这艰巨的工作。

　　我与会友分享，解释有一群敬虔的信徒聚会已有两年多，他们希望开始设立一所属美南浸信会信仰模式的教会，而我们似乎是最有可能支持他们的教会。我们必须清楚知道这项工作是不是神的工作，抑或是他将他的工作启示给我们？他是否邀请我们参与他的工作？后来教会都同意这是神的工作，我们必须顺服他。大家都赞成支持这新的分堂，然后大家就祈求神给我们指示，并求他给我们力量和资源去应付。

　　我多次驱车前往温尼伯向那里的人讲道。这福音堂比我们其他任何分堂更早得到神的供应，神给他们一位牧师和一笔薪酬！可是我们因顺服得来的赏赐并非到此为止。这个教会后来竟然成为很多分堂的母会，并且成立了一个由这些教会组成的联会。

　　我们的长子理查德完成神学院课程后，温尼伯的教会便邀请他做该教会的牧师。一年后，该教会又邀请我们的次子多马担任助理牧师。没想到我的一点点顺服（起初看似不可能），却为我的家庭日后带来这么多的祝福。

第**1**天

顺服（上）

当你顺服神，让他借着你来完成他的工作，你就能从经历中认识他。

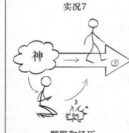

实况7

神 → ⑦

顺服和经历

神一直在我们的世界里做工，现今他也正在你所在之处做工。神通常都采取主动去到你那里，把他正进行的工作或他准备要做的工作向你启示。每逢他向你有所启示，这就会成为他对你的邀请，要你与他同工。

与神同工，就需要将生命做出重大的调整，这样他才可以透过你去完成他的工作。假如你已经知道神所说的和他将要做的是什么，而你又已经做出了生命的调整，那么你还有一件事要回应神：若要经历他在你里面做工和借你来做工，你就必须顺服他。当你顺服他，他便会借你完成他的工作，而你就能从经历中认识他。

这一单元我们将集中研读七项实况的最后一项——当你顺服神，让他借着你来做工，你便可以从经历中认识他。

1 为了方便重温过去的功课，试着用以下的提示，用你自己的文字将七项实况写下来。翻开课本书末附录图核对答案。

实况1：工作＿＿＿＿＿＿＿＿＿＿＿＿＿＿＿＿＿＿＿

＿＿＿＿＿＿＿＿＿＿＿＿＿＿＿＿＿＿＿＿＿＿＿＿＿

实况2：爱的关系＿＿＿＿＿＿＿＿＿＿＿＿＿＿＿＿＿

＿＿＿＿＿＿＿＿＿＿＿＿＿＿＿＿＿＿＿＿＿＿＿＿＿

实况3：邀请＿＿＿＿＿＿＿＿＿＿＿＿＿＿＿＿＿＿＿

＿＿＿＿＿＿＿＿＿＿＿＿＿＿＿＿＿＿＿＿＿＿＿＿＿

实况4：说话＿＿＿＿＿＿＿＿＿＿＿＿＿＿＿＿＿＿＿

＿＿＿＿＿＿＿＿＿＿＿＿＿＿＿＿＿＿＿＿＿＿＿＿＿

实况5：危机＿＿＿＿＿＿＿＿＿＿＿＿＿＿＿＿＿＿＿

＿＿＿＿＿＿＿＿＿＿＿＿＿＿＿＿＿＿＿＿＿＿＿＿＿

实况6：调整＿＿＿＿＿＿＿＿＿＿＿＿＿＿＿＿＿＿＿

＿＿＿＿＿＿＿＿＿＿＿＿＿＿＿＿＿＿＿＿＿＿＿＿＿

实况7：顺服＿＿＿＿＿＿＿＿＿＿＿＿＿＿＿＿＿＿＿

＿＿＿＿＿＿＿＿＿＿＿＿＿＿＿＿＿＿＿＿＿＿＿＿＿

2 以下是七项实况中的三项行动，请按照顺服神的旨意就会产生的行动，将这些行动编上次序号码：

A. 你可以从经历中认识神。

B. 你顺服他。

C. 他透过你完成他的工作。

神采取主动邀请你参与他的工作之后，你就相信他，并将你的生命调整去适应他。唯有这样你才进到顺服的地步。你必须要先顺服他，然后他才会透过你完成他的工作。当神透过你的生命去完成只有他方能完成的工作，你才可以从经历中深深地认识神。所以，上面问题的答案是A－3、B－1、C－2，本课将会在神的工作这问题上，更全面地探讨这三方面内容。

你若爱他，就必顺服他

第4单元的第3天课文已讲解了爱与顺服之间的关系。顺服或听从就是你爱神的外在流露（参约14:15、24）。以下用重温的方法学习前面功课的一些内容：

· 顺服是你爱神的外在表现。

· 顺服他和爱他的奖赏，他会将他自己向你启示。

· 如果你在顺服方面出现问题，那就显示你对他的爱也出现问题。

· 神是爱，他的旨意都是最好的。

· 神是全知，他的指示都是正确的。

· 神是全能，他能使你有力量遵行他的旨意。

· 你若爱神，就会顺服他！

3 过去数周，你在爱神和顺服神的态度上有没有因为前面的学习而改变呢？如果有的话，试略述神因你对他的爱和顺服做了些什么？

_____

_____

_____

4 本单元要背诵的金句是关于爱和顺服，试把经文记在心里，然后默写出来。

_____

_____

_____

_____

你们若爱我，就必遵守我的命令。……不爱我的人就不遵守我的道。

（约14:15、24）

凡遵行我天父旨意的人，就是我的弟兄、姊妹和母亲了。

（太12:50）

……没有行为的信心是死的。

（雅2:20）

我们若遵守他的诫命，就晓得是认识他。人若说"我认识他"，却不遵守他的诫命，便是说谎话的，真理也不在他心里了。凡遵守主道的，爱神的心在他里面实在是完全的。从此我们知道我们是在主里面。人若说他住在主里面，就该自己照主所行的去行。

（约壹2:3-6）

耶稣说过，与他关系密切的人（弟兄、姊妹、母亲），就是那些遵行天父旨意的人（参太12:50）。他清楚说出，从一个人的顺服态度，便可看出他与神之间的相爱关系（参约14:15-21）。

在雅各写给信徒的书信中，他用了很长的篇幅来指出，没有顺服的行动这信心是死的（参雅2:26）。门徒顺服耶稣，因而看见了，也经历了神的大能在他们中间运行。如果他们没有将信心付诸行动和遵行神的旨意，他们便不会经历到他大能的作为。

无论如何，顺服是迈向真理的关键步骤，你所做的会：

· 显示你对他的信心如何。
· 决定你是否经历他大能的作为在你里面运行和借你彰显。
· 决定你是否更深入地认识他。

5 阅读《约翰一书》2章3-6节，试将经文中"认识"一词圈出来，并在"遵守"一词的下面画线，以及用方格将"爱"字勾出来。

a. 你怎晓得自己已在耶稣基督里认识神？

_____

_____

b. 有哪一样清楚的指标，显示出一个人并不认识神？

_____

_____

c. 一个顺服（即遵守）神话语的人，神会在他的生命中做些什么？

_____

_____

6 试在下面选择正确的词语，填在以下的句子内，作为重温第4单元的内容。

强迫 有力量 正确的 真实的 最好的

a. 因为神是爱，他的旨意都是_____。
b. 因为神是全知，他的指示都是_____。
c. 因为神是全能，他能使我_____去遵行他的旨意。

研读过迈向真理的关键步骤，此刻你要决定是否顺服神。除非你相信又信靠他，否则你不可能顺服他；除非你爱他，否则你不可能相信又信靠他；除非你认识他，否则你不可能爱他。答案：a - 最好的；b - 正确的；c - 有力量

你先前与主同行所具备的一切，都不足以承担神要赋予你的新任务。耶

稣的每一条"新"命令都是要求信徒进一步认识他和了解他。圣灵教你认识耶稣，使你可以信靠和顺服他，因而令你可以进一步经历他，使你在他里面成长。正如《约翰一书》2章3-6节所说，你若是认识他，就会顺服他。你若是不顺服他，那就表示你不认识他。

耶稣曾用另一种方式说明这道理，他说过："凡称呼我'主啊，主啊'的人，不能都进天国：惟独遵行我天父旨意的人，才能进去。当那日必有许多人对我说：'主啊，主啊，我们不是奉你的名传道，奉你的名赶鬼，奉你的名行许多异能吗？'我就明明地告诉他们说：'我从来不认识你们，你们这些作恶的人，离开我去吧！'"（太7:21-23）遵行（即顺服）神旨意着实非常重要。

顺服的重要性

如果你知道神爱你，你就不应再质疑他的指示，他的指示是正确又最好的。如果他将指示给你，你就不要只去观察、讨论，或争辩，而是去顺服。

如果他向你发出指示，你就要立刻顺服。

 7 请阅读以下经文，将"听从"一词圈出来，然后回答下面的问题。

你若注意听从耶和华你神的话，谨守遵行他的一切诫命，就是我今日所吩咐你的，他必使你超乎天下万民之上……在你仓房里，并你手所办的一切事上，耶和华所命的福必临到你。（申28:1、8）

你若不听从耶和华你神的话，不谨守遵行他的一切诫命律例，就是我今日所吩咐你的……耶和华因你行恶离弃他，必在你手里所办的一切事上，使咒诅、扰乱、责罚临到你，直到你被毁灭，速速地灭亡。（申28:15、20）

顺服或听从有多重要？_____

_____

_____

8 试根据以下各段经文列出顺服的好处。

你们当听从我的话，我就作你们的神，你们也作我的子民；你们行我所吩咐的一切道，就可以得福。（耶7:23）

顺服的好处：＿＿＿＿＿＿＿＿＿＿＿＿＿＿＿＿＿＿＿＿＿

＿＿＿＿＿＿＿＿＿＿＿＿＿＿＿＿＿＿＿＿＿＿＿＿＿＿＿＿＿

你们为什么称呼我"主啊，主啊"，却不遵我的话行呢？凡到我这里来，听见我的话就去行的，我要告诉你们他像什么人。他像一个人盖房子，深深地挖地，把根基安在磐石上。到发大水的时候，水冲那房子，房子总不能摇动，因为根基立在磐石上。惟有听见不去行的，就像一个人在土地上盖房子，没有根基；水一冲，随即倒塌了，并且那房子坏得很大。（路6:46-49）

顺服的好处：＿＿＿＿＿＿＿＿＿＿＿＿＿＿＿＿＿＿＿＿＿

＿＿＿＿＿＿＿＿＿＿＿＿＿＿＿＿＿＿＿＿＿＿＿＿＿＿＿＿＿

耶稣说："我的教训不是我自己的，乃是那差我来者的。人若立志遵着他的旨意行，就必晓得这教训或是出于神，或是我凭着自己说的。"（约7:16-17）

顺服的好处：＿＿＿＿＿＿＿＿＿＿＿＿＿＿＿＿＿＿＿＿＿

＿＿＿＿＿＿＿＿＿＿＿＿＿＿＿＿＿＿＿＿＿＿＿＿＿＿＿＿＿

神祝福那些顺服他的人（参申28:1-14）。顺服的好处往往是超乎我们的想象，其中包括：可以作神的子民（参耶7:23）；当人生的大风浪临到时可以有稳固的根基不致动摇（参路6:46-49）；并且可以认识属灵的真理（参约7:16-17）。

背叛神与顺服神刚好对立。不顺服就是严重抗拒神的旨意。《申命记》28章15-68节就说明了不顺服的代价。（有关顺服与不顺服的后果，可参看《申命记》30及32章。）

9 你觉得神会怎样描写你顺服的程度呢？

＿＿＿＿＿＿＿＿＿＿＿＿＿＿＿＿＿＿＿＿＿＿＿＿＿＿＿

＿＿＿＿＿＿＿＿＿＿＿＿＿＿＿＿＿＿＿＿＿＿＿＿＿＿＿

＿＿＿＿＿＿＿＿＿＿＿＿＿＿＿＿＿＿＿＿＿＿＿＿＿＿＿

10 你是否知道有什么（事情）是神要你去做，而你却没有做的呢？

＿＿＿＿＿＿＿＿＿＿＿＿＿＿＿＿＿＿＿＿＿＿＿＿＿＿＿

＿＿＿＿＿＿＿＿＿＿＿＿＿＿＿＿＿＿＿＿＿＿＿＿＿＿＿

＿＿＿＿＿＿＿＿＿＿＿＿＿＿＿＿＿＿＿＿＿＿＿＿＿＿＿

＿＿＿＿＿＿＿＿＿＿＿＿＿＿＿＿＿＿＿＿＿＿＿＿＿＿＿

11 请将以下经文作为你自己一生的祷告。

> 耶和华啊，
> 求你将你的律例指教我，
> 我必遵守到底。
> 求你赐我悟性，
> 我便遵守你的律法，
> 且要一心遵守。
> 求你叫我遵行你的命令，
> 因为这是我所喜乐的。

《诗篇》119:33−35

重温今天的功课。祷告求神帮你找出一两句他期望你明白、学习或付诸实践的课文内容或经文，并回答以下问题：

在今天研读的课文中，哪些字句或经文对你最有意义？

_____
_____
_____
_____
_____

将这些字句或经文改写为你回应神的祈祷。

_____
_____
_____
_____
_____

神期望你做什么来回应今天所学习的？

_____
_____
_____
_____
_____

第 **2** 天

顺服（下）

顺服就是与神保持愉快的、亲密无间的关系。

神的仆人是常常照他的指示做事。仆人是没有想顺服或不想顺服的选择。选择不顺服也就是背叛或悖逆，会带来严重的后果。延迟顺服也是不顺服的表现。

什么是顺服

现今许多人都以自我为中心，只想做自己的事情。他们不会停下来思想一下顺服在他们生命中的意义。耶稣说过一个关于顺服的比喻：

> 一个人有两个儿子。他来对大儿子说："我儿，你今天到葡萄园里去作工。"他回答说，"我不去"，以后自己懊悔，就去了。又来对小儿子也是这样说。他回答说"父啊，我去"，他却不去。
>
> 《马太福音》21:28-30

1 是哪一个儿子遵行父亲的旨意呢？请把答案圈出来：

大儿子 小儿子

2 以下哪一项是顺服的解释？

☐ 口里说你会遵行命令。
☐ 切实遵行命令。

3 在每天结束功课时，你都要回答这个问题："神期望你做什么来回应今天所学习的？"请回头看看你在每课所写下的答案。在你重温各回应之前，先向神祷告，求他帮你全面察看自己顺服与不顺服的情况，然后检讨你自己每天对该问题的回应。要谨记在心，你曾经写下的答案有些可能是你立志的长期目标，请思考后回答以下两个问题：

☐ 我是否相信神清楚带领我，对于所学习的做出这样的回应？
☐ 直至目前为止，我是否已做妥一切神要我去做的？

除非你已做完你的温习，否则暂时不要继续以下的学习。

4 现在，请回答以下问题。如果你没有答案，可跳到再下面一题。

A. 你已顺服了哪一条命令或指示？

_____

B. 有哪一项长期的指示是你刚开始去遵从的？

_____

C. 有哪一个回应可能是你自己的想法，而不是神的指示呢？

_____

D. 有哪一条命令是你没有遵从的？

_____

E. 以下是评分尺。0代表完全不顺服，10代表完全顺服（只有耶稣才能取得10分！）自你修读本课程以来，神对你一生的顺服态度会做何评价呢？试在合理的位置画上x。

不顺服0—1—2—3—4—5—6—7—8—9—10顺服

F. 你何以认为他会将你算作这等级？

_____

_____

G. 如果你得分的等级偏向不顺服，你认为问题的根源是什么？

_____

_____

如果成绩不理想，请勿气馁。神会利用这一次的检讨，帮助你回头转向他，使你进到一种对神是出于爱而顺服的关系中。在爱的关系里，神乐于把你由目前的境况迁到他期望你达到的地步。从此，你就能体会他所赐予的一切喜乐。

遵行你所认识的神的旨意

有些人很想神委派任务给他们，甚至誓言不论神要他们做什么，他们都愿意照着做。但是当神察看他们的生活，就发现他们并没有照着他所吩咐的事情去做。

5 你认为神是否委派新任务给一个不肯顺服的仆人？

会☐　　不会☐　　不知道☐

当神向你颁布十诫，你是否都已遵行？耶稣说要爱你的仇敌，你是否正照着做？

耶稣吩咐你的教会要不分种族，训练所有信徒成为门徒，你们是否都照着所知道的教训实行？神要你按《圣经》教导与弟兄姊妹合一，你是否做到了？

神不是把命令颁给你去挑选，让你遵守你想遵守的，其他的一律抛诸脑后。其实神很想你因着与他相爱的关系，而遵守所有的命令。只要他看到你有些微顺服和忠心，他便会对你加添信任。圣灵每天都会引导你来顺服神期望你遵守的明确吩咐。

第二次机会

经常都有人问我："如果一个人不顺服神的旨意，神会再给他第二次机会吗？"

6 请读《约拿书》1章1—17节，并回答以下问题：

    a. 神吩咐约拿做什么？（1:2）_____

    b. 约拿如何回应？（1:3）_____

    c. 后来神对约拿又有什么回应？（1:4-17）_____

7 再阅读《约拿书》2章9节至3章10节，并回答以下问题：

    a. 神给约拿第二次机会，约拿如何回应？（3:3）

    _____

    b. 约拿顺服了神，神借着他成就了什么事？（3:4-10）

    _____

我很感安慰，原来神会给我们第二次机会。神有一个计划去呼吁尼尼微人悔改。他叫约拿参与他的工作，约拿没有顺服，因为他对这"异教敌人"早有成见，他甚至巴不得看着神毁灭那城。不顺服神的后果是非常严重的。约拿经受了许多痛苦。他被抛进惊涛骇浪的海中，又在一条大鱼的湿滑鱼腹中度过三日三夜，他承认自己的悖逆并且悔改，然后神就给他第二次机会。

神往往会给第二次机会。

第二次约拿顺服了（虽然很不情愿）。他在城里第一天只宣讲了一句信息，但神却用这信息叫12万人悔改。约拿对神说："我知道你是有恩典、有怜悯的神，不轻易发怒，有丰盛的慈爱，并且后悔不降所说的灾。"（拿4:2）神对约拿和尼尼微人的回应，使他深深明白，神多么顾惜世上的众人，多么希望他们悔改。

许多属灵伟人都曾被罪和不顺服所破坏，可是神并没有放弃他们。倘若神只容许人犯错一次：摩西就不可能会有后期的改变，他曾犯过数次错误（参出2:11-15）；亚伯拉罕凭极大的信心踏出第一步，但他后来却走进了埃及，并且几乎破坏神的计划——还不止一次（参创12:10-20）；大卫也曾失败过（参撒下11章）；彼得也一样（参太26:69-75）；扫罗（保罗）初时甚至追捕基督徒，以为这是"服侍神"（徒9:1-2）。

不顺服的代价高昂

不过，神对不顺服的人绝不宽容。从经文中你便可看到，约拿因为不顺服几乎送掉性命；摩西杀死埃及人，结果流落旷野40年；大卫与拔示巴犯罪的代价，是儿子失去生命；保罗早年的侍奉生涯困难重重，都因为他先前谋害基督徒所致。

神存心要建立你的品格，所以他有时会容许你犯错，但不会让你越轨太远，才带你回头。在你与神的关系中，他或许会让你做出一个错误的决定，但圣灵会使你知道这不是神的旨意，他会带你重回正轨。他会清楚表明他的心意。当他纠正你和教导你的时候，有时甚至会利用你不顺服的事实来互相效力（即互相发挥作用），使这成为益处（参罗8:28）。

有时神不会给予第二次的机会。亚伦的两个儿子拿答和亚比户就是因为不顺服而献上不圣洁的凡火，神就把他们击杀（参利10）。

摩西在以色列人面前偷取神的荣耀，他击打磐石，说："你们这些背叛的人听我说：'我（译注：'我'原文作'我们'）为你们使水从这磐石中流出来么？'"（民20:10）注意经文中的"我们"，叫磐石流出水来的其实是神。当时摩西是夺取了神的荣耀，而神也拒绝拿走他不顺服的后果。结果摩西无法与以色列人一起进入应许地。

8 **是非题：**

a. 神从来不会给予第二次机会。

b. 当神宽恕我们不顺服的过犯时，他也会拿走不顺服所带来的一切后果。

c. 神常常能够利用我们不顺服的事实，让各事互相发挥作用而成为爱他的人的益处。

d. 神存心要建立你的品格。

e. 不顺服的代价可能是非常严重的。

f. 神并非常常都拿走罪的后果。

神爱你，他想要把最好的给你，所以才颁下命令和指示。他的命令不是要限制你或束缚你，而是将你释放出来，使你经历最有意义的人生。是非题的答案是：a和b都是"非"，其他的都是"是"。

顺服意即与神保持愉快的、亲密无间的关系。约翰·萨米斯（John H. Sammis）撰写的一首圣诗正描述了我们与神之间的顺服关系和团契。

神有心建立你的品格。

诵读或吟唱下面这首圣诗，并思想顺服的好处。

信靠顺服

我与救主同行，行于光明福音，何等荣耀照亮我路程。
当我听主命令，主便与我同行，信靠顺服者主必同行。
信靠顺服，此外别法全无，若要得耶稣喜乐，惟有信靠顺服。

没有黑影幽暗，也无云雾迷漫，我主笑容使云雾消散。
没有疑惑畏惧，也无叹息忧虑，信靠顺服者主必同行。
信靠顺服，此外别法全无，若要得耶稣喜乐，惟有信靠顺服。

不要背负重担，不要愁闷哀叹，一切劳苦者主赐平安。
再无忧伤哭泣，再无怨恨怒气，信靠顺服者主必同行。
信靠顺服，此外别法全无，若要得耶稣喜乐，惟有信靠顺服。

主与我做朋友，我可常向主求，救主携我手一路同走。
主吩咐我就听，主差遣我就行，信靠顺服者主必同行。
信靠顺服，此外别法全无，若要得耶稣喜乐，惟有信靠顺服。阿门！

确 认

　　每当听到神的呼召，我们都很想得到一个印证的记号："主啊，向我证明这是你的旨意，那我才去跟从。"摩西站在烧着的荆棘前，接受神邀请他去与他同工。神告诉摩西，他会得到一个印证的记号，以表明是神差遣他。他对摩西说："你将百姓从埃及领出来之后，你们必在这山上侍奉我，这就是我打发你去的证据。"（出3:12）这句话可以这样说："摩西，你顺服我吧！我会借着你去拯救以色列人，然后你们便知道我是你们的拯救者，你们就会站在这山上敬拜我。"神要摩西顺服之后才给摩西确认，是他差遣他，而不是在他顺服之前就给他凭据。这种情况在《圣经》中经常出现，神要我们顺服之后才给予确认。

　　神是爱。你当信靠他和相信他，既然你爱他，就该顺服他，然后你可以与他团契，深深地认识他。当你得到他的确认，那将会是一个快乐无比的时刻！

10 写出本单元要背诵金句。

_____

_____

_____

_____

_____

_____

_____

_____

_____

_____

_____

_____

_____

_____

_____

_____

_____

本课摘要

顺服是遵行神的吩咐。

我应该遵行我所认识的神的旨意。

神每逢看到我有些微顺服和忠心，他便会对我更加信任。

神往往会给予我第二次机会。

神有时不会给予第二次的机会。

不顺服的代价高昂。

神很想建立我的品格。

神要我们顺服之后才给予确认。

重温今天的功课。祷告求神帮你找出一两句他期望你明白、学习或付诸实践的课文内容或经文，并回答以下问题：

在今天研读的课文中，哪些字句或经文对你最有意义？	将这些字句或经文改写为你回应神的祈祷。	神期望你做什么来回应今天所学习的？
_____	_____	_____
_____	_____	_____
_____	_____	_____
_____	_____	_____
_____	_____	_____

神借着你做工

如果神借着你做了一件只有他方能完成的特殊工作，你也会蒙受祝福。

当你顺服神，他就会借着你来完成他定意要做的事。当神透过你的生命去做一些只有他方能承担的工作，你就会对他有更深入的认识。但如果你不顺服，你就会错过一生中最令人兴奋的经验。

当神决意要借着你去做一些事情，而这项任务艰巨到只有神才可以承担的，这往往是因为神想要向你和你身边的人启示他自己。倘若你凭着自己的力量能够完成这工作，众人便无法认识神。可是，如果神借着你来完成唯有他方能完成的工作，你和你身边的人就会认识他。

可是，当神交给我们的任务只有神才可以做时就会让你产生信心的危机。你必须相信，神就是那位说有就有的神，正如他所说的那样，同时他能够也一定会完成他自己决意要做的事。假如你顺服他，就必须让他去做他所说过的。虽然他是来完成任务的那一位，不过他是借着你来进行的。

复习单元七

☐ 假如神呼召你参与只有他方能成就的工作，你必须要有信心。

☐ 当你面对信心的危机，你下一步的反应便显示你对神的信心所在。

☐ 信心要建立在一位有位格的神身上。

☐ 信心是相信神必会实现他所应许的或他说过会去做的。

☐ 当神向你说话，他是向你启示他将会去做的事，而不是要你去为他做什么。

☐ 如果你对呼召你的神有信心，你便会顺服他，而他也会完成他决意要做的事情。

☐ 顺服是显示你对神的信心。

☐ 只要有信心，你便会放胆顺服他，因为你知道他会完成他决意要做的事情。

1 以下是从第7单元摘取的一些内容，请找出哪几句对你来来说最有意义？

2 请简述一件神所做而带给你生命意义的事情。那件事是与只有神方能承担的艰巨工作、信心、及／或与顺服方面有关的。

_____

_____

摩西顺服，神便去成就

摩西唯有在做出顺服的行动之后，才开始体会神各方面的性情。在旷野中，摩西也可以信靠神，但只有顺服神的命令前往埃及，他才能经历神更奇妙的作为。因着对神的顺服，他才开始认识神。从摩西的生命中，我们就能看见这种常见的、神向人说话的模式——当摩西顺服，神便成就他旨意已决的事情。

3 阅读《出埃及记》7章1-6节，并回答各问题：

a. 神吩咐摩西做什么？（7:2）

_____

b. 神说他会做什么？（7:4）

_____

c. 当摩西顺服神，而神也实践他曾说过的，那结果会是什么呢？

_____

④ 《出埃及记》8章16-19节
   a. 神吩咐摩西和亚伦做什么？（8:16）_____
   b. 摩西和亚伦做出怎样的反应？（8:17）_____
   c. 是谁将尘土变成虱子？（8:19）摩西和亚伦□   神□ ？

我们从摩西的生命中看到这种一贯方式：
・神要释放以色列人，他邀请摩西来参与他的工作。
・神吩咐摩西要做什么。
・摩西顺服了。
・神成就了他决意要做的事。
・摩西和他身边的人对神有更清楚、更深入的认识。

当以色列人面对着红海，而埃及军兵又在后面赶来，神叫摩西向海举起他的杖。摩西顺服了他，神便将海分开，以色列人于是经过干地（参出14:1-25）。最后米利暗带领群众唱歌赞美耶和华，述说他们对神的重新认识。

后来以色列人没有水喝，非常干渴，于是抱怨摩西。神就吩咐摩西用杖击打磐石，摩西顺服了，神便令水从磐石流出来（参出17:1-7）。我们看见这种方式一次又一次在摩西的人生中出现。

⑤ 根据神借着摩西工作的一贯方式，将以下的字句重新编排，由1至5填上正确的次序。

____A. 摩西和他身边的人对神有更清楚、更深入的认识。
____B. 摩西顺服了。
____C. 神吩咐摩西要做什么。
____D. 神成就了他决意要做的事。
____E. 神要释放以色列人，他邀请摩西来参与他的工作。

挪亚顺服神，神便保存了他一家，并使地上的生命再次繁衍；亚伯拉罕顺服神，神便给他一个儿子又使他建立大国；大卫顺服神，神便立他为王；以利亚顺服神，神便降火烧尽燔祭；摩西顺服神，他就从经历中认识神。这些信心伟人顺服神，神便借着他们成就他的工作，使他们从亲身的经历中认识他。当摩西顺服神，他就从经历中认识神。神借着摩西工作的一贯方式按正确次序应该是：E、C、B、D、A。

门徒顺服，神去成就

路加记录了耶稣的门徒曾跟随这同样的一贯方式去工作的一次美好经历。耶稣邀请了70个人与他一起参与天父的工作。他们顺服了耶稣，便经历了神借着他们而成就了一些只有神才办得到的事。

6 请阅读《路加福音》10章1-24节，并回答以下问题。

　　a. 耶稣吩咐那70个门徒做什么？

　　路10:2_____

　　路10:5、7_____

　　路10:8_____

　　路10:9_____

　　b. 对于主人与仆人、耶稣与70个门徒之间的关系，第16节有什么指示？

　　_____

　　c. 那70个人对他们的经历有什么感觉？（路10:17）

　　_____

　　d. 你认为那70个人因为这次经历会对神有什么认识？

　　_____

耶稣给这些门徒一些明确的指引，他们都照着行了，并且经历到神借着他们治病、赶鬼。耶稣对他们说，他们得到的救恩应比鬼魔被降服一事更令人欢欣（参路10:20）。耶稣又赞美天父向这些门徒显现自己（参路10:21-22），后来耶稣转过身来对门徒说："看见你们所看见的，那眼睛就有福了。我告诉你们，从前有许多先知和君王要看你们所看的，却没有看见，要听你们所听的，却没有听见。"（路10:23-24）

这些门徒是有福的，因为他们特别被神拣选参与他的工作。他们所看见、听见以及所体会到的，即使是先知、君王也没有经历过，他们是有福的！

假如神借着你去完成只有他方能成就的特别工作，你也可以享受到这种福气。你会因为认识他，而带给你生命许多的欢乐。当你身边的人看见你这种经历，他们也会想知道如何同样亲历神。你该做好准备，将神指给他们看。

7 最近神有借着你完成什么事情，使你感到欢欣吗？有□ 无□ 如有的话，试略述这段经历。

_____

如果你肯顺服，神便会借着你成就一些奇妙大事；但你要十分小心，你对神的见证是应该用来荣耀神的。有时你会因为内心的骄傲而说出这些经历，叫人觉得你与别人不同，这是经常出现的试探。你想要述说神的奇妙作为，就当避免内心的骄傲，因此："夸口的，当指着主夸口。"（林前1:31）

8 背诵或默写需要背诵的金句。

_____

_____

_____

_____

_____

_____

_____

_____

_____

_____

本课摘要

当我顺服神，他就会借着我来完成他决意要做的事。

神想向我和我身边的人启示他自己。

如果神借着我来做一件只有他方能完成的特别工作，我必会因此蒙受祝福。

我要十分小心，任何述说神作为的见证都应该只用来荣耀神。

夸口的，当指着主夸口。（林前1:31）

重温今天的功课。祷告求神帮你找出一两句他期望你明白、学习或付诸实践的课文内容或经文，并回答以下问题：

在今天研读的课文中，哪些字句或经文对你最有意义？	将这些字句或经文改写为你回应神的祈祷。	神期望你做什么来回应今天所学习的？
_____	_____	_____
_____	_____	_____
_____	_____	_____
_____	_____	_____

第4天

你会认识神

神会用他的作为向他的子民启示他自己。

神会利用他的作为向他的子民启示他自己。当神借着你成就他的旨意，你便可以从经历中认识他；同时，当神满足你生活上某一项的需要，你也会从这经历中认识他。在第4单元我们已研读过神在《圣经》中出现的名字，这些名字显示了他如何向人类启示他自己。

1 请翻开第4单元第1天"借经历认识神"，重温这段内容。神如何向我们启示他自己？我们怎样认识神？

_____

_____

《圣经》中指出，当神借着顺服他的人或民族去成就一些事情，他们便会重新对神有更深入的认识（参士6:24；诗23:1；耶23:6；出31:13）。神向摩西启示他自己的名字："我是自有永有"（出3:14），后来神"道成了肉身，住在我们中间"（约1:14），耶稣以"我是"向门徒描述自己：

> **耶稣是……**
>
> 我就是生命的粮。（约6:35）
>
> 我是世界的光。（约8:12）
>
> 我就是门。（约10:9）
>
> 我是好牧人。（约10:11）
>
> 我就是复活，就是生命。（约11:25）（现代中文译本）
>
> 我就是道路、真理、生命。（约14:6）
>
> 我是真葡萄树。（约15:1）

2 请读"耶稣是……"，圈选其中一段你最喜欢的经文。

耶稣用我是或我就是（I AM）来描述自己，跟旧约的"自有永有"（I AM）一样（神在烧着的荆棘中向摩西说的名字）。要认识和经历以上耶稣所说的属性，你就必须"相信他"（对他有信心）。例如，他对你说："我就是道路。"你能否经历到他就是生命中的"道路"，那全在乎你下一步对他有什么行动。假如你相信他，愿意为他调整生命，并且顺服他的吩咐，你便可以知道和经历到他就是"道路"。神就是这样每天向你启示的。

3 在许多描述神的名字当中，哪些是你亲身体验过的？请在以下列出。

_____

_____

_____

_____

_____

_____

4 在此刻，哪一个名字对你来说是最宝贵或最有意义的呢？

_____

5 为着神过去向你所作的启示，利用今天余下的时间向他祷告感恩。你可利用第4单元第2天"敬拜神"的资料作为指引，帮自己敬拜神。

6 祷告感恩之后，试写下你在学习课程期间如何从经历中认识神。

_____

_____

_____

_____

_____

_____

第5天

问题解答

神绝不会将任务交给我而不给我能力去应付。

为什么神在我生命中的作为似乎很缓慢？

耶稣与门徒相处了三年之后，说："我还有好些事要告诉你们，但你们现在担当不了。只等真理的圣灵来了，他要引导你们明白一切的真理；因为他不是凭自己说的，乃是把他所听见的都说出来，并要把将来的事告诉你们。"（约16:12-13）耶稣还有许多事要教导门徒，但他们当时还没有准备好去接受。不过，耶稣知道圣灵会来继续引导门徒，按着神所定的时间帮他们明白真理。

你或许会问："神啊，可否帮我快一点成熟？"

神会回答说："我已按着你的承受能力以最快速度在你生命中动工，当有一天你准备好了，我自会将新的真理放进你的生命里。"

1 反省以下问题：

· 神引导我去做的一切，我是否正做出回应？

· 我是否对我所认识的神的旨意全部顺服？

· 我是否真的相信他爱我，并且相信他所做的是最好和最正确的？

· 我是否愿意耐心等候他所定的时间，并且对于知道当时要做的每一样事都顺服？

2 有时神在一些人的成长过程中做工很缓慢，你认为原因在哪里？

_____

_____

小草朝生暮死，无须很长的成长时间；橡树寿逾百年，需要经历长久的时间才可以长成。神是从永恒的角度来考虑我们的生命，所以我们必须给他足够的时间，按着他的旨意来塑造我们。他给我们的任务愈重，需要的时间就愈长。

3 你是否愿意给神足够的时间来装备你，好叫你能够承担他交给你的任务或工作？如果愿意，写下你的祷告。

_____

_____

_____

为什么神不给我重大的任务或工作？

神或许会对你说："你要求我让你参与伟大的事工，但我只期望你明白如何相信我。目前我还不能把任务交给你。"神必须把你生命的根基建立好，然后才装备你去承担较大的任务。

你是否这样对神说："主啊，你要是给我伟大的任务，我定会倾尽全力服侍你。"

神或许会回答说："我真的想给你这类任务，可惜不能。如果我把任务交给你，你必定无法处理，因你还没准备好。"

你又或许会争辩说："主啊，我可以！我可以应付得来。请给我机会试试看。"但你还记得门徒中有些人也以为自己可以承担较大的任务吗？

在耶稣被钉十架的前一晚，彼得说："主啊，我就是同你下监，同你受死，也是甘心。"但耶稣回答说："彼得，我告诉你，今日鸡还没有叫，你要三次说不认得我。"（路22:33-34）他不是也同样了解你将来的情况吗？请相信他，不必强求神给你一些你自以为承担得起的工作。那只会导致你崩溃。

其实神比你更想将天国的事工完成，因此他自会推动你去承担一些他知道你已准备好去负责的工作。

 如果神还没有将你希望承担的任务交托你，你认为应该怎么办？

_____

_____

让神来引导你朝向他。仆人不会吩咐主人把他想要做的工作交托他。仆人只会静候主人的差派。因此，你要耐心等候。但等候神并不表示你可以投闲置散；你要让神利用这等候的时间来塑造你，磨炼你的品格，洁净你的生命，使你成为洁净的器皿供他使用。

如果你顺服神，他便会装备你去承担适合你的工作或任务，而这宇宙创造者所委托的每一件工作都是重要的工作。你不要以人的标准来衡量工作的重要性和价值。

假如我顺服了神，但"门"仍然关闭，那是出了什么问题？

倘若你感到神呼召你去承担一件工作，或要去某一地方，或接受一项任务，而你也准备就绪，但却事事棘手；在这种情况下，许多人都会说："我猜

神比你更想将天国的事工完成。

这不是神的旨意。"

每当神呼召你进入他的关系里，你就要十分小心解释所谓处境，避免结论下得太快。有时神推动我们朝某一方向走，把他将要做的事告诉我们，我们往往会迅速跳进自己的结论去，自己去解释他正要做的。因为我们的结论听起来似乎很合理，我们便按着自己的理解去做了，最后就得不出什么成果。我们常常有这种倾向，放下与神的关系，用自己的双手去处理面对的事情。你千万不要这样做。

每当神呼召你或给予你指示的时候，他的呼召多半都不是他想要你去替他做的事；他只是想告诉你，他打算在你现有的处境里做工。比方说，神告诉保罗，他要透过他去接触外邦人。那是说，神打算自己去接触外邦人，而不是保罗。当保罗准备向某一地点进发，圣灵却阻止他（参徒16:6-10），他于是转往另一方向，圣灵又阻止他。到底神最初的计划是什么？不是接触外邦人吗？保罗出了什么问题？他尝试摸索该做的事情，但机会之"门"却关闭着。门真的关起了吗？不，神只是想说："保罗，听我说。你去特罗亚，留在那里，直至我告诉你该往哪里走。"

到了特罗亚，保罗看见了异象，神召他往马其顿去帮助那里的人，到底发生了什么事情？原来神的计划是要将福音带往西面的希腊和罗马，他要在腓立比工作，并要保罗与他同工。

倘若你开始跟从神，而客观环境似乎是机会之门关闭了；那么，你便应当回到神面前，重新去明白他的心意。当然，最理想的就是在感到神呼召的一刻开始，就清楚知道神的心意。许多时候他都不是呼召你去承担工作，而是加深你和他的关系；借着这关系，他会借着你的生命去为他做些事情。假如你已开始一些计划，却一切都受阻，那么就请你回到神面前，重新去明白他的心意。不要否定神讲过的话，而是要去明白他在说什么。

5 以下是一对曾感到神呼召他们去参与学生工作的夫妇的经历。如果你朝着你觉得是神所带领的方向走，但客观环境却显出"门是关闭的"，你便要注意那吩咐你去做什么的指示了。试将吩咐标示出来，我已标示了其中一项作为例子。

我与一对夫妇交谈，他们说神邀请他们到萨斯卡通市来参与学生工作，他们开始为负起传教士任务做准备，但国外传道部却对他们说："不可以。"

他们因此说："我们一定是弄错了。"我劝他们不要太快下结论，不要因为某些细节没有按照他们原先以为的进行，就否定神全盘的计划。我请他们回头再想想，当初神呼召的时候，对他们说过什么，<u>重新思考神曾呼召他们做什</u>

圣灵既然禁止他们在亚细亚讲道，他们就经过弗吕家、加拉太一带地方。到了每西亚的边界，他们想要往庇推尼去，耶稣的灵却不许。他们就越过每西亚，下到特罗亚去。在夜间有异象现与保罗：有一个马其顿人站着求他说："请你过到马其顿来帮助我们！"保罗既看见这异象，我们随即想要往马其顿去，以为神召我们传福音给那里的人听。

（徒16:6-10）

么。神是否呼召他们去宣教？他是否呼召他们参与服侍？他是否叫他们到加拿大去？

他们感到神确实叫他们到加拿大服侍。于是我对他们说："请保留这份感动，因为其中一扇门关闭了，并不表示工作就此告吹；要继续注意，看这位呼召你们的神如何履行他所说过的。神若指示，他必成就，只是他的方法可能是你未曾经验过的。所以，你们要谨慎，别让客观的环境事实推翻神的说话。"

神心中可能另有打算。他可能要给他们别的经济支持，或者他需要更多时间装备他们，使他们承担得起这项任务。神若呼召你，你就要让神在他自己所定的时间成就他的事工。与此同时，你该就你所知的继续去做，静候他下一个指示出现。

6 假如客观环境的机会之门似乎关闭了，使神的旨意无法成就，你会做什么？请先写下你的方法，然后再参考左栏的建议。

_____

_____

_____

_____

神最伟大的一项工作就是令他的子民调整自己去对准他。他需要时间来塑造我们，直至我们真正成为他期望我们成为的模样。假设你从神的话语和祷告中感到他要做一些伟大的事情，而四周的客观事实也似乎印证了他在动工，而且教会或其他信徒也支持你，但六个月后你仍然看不到有什么伟大事情成就。在这种情况下，你千万不要消极沮丧，倒要注意看看神是否在你和你周围的人身上动工，他是否在装备你去承担他的工作。关键在于你与神之间的关系。既然在你和他的关系上神是主动做工，他自会确保工作能够完成。

我 怎 能 知 道 我 所 领 受 的 话 语 是 来 自 神 ， 或 是 出 于 我 自 己 的 一 些 自 私 动 机 ， 抑 或 是 来 自 撒 旦 ？

许多人不厌其烦，努力学习如何辨别撒旦的诡计，我却不这样做。我认为无须把焦点放在撒旦身上，因他已经被打败。只有那位带领我、现今借着我正在实现他旨意的，才是胜利者。撒旦不能破坏神借着我完成的工作，除非我相信撒旦而不相信神。撒旦总是会想尽办法要蒙蔽你，但最终都不能阻挠神定意要做的。

当事情似乎并不顺利……

· 重新去明白神的心意，看看你是否对他的话语加了自己的"修订"。

· 记住神所说过的。

· 让神在他自己所定的时间成就他的事工。

· 就你所认识的范围，继续工作。

· 静候神，直至他给你下一个指示。

加拿大皇家骑警队训练警员从事打击伪钞工作时，他们从不给受训的警员看伪钞，而是要他们仔细研究真钞票的每一细节。因此，只要有与真钞不符的地方，他们就能辨识那是伪钞。

7 每当有一种指示的意识在你面前出现，你可能会问："这是从神而来，抑或是从撒旦来的？"你如何装备自己，可以清楚知道信息是从神而来的？

_____

_____

_____

_____

你应该如何面对跟撒旦进行的属灵争战？答案是仔细认识神的方法：凡是与神的方法不符的，你就不用理会，这就是耶稣面对试探的态度。基本上耶稣只平静地说："撒旦，我清楚你所说的，但这并不是神上次向我说的话，《圣经》说……"（参太4:1-11）耶稣从不与他争辩，也不去分析，他只遵照神最近一次所说的话去行，直至神告诉他下一步的指示。面对属灵争战的最佳武器就是顺服神的话。

> 神为你与他的关系定了计划。

神是否已为我的生命定下一个永恒计划？

神是否在今生已为你定下永恒的计划，然后让你自己决定怎样去完成？其实神的计划是要建立你和他的关系。我们经常感到非常困惑，希望神告诉我们，他是否要我们作个基督徒商人，抑或乐队指挥、宗教教育人员、传道人、传教士？我们想知道他要我们留在祖国侍奉，还是要我们往日本或是加拿大去？神通常都不会只派给你一次任务，然后就把你留在那里过一生。诚然，你可能被安置在某工作岗位上一段相当长的时间，但神是把任务逐日交给你的。

他是呼召你与他建立以他为主的关系，以致你愿意接受他选择的事情。如果你认他是主，他会引领你接受你从没想过的事情；倘若你不尊他为主，便会将自己困锁在某一工作或事工上，错失神要借着你去完成的事情。我听过有些人这样说："神要我成为……所以其他事情都不可能是他的旨意。"或说："我的属灵恩赐是……所以神不会给我这侍奉。"

神绝不会一方面将任务交给我，而同时又不给我能力去承担。所谓属灵恩赐，是你完成神事工的一种超自然能力，不要只一昧用你的才干、能力和兴趣来决定神的旨意。我听过许多人这样说："我真的很喜欢这工作，所以，这必定是神的旨意。"这种回应方式太自我中心，你须以神为中心，他是主，你该做这样的回应：主啊，你的国度需要我做的任何事情，我必定做。无论何处你要我去我必去。无论什么环境，我都愿意跟随。倘若你要借着我去满足世人某一项需要，我是你的仆人，无论你要求的是什么，我都必定遵行。

8 倘若教会内有一名少年人来到你跟前，要你辅导，说："我想神或许在呼召我去做传道人。你可否告诉我，我该怎样才知道自己是否应该做个牧师、传教士或宗教教育人员呢？我希望能谨慎处理，以免错失神为我生命所定下的计划。"

你会怎样回答他？试将你回答的要点列出来。

_____

_____

_____

_____

你是否指出神的计划是建立他和神的关系，而不单单跟这少年人说明工作的内容？你是否帮他明白，他需要每天都顺服于基督的主权？我相信你会帮助他以神为中心，帮他用这种态度去认识神的旨意并行在其中。

9 温习你要背诵的金句，以便在本周的小组学习时间内向其他学员背诵。

_____

_____

_____

_____

_____

_____

_____

_____

_____

_____

经历神：顺服带来生命改变

我的时间表根本找不到空档！这时有人问我，是否愿意与两个大机构的负责人一起参与"复兴与灵性觉醒"咨询服务。这也意味着我必须经常出差去海外。于是，我开始祷告求神引领，让我知道如何从忙碌的时间表中腾出空档来承担这额外的职分。我取消了很多工作，可是，当我要取消Howard Payne大学的邀约时，圣灵却在我心中清楚地制止我：我绝不能取消这个行程。当时我完全无法理解，但圣灵不断提醒我一定要顺服神的引导。事实上，要去那所学校的路程困难重重，而且过程中还状况百出，可是顺服神的意念一直在我心中激励着我。我预计在周日到Coggin Avenue浸信会讲道，周一到周三则参与校园的活动。我很快就明白神为何不让我取消这趟行程，因为复兴之火已经点燃！所到之处都看见人在祷告。

无论是周日的讲道或后续组织的其他活动，都有好几百人受感动，生命彻底改变。每场聚会，包括为商场人士举办的午餐会，都座无虚席。我们看到很多人公开承认自己的过犯，踊跃分享见证，重生得救，也看到很多基督徒信心得坚固。神这场复兴的火影响了德州其他许多教会，那短短几周带给人的影响，如今依然蒙神大大使用。神说话，人顺服就是神行使大能作为的关键因素。

重温今天的功课。祷告求神帮你找出一两句他期望你明白、学习或付诸实践的课文内容或经文，并回答以下问题：

在今天研读的课文中，哪些字句或经文对你最有意义？	将这些字句或经文改写为你回应神的祈祷。	神期望你做什么来回应今天所学习的？
_____	_____	_____
_____	_____	_____
_____	_____	_____
_____	_____	_____
_____	_____	_____

10

·金·句·背·诵·

我们这许多人，在基督里成为一身，互相联络作肢体。

《罗马书》12:5

神的旨意与教会

艾娃·贝茨是我们的膝盖

前面我也曾提过艾娃·贝茨，她是一名已退休的寡妇，住在农庄里，她是我所认识的人中最了不起的一名祷告勇士。既然我们教会是基督的身体，艾娃便是膝盖。神把她放在这身体里做有力的祷告勇士。

每逢有新信徒，我都会叫他们到艾娃那里去，让她告诉他们如何祷告。她造就了许多祷告勇士。有一次，我们要推动福音工作。对于福音的工作，艾娃不知道自己在这侍奉上怎样发挥作用。有谁可以帮助她在基督身体里参与这项新的福音事工呢？结果我们的传道人来帮她，他与艾娃分享如何为福音事工祷告。她在基督的身体里仍旧担当以往的角色，她只需单单学习如何为福音事工做"膝盖"（祷告的人）。我们对传道人说："每逢你打算向其他人作见证，或是在侍奉的工作上有什么特别任务，就去告诉艾娃吧，她会为你祷告。"

一位名叫韦恩的传道人对艾娃说："下星期二我向道格作见证，你可以为我祷告吗？"艾娃答应了。韦恩作见证的那一个中午，艾娃放下所有事务，祷告了整个中午，每次传道人有什么工作，她都这样祷告。虽然接触服侍的是"手"，但整个身体都配合得天衣无缝，每一部分都按着神的分配施展功能，使"手"发挥很好的功效。

三个月后，在一次呼召中，有一名青年人走到通道上，他相信了神。我对会众说："这就是道格，他刚成为基督徒。"我向艾娃那边望去，她感动得流下泪来。她从没见过道格，但却为他祷告了三个月。

是谁成功将道格领到主面前呢？是整个身体！

第 **1** 天

教会

当教会让神的同在和作为都彰显出来，就会把在观察着基督徒的世界都吸引到神那里去。

教会需要教导会友如何与神同行，知道如何聆听他的声音，晓得分辨一些唯独他才能成就的事。身为牧师，我自然责无旁贷地负起教导的责任。在牧会的第一年，我试过有时用点时间去找出在我就任之前神曾经做了些什么，然后又花点时间去带领人进入与神建立的关系中，以致他们明白教会是什么，以及教会如何发挥作用。

从《圣经》中可以看到，神会将异象赐给蒙他呼召的领袖，又赐他们能力去带领百姓。这些人必须要与神同行，并且对于神在百姓中间正做些什么有敏锐的感觉。《使徒行传》第6章便描述了这种情况。

或许今天基督教面对的最大挑战，是教会要怎样与神同行，才可以令世界因着他们的见证认识神。倘若教会让神的同在和作为都彰显出来，一个在观察着基督徒的世界就会被吸引到他那里去。你们教会怎样才可成为这一种教会呢？首先教会必须知道，在与神和与其他教会的关系上，自己的身份是什么。

1. 教会是基督所创的。基督使用圣灵引导的牧师和领袖（参弗4:11-13）来建造他的教会（参太16:18），并按着他的心意把各成员安排妥当（参林前12:18）。因此，不论是属灵领袖或是会友，都应尊重由神安置于教会内的每一牧者和成员。

2. 教会是活着的基督身体，且有许多肢体（参林前12:27）。教会并不是一座建筑物或一个机构。它是由一群人建立起来的活生生的身体。

3. 教会唯独以基督作为身体的头（参弗1:22，4:15-16），教会的一切都由他作主。

4. 教会的会友都个别与同一教会内的其他成员彼此相关（参林前12；弗4:11-16）。所有成员都要互相倚赖，彼此需要对方。

5. 教会乃是与基督一起承担使命，在这世界里实现天父的救赎计划（参太28:18-20；林后5:17-20），"我们是与神同工的"（林前3:9）。

1 **以下每组句子中，有一句是以人为中心，另一句则以神为中心，试找出以神为中心的句子。**

☐ 1a. 一个有效率的教会是由强而有力的领导、信徒的积极参与，以及良好的组织所构成。

☐ 1b. 基督建立他的教会是借着圣灵所加力的牧师、属灵领袖，以及基督身体的各成员。

☐2a. 耶稣基督赋予教会生命，教会就是基督活着的身体。

☐2b. 教会是一群人经过妥善组织，而成为当地社区内的一个机构。

☐3a. 每个教会都需要一个财务部和理事会。

☐3b. 基督是教会的头。

☐4a. 当教会的会友聚集在一起，大家常会经历到神在这身体里借着其他会友的生命所显出的作为。

☐4b. 会众的出席是表示支持教会的一种重要方式。

☐5a. 教会应时常注意神在什么地方动工，并且在他的救赎使命上投入参与。

☐5b. 教会应订立有价值而且可以达到的目标，而会友就献出最好的以求达到这些目标。

以神为中心的句子包括1b、2a、3b、4a和5a。神借着牧师、其他属灵领袖和教会内的众人成就他的旨意。以上有些描述都是许多教会的情况，显示我们经常都以人为中心从事宗教活动，并且过分夸奖人的才华和能力。其实在天国的事工上，只有神才是实至名归，得他完全的荣耀。

为人比做事更重要

教会好比我们每一个人，往往只有兴趣知道神给他们什么工作，而不是神要他们作个怎样的信徒。其实，作个讨神喜悦的信徒，远比为神做点什么工作更重要。不错，神希望教会顺服他，做他所吩咐的工作；然而，他却不喜欢教会为了完成工作，而不惜违反他的命令。有时教会因为有些人主张进行某项事工，另一些人反对，因而彼此在仇恨中分裂。在这种情况下，你能想象神的感受吗?

2 对下列的问题，你认为是对还是错? 试将答案圈出来。

a. 神只要教会完成他差派的事工，不在乎是否会带来严重的分裂。

对　　错

b. 神期望他的子民活出爱的见证，甚于其他一切。

对　　错

c. 只要是神的工作，教会可以不择手段去进行。

对　　错

对于一些人来说，这些是难解的问题。许多人以为可以不择手段地为神完成工作，他们不惜违反《圣经》的原则，去完成他们所谓的圣工。神只喜欢他的子民保持圣洁、清白、纯全。他只喜欢教会保持合一——"免得身上分门别类"（林前12:25）；他只喜欢我们彼此相爱，使世人因此而认出我们是他的门徒（参约13:35）。神有能力借着他的子民用符合他一切命令和跟他本性一致的方法，去完成他的工作。新约清楚提到神对教会的期待。在研读这个单元时，请把这些重点放在心里：

> 1. 神期望他的子民保持圣洁、清白和纯全。
>
> 2. 神期望他的子民表现出合一。
>
> 3. 神期望他的子民彼此相爱。

3 以下每段经文分别是与上述三句中的一句意思相配的，请阅读这些经文后，在横线上写出所配对的句子：

_____A "……也为那些因他们的话信我的人祈求，使他们都合而为一。正如你父在我里面，我在你里面，使他们也在我们里面，叫世人可以信你差了我来……使他们完完全全地合而为一，叫世人知道你差了我来……"（约17:20-21、23）

_____

_____B. "我们应当彼此相爱。这就是你们从起初所听见的命令……我们相爱，不要只在言语和舌头上，总要在行为和诚实上……神的命令就是叫我们信他儿子耶稣基督的名，且照他所赐给我们的命令彼此相爱。"（约壹3:11、18、23）

_____

_____C. "就不要效法从前蒙昧无知的时候那放纵私欲的样子。那召你们的既是圣洁，你们在一切所行的事上也要圣洁。因为经上记着说：'你们要圣洁，因为我是圣洁的。'"（彼前1:14-16）

_____

_____D. "凡所行的，都不要发怨言，起争论，使你们无可指摘，诚实无伪，在这弯曲悖谬的世代作神无瑕疵的儿女。你们显在这世代中，好像明光照耀，将生命的道表明出来……"（腓2:14-16）

_____

_____E. "用和平彼此联络，竭力保守圣灵所赐合而为一的心。"（弗4:3）

_____

4 你会怎样评估你的教会对于这些命令忠实遵行的程度？你的教会是否圣洁、诚实无伪、合一和彼此相爱？

_____

_____

_____

答案是：A-2；B-3；C-1；D-1；E-2。

以教会身份来认识并遵行神的旨意

5 过去有关信徒的个人学习也同样可应用于教会身上，例如：

- 神常常在教会之内和教会周围动工。
- 神常常追求与教会之间有一种持续的相爱关系，那关系是真实又个人的。
- 神邀请每个教会来参与他的工作。
- 每当教会看到神动工，那即表示神邀请他们来参与他正在进行的工作。
- 神常常借着圣灵，透过《圣经》、祷告、客观的环境事物以及教会来讲话。
- 每逢神邀请教会来参与只有神方能完成的工作时，教会就会面对信仰的危机或难关，在这种情况下，所需要的是信心和行动。
- 教会必须做出重大的调整，才可参与神的工作。
- 教会必须完全倚靠神，才可完成天国的事工。
- 教会离开了神，便没法进行天国的事工。
- 当教会顺服神，神便会借着他们成就奇妙的事情，而教会就可以从经历中认识神。

　　像以上列出的各项道理，可继续列出许许多多。只是教会认识神的旨意与信徒个人认识神的旨意，方法却有点不同。教会是基督的身体。身体的功能有如一个由许多属灵领袖和成员组成的个体。大家互相依靠，彼此互为需要。所有领袖和会友都需要倚靠其他人方能完全认识神的旨意。每个成员在身体内都有特定的角色（参加6:1-5），每名领袖都有责任去装备身体的各成员（参弗4:11-13），牧师须为这身体也对这身体负责。

> 教会的功能有如一个身体——一个由许多属灵领袖和成员组成的个体。

　　假设眼睛对身体说："我们走上铁轨吧！上面很畅通，看不到有火车。"于是你走上铁轨。

　　然后耳朵就对身体说："我听到汽苗声从另一方向传来。"

　　眼睛却不服地说："我在铁轨上什么也看不见，继续走吧。"身体只听从眼睛说的话，继续向前走。

　　不久耳朵又说："汽笛声愈来意响，愈来愈近了！"

　　后来脚也说："我感到火车驶近的震荡，我们还是离开铁轨吧！"

6 假如这是你的身体，你会怎么办？请在以下各项反应中选出你的反应。

☐a. 我会尽快离开铁轨。

□b. 我会征询身体所有各成员的意见，以少数顺服多数的方式决定。

□c. 我会不理彼此的冲突，希望不了了之。

□d. 我会相信眼睛，继续向前走，因为我的眼睛从没使我失望。

听起来好像是很愚蠢的问题，神给我们的身体各种不同的感觉和部分，当每部分常常都做妥自己分内的工作，整个身体便可以运作正常。幸好我们的身体不会按少数顺服多数的投票方式行事，也不会漠视所存在的冲突感觉，或只听从其中一种感觉而不理会其他的。若照那种方式生活必定会极度危险。

因为教会是基督的身体，所以，当属灵领袖和会友能够彼此分享，他们觉得神要他们成为一个怎样的教会，以及神想要他们做什么，这个教会便是有最好的功能。教会需要借着属灵领袖和会友去聆听神的整套计划，方能满有信心向前行，一同成就神的旨意。

7 请简要写出，教会认识神的旨意与信徒个人认识神的旨意，两者所用的方法有什么不同。

_____

_____

_____

8 你对于教会怎样认识神的旨意这课题，有什么要询问的吗？

9 本单元的背诵金句集中于教会是一个身体这说法。试将金句写在下面的横线上，并开始背诵，然后温习背过的其他金句。

_____

_____

每逢神要将他的旨意向教会显明，他就会先向一个或多个信徒说话。由于牧师有从神而来的呼召和任务，所以在教会里往往都是他先听到神的声音。当然神也会向身体的其他肢体说话。牧师的职分是要向教会作见证，说出他感觉到神正说什么，其他会友可能也表达出他们觉得神正说话，整个身体就向基督（教会的头）寻求指引。他会指引身体的各成员彻底明白他的旨意。

你或许想知道如何在教会内实践这道理。一个50人的教会与一个5000人的教会实行时或会有点不同，但最重要的问题不在于使用的方法，而在于与这位有位格的神建立关系。基督是教会的头，他知道每一位会友可以单独与他同工，从而明白他的旨意。早期的耶路撒冷教会有超过3000会友，基督也能用使徒作为属灵领袖去带领，他就借着这3000人做成他的工作。

在萨斯卡通市，当神感动教会的会友，又向他们显明他的旨意时，我以牧师的身份带领他们与身体的其他肢体分享，让每人都有机会去跟别人分享，并且鼓励他们去分享和回应神的指引。于是分享和回应不单只在敬拜的程序里进行（通常都是在主日崇拜结束的时候），也在祈祷会、工作小组会议、事务部会议、主日学、家庭查经聚会和个人的交谈里进行。结果，有许多人致电教会的办公室，分享灵修时神对他们所说的话，有些人则分享他们在工作中或学校里的经历。于是，整个教会都亲身、实际体会到在他们中间基督的临在。

10 教会会众可以在什么时候与人分享，说出他们觉得神想要他们成为一个怎样的教会，和神想要他们做什么？除了上文提出的，也请写下你个人的意见。

_____

_____

_____

_____

11 你的教会有没有给予会友时间，让他们有机会分享神对他们所说的话，以及他们感觉到神想让你的教会成为一个怎样的教会和神想让教会做些什么？

有□　　没有□

分享神在你身上的作为，或可帮助其他人也借一种很有意义的方法遇见神。例如，如果有人受感动，在主日崇拜中表示愿意奉献给主，我便会请这人向其他人分享他的体会，有时这些见证会激励其他人以类似的方式做出回应。

重温今天的功课。祷告求神帮你找出一两句他期望你明白、学习或付诸实践的课文内容或经文，并回答以下问题：

在今天研读的课文中，哪些字句或经文对你最有意义？	将这些字句或经文改写为你回应神的祈祷。	神期望你做什么来回应今天所学习的？
_____	_____	_____
_____	_____	_____
_____	_____	_____
_____	_____	_____
_____	_____	_____

整个身体去洞察神的旨意

当整个身体都明白基督（身体的头）对他们所讲的话，教会就会认识神的旨意。

1　重温第6单元第5天"神向人说话（下）"的作业，试将其中最有意义的字句或经文写下来。

_____

_____

　　教会认识神的旨意跟信徒个人认识神的旨意并非都用同样的方法。个人认识神的旨意，是借着个人与神之间亲密的相爱关系。圣灵往往是借着《圣经》、祷告、客观的环境事物以及教会，将神自己、他的目的和方法启示出来。教会认识神的旨意，是在整个身体都明白基督（身体的头）对他们所讲话的时候。

2　个人如何可以认识神的旨意？

_____

_____

3　目前你们教会对于要成为一个怎样的教会和要做什么，怎样做出决定？

_____

_____

　　在新约的五旬节（圣灵降临）之前，圣灵并不住在神所有子民的生命中，他只临到个别按神的旨意而被拣选的人身上。在旧约中，神是借着一些领袖向他的子民说话。那些领袖就是先知、祭司以及君王等。比方说，神会借着摩西向以色列民说话，而摩西就会告诉以色列民去做什么，然后以色列人（在大多数的情况下）便遵照摩西所说的去做（参民9:1-5）。

4　在旧约时代以色列人如何认识神的旨意？

_____

_____

　　到了五旬节，圣灵降临在教会身上，神就住在每个信徒之内，他创造了"身体"——地方教会——于是每个信徒都需要对方。在基督的身体里，所有信徒都可直接亲近神；神又可以向身体内每个成员说话，他更能透过整个身体

耶和华在西奈的旷野吩咐摩西说："以色列人应当在所定的日期守逾越节……"于是摩西吩咐以色列人守逾越节。他们就……守逾越节。凡耶和华所吩咐摩西的，以色列人都照样行了。

（民9:1-5）

做他的工作，又在这身体内显明他的旨意。

在新约时代，使徒也靠着圣灵带领教会。神使信徒和领袖在互相倚靠的关系中，一起侍奉神和做决定。新约记载了好些例子，说明信徒在基督作主的情况下共同做出一些决定：

· 拣选填补犹大空缺的人（参徒1:12-26）

· 拣选七人处理供给的事（参徒6:1-7）

· 彼得为外邦人的悔改作见证（参徒11:1-18）

· 差遣巴拿巴与扫罗（参徒13:1-3）

· 耶路撒冷大会（参徒15:1-35）

请注意这些例子中，信徒透过几种不同的方法共同制订出一个决策。例如，在耶路撒冷大会，他们解决了一项教条与实际生活上的重要问题，彼得和雅各起来说话之后，"众人都……听巴拿巴和保罗述说……"（徒15:12），"使徒和长老并全教会定意……"（徒15:22），"因为圣灵和我们定意……"（徒15:28）。

任何信徒接收到神对教会所说的话时，就应与身体分享。分享过神所说的话语后，整个身体就该一起来到神面前祷告，寻求洞悉他对身体的旨意。神会在他所定的时间内，向身体肯定他说过的话。个别信徒的意见倒不很重要，但神的旨意却非常重要。认识神对整个身体的旨意并没有什么不二法则。既然牧师、教会的其他领袖以及所有信徒都分别与神有独特的关系，结果就是全教会都得到属灵的指引。当教会这属灵身体内的属灵领袖和各成员都能够得到基督的指引而发挥正当的功能，那么整个身体便可以认识、成就神的旨意。

 5 教会是一个身体，所有领袖和信徒都可直接亲近神。教会应按照以下哪一方式去亲近神，以致明白他的旨意呢？请用"√"放在方格内表明你的选择。

☐a. 教会应以牧师作为神与教会之间的中保，神只需向牧师说明他的旨意，然后由牧师告诉会众。

☐b. 教会的各成员都该就教会应成为什么样式和做什么事发表意见，然后互相辩论，以求得到正确的意见。然后大家用投票方式，取决于大多数。

☐c. 牧师、领袖和其他会友应祷告，祈求神的引领，并分享神给他们每个人的启示。然后各领袖和会友都要仰望身体的头（基督）继续祷告，直至基督使他们确信，各人所得的启示都是他的旨意。

☐d. 其他方法：＿＿＿＿＿＿＿＿＿＿＿＿＿＿＿＿＿＿

当整个身体都明白基督想要他们做什么，这时教会便可以认识神的旨意。

身体的头会按自己的时间表使教会信服。

对教会来说，认识神的旨意可能会牵涉许多人，而不仅是一个人。不错，神的确常常会向教会的领袖说出他想要做的事，然后由该领袖向教会见证他所感觉到的神的旨意，他不必说服教会或证明这就是神的旨意，也无须要求会众毫无疑问地跟从他的做法。反之，他要鼓励整个身体去到基督面前，向身体的头（基督）寻求印证，身体的头自会按自己的时间表使教会确实相信，然后整个身体便跟从基督——身体的头。这就是我们为什么必须学习以基督为教会的头，去发挥像一个身体那样的功能。

为了开设福音堂，教会因此决定买地建堂。牧师带领教会根据地产经纪的承诺去买地。在买卖成交后地产经纪却没有履行他的承诺，以致教会面对很多问题。一群人陷于财政困难，并且大家逐渐变得十分气馁。最后，牧师就招聚教会会众，将一切有关的谈判和目前的情况告诉众人。其中有两名会友起来说："牧师，我们都知道那地产经纪是不诚实的，以前我们有些业务交易也被他骗过。我们当时不敢起来反对你们的计划，因为那看来好像我们正敌挡神。"幸好神满有恩典，问题很快便解决了。不过，由此可见，教会需要发挥像身体一样的功能，让每个成员都有机会自由跟别人分享他们对神旨意的领受。

6 教会怎样可以认识神的旨意？试做简要说明。

_____

_____

_____

_____

教会的决策

当神要赐给我们在萨斯卡通市的教会时，他往往是借着其他信徒多过我自己。他们多半是身体内的成员，他们清楚感受到神的引领后，便向整个身体分享。我们要为会众提供机会，让他们分享神要如何带领我们。我们的目的不是要知道谁赞成、谁反对，在我们的事务会议里，我们从来都不这样投票决定："你们多少人赞成？多少人反对？"这是个很差劲的问题，每次提出这问题，都容易引致教会分裂。

正确的问题应该是："你们多少人清楚感到神带领我们朝这方向走？"

正确的问题应该是："根据所有的资料以及大家的祷告，你们中间有多少人清楚感到神带领我们朝这方向走？"这是很不同的问题。它不是要问大家的意见，而是邀请他们根据他们从神的话来的领受，然后进行投票。对于一些重要的事项，我们绝不在讨论的时候进行投票，免得个人的看法压抑了他们对神的领悟。我们会在讨论过后，花时间去祷告，寻求基督的心意。

假如有55%的人都投票说："不错，我们感到神清楚引领我们朝这方向走。"另外的45%则说："我们并不感到神正清楚引领我们朝这方向走。"那我们该怎么办？在这种情况下，我们绝不向前行。作为教会的牧师，我认为这情况显示了两件事情：（1）神似乎引领我们朝这方向走；（2）现在并非适当的时机，因为身体的头尚未带领所有人都有共识向这方向走。虽然我们确实觉得神是带领我们这样走，因为55%的人都领受到这信息；但我们亦知道目前不是适当的时候，因为45%的人尚未清楚知道他的意思。我们唯有再祷告、工作和观察，让头带领身体明白他要借着我们做什么。神是整件事的负责人，他会带领我们心意合一（参罗15:5-6；林前1:10）。我们相信他会这样。

许多人都问我："难道你要等到所有人都同意才做吗？"不是，我知道有些人由于没有与神亲近团契，因而听不到他的声音，另外也因为有些人故意硬着心，不听神的话。不过，我们通常都会一直等待，直至大家接近一致为止。

我不会因余下一些人不表示赞同而生气或失望。他们不赞同，是显示了他们与神的关系可能出了问题。身为牧师，我会用我的生命伴着他们一起走，注意神是否借着我帮助他们回到与神有正常团契的状态。我常常要为这些情况向神祷告，并且只有主给予我引领时才做出回应。

7 回答以下问题。

　　a. 你是否相信神很想整个身体对于他的旨意都心意合一？

　　　　□是　　　　□否

　　b. 你是否相信神能够引领他的子民明白他的旨意？

　　　　□是　　　　□否

　　c. 你是否相信神有能力帮助你们的教会达到合一？

　　　　□是　　　　□否

　　d. 你是否愿意等候神，让他有足够时间去调整身体的各成员来符合他的旨意？

　　　　□是　　　　□否

有天晚上，我接到一通长途电话，一位弟兄告诉我，他正在教会，目睹了一场属灵的复兴。他说那天晚上教会安排了一个特别的事务会议，要讨论一些非常具争议性的话题。会议中，大家的情绪很快就被引动，与会人士开始怒气填膺地互相指责。后来，终于有人站起来，努力想把分裂失和的教会重新连结起来，恢复和谐的气氛。他提到他和一些人会在周日晚上聚集，一起研读《不再一样》这本书。那天晚上，事务会议前一个小时，他们才看了那个课程的录像带片段，提到教会如何发挥当有的功能。因此，他建议大家休息片刻，一起

弟兄们，我藉我们主耶稣基督的名，劝你们都说一样的话。你们中间也不可分党，只要一心一意，彼此相合。

（林前1:10）

看看那个录像带的部分内容。观赏影片的过程中，圣灵在许多人的心里动工，让他们察觉到自己的过失，知道自己没有按着基督徒当有的样式行事为人。影片一结束，那些人便站起来，为自己的行为致歉。失和的会友又重新恢复彼此的关系，属灵复兴随即降临。当神的百姓将焦点对准神和神为教会设定的心意，原本看似不可能的景况就出现了。

或许这是另一个使你处于信心危机的问题，求神帮助你度过这次的危机。神能否带领整个教会对于他的旨意有同一的感觉？他当然能！但愿赐忍耐安慰的神，叫你们彼此同心，效法基督耶稣，一心一意荣耀神我们主耶稣基督的父！（罗15:5-6））

8 透过以上两节经文神对你说了什么？

_____

_____

_____

我们有时会因为错过了神所定的时间，而失去他给我们的美好指示。教会不单要知道神期望他们做什么，更要知道神要他们在什么时候去做。我们必须等候，直至神所定的时间来到。我们必须像身体那样一起等候他，直至他调整我们去适应他自己。这往往会使人发展出一种在主里满有信心的忍耐，以及肢体间彼此出于爱心的信任。

> 我们必须像身体那样一起等候他。

真正的动机

我从未尝试要求人支持某一机构、某一项事工，或某一个人。我只鼓励他们去问神想要他们做什么？如果他们知道神的心意，那么他们唯一的选择就是忠实地顺服。那种顺服的心意通常都可以借着一个教会机构、一项教会事工，或教会的合作侍奉表达出来。

9 以下哪一项最能推动神的子民忠实地顺服神的旨意？

☐ 如果他们正处于与神亲密相爱的关系中，就请他们找出什么是神的心意。当神清楚说出了，他们便应当顺服他。

☐ 请他们支持由自己宗派推行的一项事工。

☐ 请他们毫无异议地顺服教会牧师的领导。

☐ 请他们参与一个工作委员会的侍奉。

☐ 告诉他们："神向我说了这些话。"叫他们同意接纳你的看法。

过去我侍奉的教会有许多传统规条，我不断地教导又教导，直至我们的共同教导者—— 神的灵——来到，带领我们心意合一。那时我们才将自己释放出来，让神有足够的时间改变我们。我认为我作牧师的责任，是带领信徒与耶稣基督有这样的关系，就是当他说话的时候他们会清楚明白他所说的。然后要求他们顺服神，而不是去追随一些节目、具影响力的领袖、工作委员会，或是我自己。神的圣灵才是基督徒的真正推动者。

当时我们的事务会议已成为教会生活里一个最兴奋的时刻。大家知道在会议内可以清楚看到神的指引和工作。大家都希望来参加事务会议，因为每当知道神向我们教会启示他的旨意和方法时，大家都会很兴奋。

教会是一个以基督为首的身体。神的灵引领每一个信徒。他住在我们里面可以随时教导我们，帮助我们。我经常让教会会众来验证我所理解的神的旨意——我这样做不是因为我认为人有行这验证的能力，而是因为我知道教会是一个身体。

每逢我感到神要教会做一些事情，我便会以牧师的身份邀请教会这个大家庭来与我一起进行工作。假如大家都是与神同行，我便可以相信神会引领我们。这一点无论对牧者或是教会的其他成员都是千真万确的。如果众人与神没有正常的交往联系，我就只好倚靠神引导我去帮助他们成为他想要他们成为的那种人。神不会放弃他的子民，所以我也不该放弃他们。

10 对于你教会办事决策的方式，神正在对你说什么？

_____

_____

_____

当整个身体都明白基督——身体的头——对他们所说的，教会就会认识神的旨意。

每个信徒都可以直接亲近神。

个别信徒的意见并不重要，神的旨意才是十分重要。

教会必须学习以基督做教会的头去发挥像身体那样的作用。

教会必须等候直至神所定的时间来到。

重温今天的功课。祷告求神帮你找出一两句他期望你明白、学习或付诸实践的课文内容或经文，并回答以下问题：

在今天研读的课文中，哪些字句或经文对你最有意义？	将这些字句或经文改写为你回应神的祈祷。	神期望你做什么来回应今天所学习的？
_____	_____	_____
_____	_____	_____
_____	_____	_____
_____	_____	_____
_____	_____	_____

第3天

基督的身体（上）

教会必须学习发挥作为基督身体的功能。

保罗写信给在罗马的教会，并给予会友一些教导，说到基督的身体应当过彼此息息相关的生活。教会需要学习发挥作为基督身体的功能。保罗这些教训对于你与教会之间的关系定会大有帮助。

1 请翻到《罗马书》12章，阅读以下经文，并回答有关的问题。

a. 12:1-2：保罗向身体内各肢体推荐了两样什么，以致整个身体能够洞悉神的旨意？并请完成以下两个句子。

将身体献上，当作_____。

不要效法_____，只要_____，_____而变化。

b. 12:3，10，16：你可以有什么具体的行动，以避免骄傲所带来的问题？

_____

_____

c. 12:4－6："……肢体也不都是一样的用处。我们这许多人，在基督里成为一身，互相联络作肢体，也是如此。按我们所得的恩赐，各行不同……"
为什么身体内的其他肢体对你很重要？

_____

_____

d.. 12:5是本周的背诵金句，试将该节经文写下来，并开始背诵记忆。

_____

_____

e. 12:9-21：这数节经文所提出的多项教导，哪些是你教会的肢体需要勤加操练的？（例如，你或许会这样回答："我们需要更多学习将自己所拥有的跟有缺乏的信徒分享。"）选出对你教会有用的教导。

☐爱人不虚假　　　　☐祝福迫害你的人
☐厌弃邪恶　　　　　☐与喜乐的人同乐
☐持守良善　　　　　☐与哀哭的人同哭
☐彼此亲爱　　　　　☐彼此同心
☐互相敬重　　　　　☐不心骄气傲，不自以为聪明

☐以火热的心侍奉主　　☐俯就卑微的人

☐在盼望中常存喜乐　　☐不以恶报恶

☐在患难中存忍耐　　　☐做美好的事

☐恒切祷告　　　　　　☐不为自己复仇

☐帮补有缺乏的信徒　　☐以善胜恶

☐殷勤待客

如要"察验何为神……的旨意"（罗12:2），就须将身体献上，当作活祭，以及心意更新。志气高大，只会令身体带来许多麻烦，所以应该要对自己看得合乎中道，还要恭敬人，彼此推让，以及彼此同心，并且俯就卑微的人。教会内的肢体应该要遵行《罗马书》12章9-21节内的一切教导，不过要声明一点，遵行这些教导是需要付上很大代价的！

2 神可能很想你们教会采取什么更像基督身体的行动？请稍停片刻祷告求神将特殊途径指示你们。

圣灵装备每个肢体，使他们在身体内各按各职

《哥林多前书》12章前半部讲及圣灵赐能力给各肢体，第7节说："圣灵显在各人身上，是叫人得益处。"（林前12:7）圣灵是上帝所赐的（参徒2:38），圣灵向各肢体显现（就如：看得见、清楚显现、让人认识、显露出来），目的是叫身体得益处。

圣灵是上帝所赐的。

3 根据《哥林多前书》12章7节，为以下问题选出正确的答案。

a. 圣灵向谁显现？

☐只向少数非常属灵的信徒显现。

☐只向教会领袖显现。

☐向每一个信徒显现。

b. 为什么圣灵向信徒显现？

☐为使个别信徒得福。

☐为使个别信徒受注意。

☐为使整个身体都因他的工作而得益。

对以上两条问题你是否都选了答案c？做得很好！教会——基督的身体——内的所有成员，上帝都赐了圣灵在他们身上。圣灵给予每个人的经历都是为了整个身体的好处，而不是为了肢体自己。这正解释了为什么我们都与别人互为需要。如果没有一个健康又具功能的身体，教会便会失去神为教会提供的许多好处。

在旧约中，人类对圣灵的工作只有很肤浅的了解。在旧约时代，神的灵只临到一些人物，为的是帮助他们完成神交给他们的任务。摩西的任务是作个行政管理的人，因此神便叫圣灵赐他管理的才能。

神给予每位士师一项任务后，神的灵便临到他们每个人，赐给他能力去完成所接受的任务。当大卫还是个牧童的时候，神便呼召他作王。这个年轻、毫无经验的大卫，怎么可能在那个危难的时代肩负国王的职分呢？于是，神的灵便临到他身上，使他能够成为一个君王。以西结被呼召作先知，但他怎会有可能做一个先知呢？《圣经》说神的灵降在他身上，使他去做出每一样神吩咐他的事情（参结2－3章）。

在旧约中我们看到如下的模式：

1. 神将任务交给一个人。

2. 神将圣灵赐给那人，装备他去负起那任务。

3. 圣灵显现的证据，就是这人借着圣灵的超自然力量，能有效地完成任务。

造会幕的工匠便是很好的例子。关于如何建造会幕（参出25－31章），神给予摩西非常详细的指示。他要会幕完全符合他给予摩西的指示，于是神说："犹大支派中，户珥的孙子、乌利的儿子比撒列，我已经提他的名召他。我也以我的灵充满了他，使他有智慧，有聪明，有知识，能作各样的工……我分派……亚何利亚伯与他同工。凡心里有智慧的，我更使他们有智慧，能作我一切所吩咐的。"（出31:2-3、6）摩西怎晓得神的灵临到那些人呢？他留心观察他们做工作。当他们能够完成神委派给他们的任务，摩西便晓得神的灵的确临到他们身上了。

综观全部旧约，神的灵经常临到某些人身上，使这个别的人能够完成那神圣的任务。神并没有赐给个人什么东西，他本身就是一份礼物。圣灵显出他的同在是借着装备他们每个人，使他们在神指派他的位置上发挥功用。

④ 在旧约中圣灵工作的模式是什么？利用以下提示回答问题，如有需要可翻看上文内容。

任务：＿＿＿＿＿＿＿＿＿＿＿＿＿＿＿＿＿＿＿＿＿＿
＿＿＿＿＿＿＿＿＿＿＿＿＿＿＿＿＿＿＿＿＿＿＿＿

礼物或赐予：＿＿＿＿＿＿＿＿＿＿＿＿＿＿＿＿＿＿
＿＿＿＿＿＿＿＿＿＿＿＿＿＿＿＿＿＿＿＿＿＿＿＿

证明：＿＿＿＿＿＿＿＿＿＿＿＿＿＿＿＿＿＿＿＿＿
＿＿＿＿＿＿＿＿＿＿＿＿＿＿＿＿＿＿＿＿＿＿＿＿

教会的肢体每想到属灵恩赐，总以为神会给他们什么东西，例如行政管理的能力。然而，神不会给你东西，他只将他自己赐给你，这礼物就是一位有位格的神。圣灵将他的行政管理能力充满你，因而他的能力变成你的能力，倘若你看到这些属灵恩赐发挥出来，那就表示圣灵的显现——你看到圣灵以他的能力、才干去装备一个人并使得这一个人能够去完成神的工作。

5 阅读《约翰福音》14章10节及《哥林多前书》12章7节，以下哪一项对属灵恩赐的定义解释得较好？

☐ 属灵的恩赐就是圣灵在一个人生命中或借一个人的生命做工作时所显现的能力，是为了使基督的身体普遍得益。

☐ 所谓属灵恩赐，是神赋予人的一种特别能力，使他能够完成神派给教会的任务。

耶稣说："乃是住在我里面的父作他自己的事。"（约14:10）甚至在耶稣进行他的奇妙工作时，天父就在那时显现出来，天父住在耶稣里面，并且借着耶稣成就他的旨意。上面第一项定义的焦点在于神自己，以及他借着我们所完成的工作；第二项则较集中于我所得到的，以致我能为神或为教会做点事情。请记住，耶稣说过："离了我，你们就不能作什么。"（约15:5）属灵恩赐是神透过你去完成工作时所显现的能力。

哥林多前书12章：基督的身体

《哥林多前书》12章前半部谈及圣灵以不同的方式显现，他将自己向每一个信徒显现。这章书的后半部则谈论基督的身体。

6 阅读以下所列的要点，然后阅读《哥林多前书》12章11–31节。又试为每句要点找出最少一节经文作为支持。你只需填上经文的经节号数。

第____节　a. 圣灵按自己的意思分派工作，又使得每个属灵领袖及信徒都能完成神的工作。

第____节　b. 身体是由许多肢体组成的单独个体。

第____节　c. 身体的肢体不可以自行决定自己在身体上的角色。

第____节　d. 神随己意将属灵领袖和信徒安排在身体不同的位置。

第____节　e. 非拥有神赐给身体的全部属灵领袖和信徒，身体就不完整。

第____节　f. 身体上的各肢体是彼此互相需要。

第____节　g. 身体应当是合而为一的，是不可分裂的。

第____节　h. 身体上的各肢体应互相关怀。

第____节　i. 为了整个身体的好处，身体上的属灵领袖及信徒就从神领受不

乃是住在我里面的父作他自己的事。

（约14:10）

圣灵显在各人身上，是叫人得益处。

（林前12:7）

同的任务。

　　对以上要点你找到认同的经文可能比我的少，或是与我的不同，但我且将可能的答案列出来：a：第11节；b：第12 - 14节；c：第15 - 17节；d：第18节；e：第17 - 20节；f：第21 - 24节；g：第25节；h：第25 - 26节；i：第28 - 30节。

　　　　重温今天的功课。祷告求神帮你找出一两句他期望你明白、学习或付诸实践的课文内容或经文，并回答以下问题：

在今天研读的课文中，哪些字句或经文对你最有意义？	将这些字句或经文改写为你回应神的祈祷。	神期望你做什么来回应今天所学习的？
＿＿＿＿＿＿＿＿＿＿	＿＿＿＿＿＿＿＿＿＿	＿＿＿＿＿＿＿＿＿＿
＿＿＿＿＿＿＿＿＿＿	＿＿＿＿＿＿＿＿＿＿	＿＿＿＿＿＿＿＿＿＿
＿＿＿＿＿＿＿＿＿＿	＿＿＿＿＿＿＿＿＿＿	＿＿＿＿＿＿＿＿＿＿
＿＿＿＿＿＿＿＿＿＿	＿＿＿＿＿＿＿＿＿＿	＿＿＿＿＿＿＿＿＿＿

基督的身体（下）

我若能聆听各肢体在教会生活中的经历，便可以明白神对教会的旨意。

保罗写信给哥林多教会，那是信徒的一个当地身体（教会）。保罗在信中说："你们就是基督的身子，并且各自作肢体。"（林前12:27）这就好比你肉身的身体，要拥有各部分才可以过着正常健康的生活。教会同样需要每一个会友，这样大家才可以过着正常健康的教会生活。没有一个会友可以对另一个会友说："我不需要你。"脱离了教会（身体）内的其他成员，你就不能体会到神为你预备的丰盛生命。假如其中一名成员正失去或者没有发挥神给他的功能，那么身体的其他部分也会错失神为教会预备的丰盛生命。

神照他所喜悦的将肢体安放在身体的不同位置。如果神使某人作"眼睛"，圣灵便会赐给他看的能力；假如神使一个人作"耳"，圣灵便会赐给他听的能力；假如神使一个人作"手"，圣灵便赐给他有作为"手"那样的功能。新约讲论基督身体的时候，指出圣灵的工作就是使一个人在神所安排的身体位置上，对所负任务，发挥功用。不是每一个人都作使徒、先知，或教师的，但每人都有神所赋予的作用。神把他或她安放在身体内，在那里发挥作用，于是整个身体一起发挥应有的功能。

我当牧师的时候，有一天，教会中一位姐妹来找我，说她想负责教会"医院探访"的服侍。但我很快就察觉，她虽然有服侍的热忱，神却没有给她这方面的装备！有一天，当我路过那间医院，我发现有些会友正泪流满面，因为那位错解神引导的姐妹刚刚探访过他们！她老是告诉生病的会友，她知道先前患了同样病症的会友都过世了！

我只好把这个真诚的姐妹带到一旁，温柔地告诉她，神并没有装备她从事医院探访的服侍。

可是，我也告诉她，我发现，每次她一祷告，神都垂听。我问她，是否愿意承担代祷勇士的职分。她答应了。于是，我把一长串的未信者名单交给她，请她为他们祷告，因为教会正在带领他们信主。

不久我们就发现，名单上的人开始一个个接受主。渐渐地，教会和我愈来愈会把教会重要的需要告诉她，请她代祷。甚至当我后来离开那间教会，我还是会继续跟她联络，请她透过祷告来扶持我。

神给这位姐妹特殊的装备，要在教会中担任特别的服侍，可是，她必须借助牧师的提醒，找出自己最适合的角色。

1 以下的一些言论可能是你经常在教会内听到的。这些言论可能反映出教会作为基督的身体的一项不正确观点。每当你听到有会友提出左方的言论时，你可用右方的《圣经》原则去帮助这些人，让他们认识到神如何企图使教会发挥功能。你可以引用不止一项原则。将这些原则的号码分别写在左方言论的旁边。倘若有些言论是你同意的，请在旁边写上"同意"；假如你对这些言论有很大的疑问，请将你的问题写在课本的页边，留待小组学习时提出来讨论。

言论

____A. "我想我们应该整理一下教会的会友名录，将所有不再出席任何聚会的人除名。"

____B. "阿标因犯法而惹上官司，现正被监禁，但这与我无关。"

____C. "我想我该被选为执事会主席，我毕竟在这教会已做了42年忠实的会友。"

____D. "假如不让我做主日学教师，我就不再到这教会聚会了。"

____E. "虽然教会其他人都认为是神带领他们来要求我担当这职务，但我不管。我从没当过……我知道我做不到。我没这方面的才能。"

____F. "倘若那十家人不能跟大多数人的意见一致，情况就会很僵。因我们教会向来主张少数顺服多数。他们既然不喜欢我们所做的，他们可以到别的教会去嘛。"

____G. "既然神已向我启示了他对我们教会的旨意，所以你们都该听从我。凡不赞同我的，就是不属灵，违背神的旨意。"

《圣经》原则

1. 圣灵按自己意思分派工作，并给予信徒能力去完成神的工作。

2. 身体是由许多肢体组成的单独个体。

3. 身体的肢体不可以自行决定自己在身体上的角色。

4. 神随己意将肢体安放在身体不同的位置。

5. 非拥有神安排给身体的所有肢体，身体就不完整。

6. 身体上的各肢体都是彼此互相需要。

7. 身体都应合而为一，是不可分开的。

8. 身体的各肢体应互相关怀。

9. 为了整个身体的好处，身体上的各肢体都已从神领受了不同的任务。

我相信以上的言论可能反映出，在教会作为基督的身体这方面的一种不正确认识。我会使用的一些原则是：A-5及6；B-8；C-3及4；D-1及3；E-7；G-2、5及6。你检讨教会的功能时，最少要记住三点：

神对基督身体的关心

1. 耶稣是身体的头，所以身体应该以基督为中心。

2. 神非常重视身体保持合一和同心。

3. 身体要有《哥林多前书》第13章所描述的爱，各肢体应该彼此相爱，正如爱自己一样。

2 试在以上三项要点中，圈出一些重要的字，以帮助你谨记这三项要点。阅读以下各项回应，如果有些话能帮你在基督的身体里正确地发挥作用，就在这些话下面画上横线。倘有其他疑问，请将你的问题写在课本的页边，留待小组学习时讨论。

a. "我想我们应该整理一下教会的会友名录，将所有不再出席任何聚会的人除名。"教会首先要问的是：这些人都是基督身体的肢体吗？意思是说，他们都是基督徒吗？假如神按着自己的意思把他们安排在你的教会里（参林前12:18），你是否有资格把他们除名？教会的需要神已赐给身体的所有肢体（第5及6项原则）。教会应该祷告，求神指示教会知道，如何帮助这些任性的信徒重建团契生活。

b. "阿标因犯法而惹上官司，现正被监禁，但这与我无关。"一个肢体受苦，所有其他的肢体也一同受苦（参林前12:26），即使所受的苦是罪的结果。因基督身体内的各肢体要彼此相爱，乃是神所赐的命令。要了解爱在身体内会如何反应，请参阅《哥林多前书》第13章。请表明你关心身体上的各肢体（第8项原则）。

3 你是否记得将一些有助你在基督身体里正确地发挥功能的话标示出来呢？请真的去做。

c. "我想我该被选为执事会主席，我毕竟在这教会已做了42年忠心的会友。"这可能是一种自我中心的欲望。我们按着神的差遣去服侍教会（第3及4项原则），我们的功用并不是由我们自己决定的。假如神使你有特定的能力才干去侍奉，身体的头（基督）自会带领其余的肢体知道的。你会相信他是常常借着身体那样做吗？

d. "假如不让我做主日学教师，我就不再到这教会聚会了。"教会要敏感

教会需要神已赐给身体的所有肢体。

是神做决定一个肢体该在身体哪一部分发挥功用。

于其他肢体所领会到神对他们的带领。第1及3项原则都强调，神才是该决定某肢体在身体哪一部分发挥功能的那一位，你要相信他是会让身体知道的。一个为教会选出领导阶层的提名委员会必须在洞察神旨意方面恒切祷告。信徒本身和教会都必须小心寻求神的心意，并相信他会将他的旨意清楚显明。

e.　**"虽然教会其他人都认为是神带领他们来要求我担当这职务，但我不管。我从没当过……我知道我做不到。我没有这方面的才能。"**我们在教会常面对着一个问题，就是我们很少看见神在工作，我们只看见人。我则尝试观察神在他子民身上所做的工作。第1项原则指出，圣灵会使人有能力去完成神差派的工作。单单因为有些工作是你以前从没干过，或者因为你认为自己没有足够的才干来应付，就以为神不会派你承担这些工作，是不对的。当神在烧着的荆棘中呼召摩西，摩西就曾提出一些像这样的否定。你要认真思索教会从神领会到的旨意。接受教会对神的领会，并相信神会正确地引导你。

要甘心乐意回应主，全心全意侍奉他。教会生活这一环可能成为最兴奋的生活环节之一，因为在那里有神的作为。不要敷衍塞责，要本着为主而做的去做。

教导一群流氓少年能否成为从神接受的特殊工作？我在加州一所教会开始少年人的教导工作后不久，有23名穿着皮外套的少年走进教会的后院，他们全都不是基督徒。神要将我放在一群随时会伤害人的少年人中间。但后来在三个月内那23名少年中竟有22人认识基督。他们改变了的生命将一个名为"街头霸王"（The Untouchables）的童党瓦解了。他们所住的贫民区是个罪恶黑点。当神带领这22名男童在基督里得救后，那里的犯罪率竟戏剧性骤降。无论你参与教会的哪一项服侍，神都能使用你为他来改变教会和你周遭的人。

倘若你愿意让神将你放在教会中任何位置，他就能在教会生活的任何地方将他自己显明。求神临格于教会生活的任何位置和地方。你可以成为使教会彻底改变的催化剂。

④　在a至e项的言论中，有哪些你曾标示出的字句可助你在基督的身体里发挥更大作用？

_____

_____

_____

_____

f.　**"倘若那10家人不能跟大多数人的意见一致，情况就会很僵。因我们教**

我……祈求，使他们都合而为一。正如你父在我里面，我在你里面，使他们也在我们里面，叫世人可以信你差了我来。

（约17:20-21）

会向来主张少数顺服多数。他们既然不喜欢我们所做的，他们可以到别的教会去嘛。" 教会的功能应该由头（耶稣基督）来掌管。但我们却常常以少数顺服多数的原则解决问题。原因是我们没耐性等待，等待身体的头完全说服其他肢体都顺服他的旨意为止。假如我们宁愿牺牲身体的合一，遵照大多数人的意愿行事，那么我们便严重违背《哥林多前书》12章25节的教导（第7项原则）。在《约翰福音》17章，耶稣不是为教会的合一祷告，使世界可以从而相信他吗？我们也应该有同样的心志，务使教会合一。我们应该给予耶稣（身体的头）足够时间去说服其他肢体。当整个身体都明白他的旨意，那就是继续前进的适当时间了！每个肢体在神眼中都是宝贵的。在神的国度里，你做事的方法和你做的事同样重要。

g. **"既然神已向我启示了他对我们教会的旨意，所以你们都该听从我。凡不赞同我的，就是不属灵，违背神的旨意。"** 此处可应用第2、5和6项原则，眼睛开始看见，它便会有一种倾向去说："手啊，怎么你看不见我所见的呢？你不属灵。"

然后那可怜的手便会说："我无法看见，因为我是一只手。"

那眼睛已经忘记了身体不是由一个而是由许多肢体构成的（参林前12:14）。神的灵将自己向每一个人显现，为什么？为了整体的好处。眼睛看得见，不是为了眼睛的好处，它要为整个身体提供视力，视力不是为眼睛而设的，所以它只能说："感谢神给我有看的恩赐，我希望所有其他肢体也有这恩赐。"视力是为整个身体而设的，其他肢体是靠眼睛告诉他们看见什么。

正如我第一天所讲述的火车铁轨的比喻，眼睛很少会看见神对教会所定旨意的全图。身体上的所有肢体要表达自己的领受，然后教会将所有肢体的领受集合起来，便可完整看清神的旨意。没有单独的个人能知道神对教会的全部旨意。当教会领袖听到各肢体表达了他们在这身体内生活的经历后，才会明白神对教会的旨意。

身为牧师，我会诚恳分享自己从神而得的领受，但我绝不会断言自己已完全知道神对教会的旨意。我通常都是分享过后，便谛听其他肢体的反应。在许多情况下，我发现唯有将我的领会与其他人的领会放在一起，才会明白现在神的旨意。我们任何人都不可能明白神的全部旨意。另外有些时候，我明白到一点："主要我们开始有些调整，但目前仍不是开始工作的适当时机。"当神将大家变得合一，我们便知道那就是适当的时机了。我从神所领会到的不一定是错，但并不完整，我需要聆听其他肢体的意见，以便全面了解神对我所讲的话。

本课摘要

耶稣是身体的头。

神最看重的是身体保持合一。

是神做决定，我该在身体哪一部分发挥功能。

当我去听全体表达了他们在这身体内生活的经历以后，我就知道神对这教会的旨意。

每个肢体在神眼中都是宝贵的。

5 重温你在前面资料内标示出来的字句，然后回答以下问题：

a. 有什么问题是你希望在小组学习的时候提出来讨论的？

_____

_____

b. 你认为神想要你的教会，在发挥好像身体一样的功能上，要有什么改变？试述其中一项改变。

_____

c. 你认为在基督的身体（教会）里，神想要你有什么改变，以改善你和其他肢体的关系？试述其中一项改变。

_____

6 实际引用或默写本周的背诵金句。

_____

_____

_____

_____

_____

_____

_____

重温今天的功课。祷告求神帮你找出一两句他期望你明白、学习或付诸实践的课文内容或经文，并回答以下问题：

在今天研读的课文中，哪些字句或经文对你最有意义？	将这些字句或经文改写为你回应神的祈祷。	神期望你做什么来回应今天所学习的？
_____	_____	_____
_____	_____	_____
_____	_____	_____
_____	_____	_____
_____	_____	_____

在身体里的生活

那天，我在一个教会的晨间及晚上两堂聚会中讲道。在晨间聚会的"祭坛宣召"中，有个女孩走到祭坛前祷告。因为没有其他的会友加入，我便站到她旁边，无意间听到她正在为她9岁的朋友祷告，希望对方可以成为基督徒。那天晚上聚会结束前，我看到这个女孩带着另一名女孩走到讲台前。一点都没错，她的朋友决志成为基督徒了。可是，聚会结束时，教会牧师开始要求会众做一件他们通常都会做的事，就是正式表决，是否接纳这名刚刚决志的基督徒成为教会的一员。我立刻打断牧师说："牧师，你这样做等于在遮掩神的作为，让会众看不见神正在做的事！"接着我便把晨间聚会中神如何对那个女孩说话，以及她如何为她的朋友在神面前恳求的事都讲出来。不过几个小时，神就垂听了祷告，让我们亲眼目睹一个女孩信主的奇迹。可是，教会的响应却是想用投票来表决是否接纳对方成为教会的一员。听完我的话，那位可敬的牧师在会众面前痛哭流涕，因为他发现，教会长久以来只看重宗教的仪式，却没有注意神在会众当中的作为。神在这个女孩身上实在施行了活泼又有能力的工作！当教会学习去看清神在每个信徒身上的作为，教会就会产生完全不同、令人兴奋的能量。

假如你和教会都愿意让神教导你们如何有效地活得像一个身体，你们便会体会到一种以往从没经历过的爱和合一的清泉在教会涌起。有果效的教会生活是以信徒个人与神之间那亲密相爱的关系开始的。倘若肢体全部能够以耶稣基督作教会的头，有果效的教会生活便可持续下去。与神保持正确的关系，远比教会堂址、财政预算、活动节目、办事方法、人事管理、会友人数多寡或其他任何事物更重要。

《圣经》提供了许多教导，帮助教会肢体之间保持正确的关系。

> **1** 阅读以下经文，然后在每则经文下面简略写出你的看法，或神为教会内肢体之间的关系所定的旨意。你可以在《圣经》里查阅这些经文的上下文。

　　信心软弱的，你们要接纳，但不要辩论所疑惑的事……我们各人必要将自己的事在神面前说明。所以我们不可再彼此论断，宁可定意，谁也不给弟兄放下绊脚跌人之物。（罗14:1、12-13）

与神保持正确的关系，远比教会堂址、财政预算、活动节目、办事方法、人事管理、会友人数多寡或其他任何事物更重要。

神的旨意: _____

　　无论何人，不要求自己的益处，乃要求别人的益处。（林前 10:24）

神的旨意: _____

　　所以你们要弃绝谎言，各人与邻舍说实话，因为我们是互相为肢体。（弗4:25）

神的旨意: _____

　　污秽的言语，一句不可出口，只要随事说造就人的好话，叫听见的人得益处。（弗4:29）

神的旨意: _____

　　一切苦毒、恼恨、忿怒、嚷闹、毁谤，并一切的恶毒，都当从你们中间除掉。并要以恩慈相待，存怜悯的心，彼此饶恕，正如神在基督里饶恕了你们一样。（弗4:31-32）

神的旨意: _____

　　当用诗章、颂词、灵歌彼此对说，口唱心和地赞美主。凡事要奉我们主耶稣基督的名常常感谢父神。（弗5:19-20）

神的旨意: _____

　　又当存敬畏基督的心，彼此顺服。（弗5:21）

神的旨意: _____

　　倘若这人与那人有嫌隙，总要彼此包容，彼此饶恕；主怎样饶恕了你们，你们也要怎样饶恕人。在这一切之外，要存着爱心，爱心就是联络全德的。（西3:13-14）

神的旨意: _____

　　当你阅读新约《圣经》的时候，就会发现其中有许多教导都明确地说出神的子民该如何与其他人相处。这些《圣经》教导并不是只用来研读、背诵、讨论，或辩论，而是要帮你明白怎样亲历在基督里的丰盛生命。假如你对这些教导的应用有疑问，就请将你的疑问带到神面前。他的灵能够帮你明白属灵的真理。

　　在你的经文研习中应当找到以下的教导：

- ·对于信心软弱或不成熟的人，要有耐性，且要接纳他们。
- ·关于富有争议的问题，不要过早对他人下判断。
- ·不要自私自利。即使自己要付出代价，也该寻求他人的益处。

· 所讲的话全都要绝对真诚。

· 不要批判别人，也不要用话诋毁他人。

· 要多鼓励他人，造就别人。说话时要注意他人的需要。

· 要彼此宽恕，正如基督宽恕你一样。你和别人之间不可存有苦毒。要去除忿怒、彼此的争斗，和毁谤。不要故意伤害他人（不论在肉身、情绪，还是灵性上）。

· 鼓励他人与你一起敬拜神，彼此口唱心和。

· 天天放下自我，彼此顺服。正如存敬畏的心顺服为我们舍己死在十架上的基督一样。

· 即使受恶待或冒犯，也要互相忍耐，正如神饶恕我们最大的过犯一样。

· 要彼此相爱。

这一课由于篇幅有限，我未能分享所有的体会。当你完成今天的课文后，或许会说：“我希望布莱卡比能告诉我怎样处理这种情况。”在这里我有一个好消息给你！你无须靠我。那位带领信心浸信会像基督身体一样发挥作用的神，就是临到你教会的同一位神。基督会临在，而且唯有他才是你教会的头。你无须倚靠我的方法，你需要的，是基督特别针对你们的需要而给予的教导，这些才是最佳的指示。

我且利用余下的篇幅分享一些题目，那可能是神要你或你教会使用的。

在身体内的盟约关系

《哥林多前书》12章7、18节指出，神按自己的意思将肢体加添在身体上，目的是为整个身体的好处。每次神将一个肢体放在我们的教会，我们都有理由为此欢欣。每当有人成为我们教会的会友，我们就立刻告诉他基督身体到底是什么意思。身为牧师，我会带领会众与这人建立一种盟约（即一种神圣的誓约或协议）的关系。虽然每次我都会因他们个别经历的差异而有不同的处理，但盟约的内容通常都大同小异。

我会邀请加入我们教会的信徒简单分享他的个人见证，然后请他回答以下问题：

· 你是否愿意在会众面前承认耶稣基督为你的救主和生命的主？

· 你是否已经受浸、甘心跟从神？（或：你是否渴望受浸、跟从神？）

· 你是否清楚相信神将你加入这个基督的身体？（或：请说明你为何知道神要将你加入这个身体？）

随后我会说：“神使你加入我们的教会并非偶然。假如神要使你加入这身体，他是期望借着你来帮助我们变得更加完全。"

・你愿否让神借着你使这身体变得更加完全？

・你愿否将生命敞开，让这身体牧养你，帮你变得更加完全？

当这人回答完这些问题后，我会转向会众，问他们：

・听过这些见证后，你们是否相信神将这个人加给我们这身体？

・你们愿否将生命敞开，让神借着这人在你们身上做工？

・你们愿否让神借着你们每一个人，帮助这人成为完全照神的旨意所定的样式？

然后我会提醒教会，说："没有人知道此人以后的日子如何，神把他加给我们教会，可能是因他知道他需要我们的牧养。你们愿否与他立约，让神透过你们，帮助他成为神所期望的样式？你们若愿意，就请站起来，为着神把他加给我们这身体，大家一起感谢他。因为神把这人加给我们教会，所以他会动工，使我们更能成为他希望的样式。"

我们非常重视这誓约的关系。过去曾有一名少女因为加入了异教，她要求我除去她的会籍，我对她说："我们办不到，因我们和你已订下神圣的盟约，我们相信你现在的决定是错误的。虽然你这一方背约，但我们却要坚守我们那一方的誓约。我们这个教会家庭仍然爱你，会为你祷告。倘若有一天你发觉需要我们，我们会在这里等你。"

大概六至九个月之后，她回来了，她明白自己受了骗，她说："我多么感激你们仍然爱我，没有放弃我。"这就是基督的身体，身体关心每个肢体，使所有肢体在爱、在基督里变得更加完全。

2 翻开《圣经》，再次阅读《哥林多前书》12章，这一次为你的教会求神向你说话，使你知道教会如何在作为基督的身体这方面发挥更大功能。又为你与基督身体的关系，求他向你说话。试将神借着经文向你所说的话写下来。

对教会：＿＿＿＿＿＿＿＿＿＿＿＿＿＿＿＿＿＿＿＿＿＿＿

＿＿＿＿＿＿＿＿＿＿＿＿＿＿＿＿＿＿＿＿＿＿＿＿＿＿＿

＿＿＿＿＿＿＿＿＿＿＿＿＿＿＿＿＿＿＿＿＿＿＿＿＿＿＿

对我：＿＿＿＿＿＿＿＿＿＿＿＿＿＿＿＿＿＿＿＿＿＿＿＿

＿＿＿＿＿＿＿＿＿＿＿＿＿＿＿＿＿＿＿＿＿＿＿＿＿＿＿

＿＿＿＿＿＿＿＿＿＿＿＿＿＿＿＿＿＿＿＿＿＿＿＿＿＿＿

3 倘若你想继续让神透过《圣经》向你说话，就请再阅读《罗马书》12章，求神向你说话，使你知道你和你教会如何才能发挥像基督的身体应当发挥的功能。用另一张纸记下你觉得是神向你说的话语。

神装备教会，以配合任务

假如你要当举重选手，你会操练自己的身体，以便举重时更加得心应手。假如你要当短跑选手，你也要特别操练自己的身体。倘若你想将一份工作做好，你也得操练身体，以配合这份工作。

神帮助地方教会成为基督的身体，他将肢体加给身体，并训练他们去与神分派给教会的事工配合。他建立地方教会的时候，会赐给他们能力，使他们能够回应他的委任，而神也因此能透过教会成就事工。

让我来举例说明。在萨斯卡通市早期的日子，我们教会大约只有15-20人。当时我们又感受到，神很想使用我们在全加拿大的各城各乡设立教会。于是我们祷告，并感到神要透过我们接触一群青年人。我们愈来愈相信，如果我们能够努力在年轻人中见证神，神定会拯救里面许多的人。此外，如果我们努力帮他们投入教会生活，相信神定会呼召他们做牧师、教会职员，和加拿大各地的传教士。

当时我们面对两个很大的困难：第一，我们当中没有一个与他们岁数一样；第二，我们不晓得如何接触年轻人。然而，神给我们的任务就在眼前。于是我们开始祷告，等候神动工，帮助这身体成为能够胜任培养年轻人的教会。结果，首批接受我施浸的人当中，有一名是在大学任教的教授，另外还有他的成年的女儿。之后，神便带领其他年轻人来到我们教会，身体亦渐渐增长起来。

神引领我们认识罗伯特·坎农（Robert Cannon），他是德州一所大学的浸会学生会监督，他感觉到神正呼召他来加拿大从事福音工作。但我们却没有金钱差遣他或支付他的薪酬，而罗伯特却来到这里，神也给予供应。罗伯特来到的时候，我说：“罗伯特，你来到这里帮助我们教会，使教会能够为基督承担福音工作，显然这项福音事工已差派给我们的教会。”

4 请读《以弗所书》4章11-13节。你会同意我们的做法吗？是谁承担福音事工？试圈出答案。

　　罗伯特·坎农　　　　　　　　　我们的教会

5 这任务是从何而来的？

_____

6 罗伯特最初的工作是什么？请从以下选出答案：

☐ 在大学校园开始从事基督徒学生组织的工作。
☐ 在学生宿舍逐户探访，向学生作见证。

他所赐的有使徒，有先知，有传福音的，有牧师和教师。为要成全圣徒，各尽其职，建立基督的身体，直等到我们众人在真道上同归于一，认识神的儿子，得以长大成人，满有基督长成的身量。

（弗4:11-13）

□装备教会，实践在校园传福音的使命。

这任务是由神交给教会的，神把罗伯特安排在我们当中来装备教会，帮我们完成福音使命。罗伯特指导大家如何为年轻人的需要祷告。他帮助大家懂得如何联络、接待那些远离家乡的青年，他训练大家如何作见证，他帮助教会晓得如何照青年人中有需要的人。

结果起码有50名青年进了神学院，准备投身侍奉，他们之中有许多人回来牧养教会。神建立教会，将任务交给教会，然后装备她，使她能够借着各肢体完成任务。当教会忠心侍主，神就告诉我们他想要做的工作。

我知道神装备教会是要教会与他所委任的工作配合，因此我经常注意神安排什么人来到我们教会，有时我可以从中明白神要我们准备承担什么。过去有一段时间，曾有数名从事医疗工作的人加入我们教会。我们于是开始祷告，希望明白神为什么把他们安排在我们教会中。后来有一个任务临到我们，那是接触印第安人保护区的本土居民。这些医疗人员感到神的带领，愿意参与这工作，他们进入这些保护区，提供各式各样的免费医疗服务。当地人排队等候接受帮助的时候，教会的其他信徒便在那里讲道和作见证。后来诊疗所的门为我们开启了，我们可以在那里开设查经班，引领人归主，并且为当地的印第安人设立教会。注意神安排什么人来到你的教会。

7 想想你教会内的人，现在就向神祷告，求他指引你和教会的其他人，帮你们认清他已预备了什么任务给你们。

8 祷告以后，有什么意念来到你的思想中？试写下来。

_____

_____

继续祷告求神引领。倘若你感觉到一种负担，不妨将你的想法和感受与教会的其他肢体分享，他们或能帮你明白神的心意。

9 温习背诵过的金句。

_____

_____

_____

_____

_____

_____

增进团契关系并带来丰盛的喜乐

　　当初写《不再一样》这本书时，我并没有打算写一篇神学论文或是一本详论基督徒生活的书，我只是想把神透过《圣经》教导我的，以及我多年与主同行、与神的子民相交的心得分享出去。没想到，与其他人分享这些真理所带来的结果竟然这么惊人！透过这本书，我有机会在将近两百个国家讲道，也能够到不同大小、各种宗派的教会分享神的信息，甚至受邀到白宫及联合国为神发言。不仅如此，因着这本书，我们还针对美国几家大公司成立了一个基督徒专业领袖事工。但对我而言，最有意义的是有无数人见证说，因着这个课程，他们首次经历了神在他们生命中的作为。即使平凡如我，当神与我同行，他便能够成就这么多的事来鼓励世界各处神的子民。这个事实带给我的喜乐实在难以言喻！当神与你同行，他绝对可以透过你及你的教会成就极大的事，所以，千万不要退而求其次，让自己只做一些小于神定意要做的事。

　　重温今天的功课。祷告求神帮你找出一两句他期望你明白、学习或付诸实践的课文内容或经文，并回答以下问题：

在今天研读的课文中，哪些字句或经文对你最有意义？	将这些字句或经文改写为你回应神的祈祷。	神期望你做什么来回应今天所学习的？
_____	_____	_____
_____	_____	_____
_____	_____	_____
_____	_____	_____
_____	_____	_____

11

我们若在光明中行，如同神在光明中，就彼此相交，他儿子耶稣的血也洗净我们一切的罪。

《约翰一书》1:7

神国的子民

世界福音事工的策略中心

    盖瑞（Gary Hillyard）是华盛顿州西雅图市贝弗利公园教会的牧师，这个教会的主日聚会人数大约是110人，有40名会友接受祷告训练，其中8人承诺要每天为教会祷告，好得知神要如何扩展他们教会。他们当中有19人开始研读《不再一样》的课程。

    后来有一些人从乌克兰移民到美国，参与贝弗利公园教会的聚会，那群委身的基督徒便开始加入神正在做的事。有一天，一个新家庭来到教会，男主人问盖瑞，教会中有没有人愿意接下他父亲在Lugansk市的一栋房子，那是一个约65万人口的城市。盖瑞打电话来问我，他们该把那个房子交给谁。我的回应是，听起来神好像在邀请这个教会参与世界宣教的工作。

    当时，贝弗利公园教会并没有足够的经费预算，但他们投票表决后决定要接收这间房子，会友们也开始为这件事祷告。几个星期之后，唐恩（Don English）打电话给盖瑞："七年前，我们一起祷告时，我感觉到有一天神要我去苏联宣教。你还记得这件事吗？现在神已经让我知道，是该起程的时候了。"

    盖瑞说："我要告诉你一个好消息。我们在乌克兰为你预备了一间房子。"贝弗利公园教会一致同意差派唐恩一家到乌克兰宣教，但是盖瑞又打了一通电话给我，说他们教会的银行存款只有21美元。他问我："现在我们要做什么？"

    我告诉他们，首先要确定这件事确实是出于神的带领，接着他们要相信神既然呼召他们去做这件事，他必定会供应他们一切的需用。我还说："不要拦阻神的百姓奉献的机会。"于是，那个主日晚上聚会时，他们同心祷告求神预备所需。祷告会一结束，前排座位收到的奉献就有2,400美元，包括一笔1000和500美元的抵押品。到了那个周末，他们总共收到4,000美元可以寄给唐恩一家。

    后来，唐恩接到许多邀请，要他去带领查经班，其中包括一些家庭、初高中的学校、大学教职员，甚至还到医学中心带领500人一起查经。后来苏联政府知道了唐恩的事，就要求要有一个正式的仪式，感谢美国在第二次世界大战后推行马歇尔计划（Marshal Plan），帮助他们建立城市图书馆。

唐恩接受了他们的邀请。后来在国家电视台转播这个仪式时，他们请唐恩说几句话。在苏联短短不到两个月的时间，唐恩就有机会透过国家电视台向所有苏联的人传讲耶稣。之后，他甚至被邀请到议会演讲。

不但如此，唐恩也帮助当地教会举办福音聚会，一周内常常就有四五百人信主。他们因此希望能为Lugansk市的市民发送圣经。唐恩就把这个消息传回贝弗利公园教会，请大家为这件事祷告。祷告聚会结束后一个小时，德州一家教会就打电话来说，他们愿意为苏联奉献《圣经》。后来，当地政府也希望他们能为该地的老人、残障人士及儿童预备粮食及药品，唐恩再次向家乡的教会求援。

隔天，德州弟兄团契的包柏（Bob Dixon）就打电话来说，他们受美国国务院委托要监督送往前苏联共和国的粮食，他手边就有三个40英尺货柜的粮食，可以马上寄给唐恩。

唐恩的同工们也开始创立圣经学院，提供医药设备，设立教会，并参与孤儿事工。有一次，唐恩提到他们教会面临缴不出电费账单的困境时，忍不住哽咽。但如今，大量的经费和人力不断涌入这间小教会，神借着他们影响了这个世界。

对世界的使命

当你回应神的邀请，跟他建立亲密相爱的关系，神就会带领你与他合伙同工，使你加入一家本地教会，与其他肢体成为那个社区内基督的身体。基督既是教会的头，他必然会引领和借着你们的教会，成就天父的旨意。

圣灵将你和其他的信徒联系在一个地方教会内，当然也会将你与其他所有信徒联系在一起。每个当地基督身体内的属神子民，均是神国度的一部分，基督徒都是这国度的子民，基督自己在他的国度之上是永远的君王。他"使我们成为国民，作他父神的祭司"（启1:6）。与身为君王的基督合作同工，你就成为在他要使失丧的世界重新与神和好这使命上有份。与基督有关联就是有份于他的使命。你不能一方面与基督保持关系，另一方面又不负起他所负的使命。耶稣说："父怎样差遣了我，我也照样差遣你们。"（约20:21）

> **你不能一方面与基督保持关系，另一方面又不负起使命。**

> 父怎样差遣了我，我也照样差遣你们。
> （约20:21）

神胸怀世界

"神爱世人，甚至将他的独生子赐给他们，叫一切信他的，不至灭亡，反得永生。"（约3:16）神借着圣灵造成基督最初的身体，放在马利亚里面，从此他就成了肉身，住在我们中间（参约1:4）。耶稣借着他的死亡和复活，为我们预备救恩。那次耶稣回到了天上，神就借着圣灵造成基督的另一个新身体，这身体就是以往和现在神加给教会的信徒。

如今耶稣的作用就是做他身体（地方教会）的头，带领身体完成天父的旨意。神设立每个教会作为基督的身体，以致他能够继续他在世上的救赎工作。基督既然是教会的头，神就能利用身体在世界各地方完成他的旨意。

1 回答以下问题：

· 基督在世的时候，他是否知道天父的旨意？ 知□　不知□

· 基督是否曾误解天父的旨意？ 曾□　不曾□

· 基督是否曾不遵行神的旨意？ 曾□　不曾□

· 倘若基督是一群会众组成的地方教会的头，他是否误解神要借着这信徒组成的身体所达成的旨意？ 会□　不会□

· 基督能否启示他身体的各分子怎样在达成神的旨意上参与？ 能□　能□

每个教会内的会众都是世界福音事工的战略中心。

教会是有生命的组织，是以基督为头的一个活着的身体。身体的每一部分都与基督，以及各部分之间互相有关系。神可以随时进入他的子民中间，透过教会的会众去接触世界。耶稣给我们一个使命，就是"要去，使万民作主的门徒"。（太28:19）所以，当我们顺服这个命令，每个教会的会众都是世界福音事工的战略中心。神可以透过一家教会去影响这世界，只要这个教会愿意调整自己去配合神的作为。

推动世界福音事工

有主的一个使者对腓利说："起来，向南走，往那从耶路撒冷下迦萨的路上去。"那路是旷野。腓利就起身去了。不料，有一个埃塞俄比亚（注：即古实，见以赛亚18章1节）人，是个有大权的太监，在埃塞俄比亚女王干大基的手下总管银库，他上耶路撒冷礼拜去了。现在回来，在车上坐着，念先知以赛亚的书。圣灵对腓利说："你去贴近那车走。"腓利就跑到太监那里，听见他念先知以赛亚的书，便问他说："你所念的，你明白吗？"他说："没有人指教我，怎能明白呢？"于是请腓利上车，与他同坐。他所念的那段经，说："他像羊被牵到宰杀之地，又像羊羔在剪毛的人手下无声，他也是这样不开口。他卑微的时候，人不按公义审判他（注：原文作"他的审判被夺去"），谁能述说他的世代？因为他的生命从地上夺去。"太监对腓利说："请问，先知说这话，是指着谁？是指着自己呢？是指着别人呢？"腓利就开口从这经上起，对他传讲耶稣。二人正往前走，到了有水的地方，太监说："看哪，这里有水，我受洗有什么妨碍呢？"（注：有古卷在此有"腓利说：'你若是一心相信，就可以。'他回答说：'我信耶稣基督是神的儿子。'"）于是吩咐车站住，腓利和太监二人同下水里去，腓利就给他施洗。从水里上来，主的灵把腓利提了去。太监也不再见他了，就欢欢喜喜地走路。

《使徒行传》8:26-39

2 阅读《使徒行传》8章26-39节，然后回答以下问题。

a. 是谁引领腓利来参与神正在埃塞俄比亚人身上所做的工作？（第26，29节）

_____

_____

b. 腓利最初对于他要做的工作知道有多少？（第26节）

_____

_____

_____

c. 腓利见到那埃塞俄比亚人，便开始注意看天父正在做什么。你认为
当时腓利看见神的作为是什么？（第27－28节）

_____

_____

d. 圣灵告诉腓利下一步做什么？（第29节）

_____

e. 腓利如何发现神正在这人的生命中所做的事？（第30节）

_____

f. 神借着腓利在埃塞俄比亚人的生命中做了些什么？（第35－39节）

_____

_____

g. 根据我们对这埃塞俄比亚人的认识（第27节），你认为这次相遇对
福音的广传有什么影响？

_____

_____

答案：（a）主的使者——圣灵——引领腓利。（b）他只知要在由耶路撒
冷往迦萨这条向南的路上走。（c）他看到一个敬畏神的人刚刚到过耶路撒冷做
礼拜，由于这埃塞俄比亚人正在阅读《以赛亚书》，腓利就知道这人正在寻求
神，他看来对属灵的事很感兴趣。腓利知道只有神方能使一个人这样归向他。
（d）圣灵吩咐腓利走近那人的车，这时腓利才发现他需要做什么去配合神正在
进行的工作。（e）腓利问了一条试探性质的问题。（f）神使用腓利说出有关耶
稣基督的好消息，那埃塞俄比亚人相信了这福音的信息，便得救，并且受浸。
（g）神显然计划将福音传到埃塞俄比亚，他拣选了一个在国内身居要职的人，
并且使用腓利去领他信基督。腓利那一天的顺服，就被神使用去实现天国的策
略，将福音带到非洲。

有一个主日，我到佛罗里达州一家教会讲道，讲道的内容是《约翰福音》
4章1-41节那个井边的妇人。我提到，当那个妇人忠实地把基督在她生命中所
做的事情告诉她城里的人，她发现那城里的人都信了基督。我接着问："谁愿
意像那个井边的妇人，到那些还不认识基督的地方，把生命的经历告诉那边的
人？"决志台前立刻引起广大的回应，众人都在祷告中泪流不止。这时，有一
个人走到讲台前，说："神告诉我，我将为我在巴基斯坦的国人成为那个井边
的妇人。"有个妇人也走向前，说："神告诉我，我将为我的国家——加纳，成
为那个井边的妇人。"接着，有来自各国各族的人——一到前面来告诉我，神让他
们知道，他们将要回到自己的国家，向国人传讲神在他们生命中所做的事。

那个教会的牧师也是泪流满面。神已经把世界各地的人带进他的教会，但

他的教会却未必把世界放在最中心的位置。很多时候，教会只是把一些新进的外籍会友加入会友名录，却没有询问神为什么把那些人带进教会身体中。神的意思是要每个地方教会都成为世界福音事工的策略中心，如果教会愿意成为神忠心的管家，好好照顾神引进教会的百姓，他就要装备每个教会去实践福音的大使命。

 3 想一想你所在社区的群众，有哪些人神会使用，借此推动世界的福音事工呢？

选出以下可能适用的人，并列出其他你认为有可能的人。

- ☐ 本地学院或大学内的外国学生
- ☐ 本地公司内的一些外地员工
- ☐ 外国游客
- ☐ 随船抵达的外国海员
- ☐ 一些一直与他本国有联系的外地人
- ☐ 往外国公干的本地人
- ☐ 可能接受神呼召、准备投身福音事工的基督徒青年和学生
- ☐ 愿意到外地做短期宣教工作的基督徒志愿者（例如自愿参与传福音、提供医疗服务、救灾、农地开垦、教授英语等工作）

其他：＿＿＿＿＿＿＿＿＿＿＿＿＿＿＿＿＿＿＿＿＿＿＿＿

＿＿＿＿＿＿＿＿＿＿＿＿＿＿＿＿＿＿＿＿＿＿＿＿＿＿

 4 祷告求问神，他是否要你接触这些人。

当你肯调整自己的生命，成为神国的人，他便能够帮你参与世界各地的福音工作。他正在世界各处动工，建立他的国度。

当我正在明尼阿波利斯圣保罗的会议上讲到如何参与神的世界福音工作时，一名来自旧城区教会的牧师就说："神也是这样叫我履行牧师的责任。我们已开始寻找神有什么计划，有些人从牙买加来到我们的教会，他们问：'你们会来我们的国家传道吗？我们多么需要神。'我带了一些人去到那边，开始了三间教会。到了第二个月，又有一些人来到我们的教会，他们是来自另一个中美洲的国家，于是我们又到那国家去，并设立教会。如今我们正支持着三个在中美洲国家的福音堂。"

然后他微笑并且说："上礼拜日有一个来自西非的加纳人，我不知神有什么决定，但我们是随时准备接受任命的！"

他们都意识到自己是神国度的子民。要经历神，要认识和遵行他的旨意，就要将你的生命放在与神的作为一致的位置，让神的灵来指示你，为什么有些事情发生在你的教会中。将你的生命调整去适应他，让他借着你去吸引整个世界归向他。

知果我们都以自我为中心，只会走到神面前说："神啊，求你祝福我，祝福我的家，祝福我的教会。"那岂不可悲么？

到时神说一些像以下的说话："我已应允了你所求的一切，只是不按你期望的方式出现而已。我要你放下自我，背起十架跟随我。我必会领你到我正在工作的地方，我会将你也包括在内，你就会成为我手中的器皿，让我透过你的生命来影响这个世界。当我借着你完成这些事，你便会真正经历到我的祝福。"

重温今天的功课。 祷告求神帮你找出一两句他期望你明白、学习或付诸实践的课文内容或经文，并回答以下问题：

在今天研读的课文中，哪些字句或经文对你最有意义？	将这些字句或经文改写为你回应神的祈祷。	神期望你做什么来回应今天所学习的？
_____	_____	_____
_____	_____	_____
_____	_____	_____
_____	_____	_____
_____	_____	_____

第 **2** 天

相交（**Koinonia**）

倘若你与其他基督徒没有团契相交，便显示你与神没有真正的团契相交。

在耶稣的教导和在他的心中，教会是信徒之间有生命和有动力的团契。"团契"一词的希腊文叫做"Koinonia"，中文一般译作"相交"，这个用词最能贴切形容教会的应有模式。在这最后两个单元中，我们用"相交"（Koinonia）这个字来解释信徒与神以及与其他肢体之间的最圆满配搭合作和团契。

1 试在以下的文字中找出能够帮你明白Koinonia意思的字句：

教会中的相交或亲密的团契都是根据个别信徒在基督里与神和与其他信徒的个人相交而形成。唯有与永活的基督保持实在、个人的接触，并且把他视作生命的绝对主宰那样对他降服，才可与神有相交契合。这里所指的是一种亲密的相爱关系。神渴望与你建立这种关系。

2 你会如何界定"相交"一词的意思？

3 你会引用以下哪些文字形容你和神的关系呢？

□ 有生气　　□ 靠近的　　□ 冷淡的　　□ 疏远的
□ 成长的　　□ 亲密的　　□ 个人的　　□ 实在的
□ 远离的　　□ 停滞的　　□ 不安的　　□ 活泼的

4 请阅读《约翰一书》1章1—7节，并圈出"相交"一词，然后回答随后的问题。

论到从起初原有的生命之道，就是我们所听见，所看见，亲眼看过，亲手摸过的。（这生命已经显现出来，我们也看见过，现在又作见证，将原与父同在，且显现与我们那永远的生命传给你们。）我们将所看见、所听见的传给你们，使你们与我们相交。我们乃是与父并他儿子耶稣基督相交的。我们将这些话写给你们，使你们的喜乐充足。

神就是光，在他毫无黑暗。这是我们从主所听见，又报给你们的信息。我们若说是与神相交，却仍在黑暗里行，就是说谎话，不行真理了。我们若在光明中行，如同神在光明中，就彼此相交，他儿子耶稣的血也洗净我们一切的罪。（约壹1:1—7）

a. 在第1—3节中，使徒约翰用了一些什么字句，显示他与永活的主耶稣基督有一种个人、实在的关系？

___

b. 使徒约翰为什么要将他所看见、所听见关于耶稣的事写下来？
（第3节）

___

c. 信徒与神以及与其他肢体彼此相交有哪两样好处？（第4、7节）

___

d. 一个人若自认与神相交，但却在黑暗和罪恶中行，那显示了什么？
（第6节）

___

e. 一个人若能在光明中行，如同神在光明中，那会怎么样？（第7节）

___

答案：（a）约翰说他看见、听见及摸过耶稣，他从自身的经历中认识耶稣，他明白他就是"永远的生命"（第2节）。约翰也曾这样记载耶稣的话："认识你独一的真神，并且认识你所差来的耶稣基督，这就是永生。"（约17:3）永远的生命，意思就是以实在和个人的途径去经历神，这就是相交。这种相交也就是与神契合或团契。（b）约翰传讲耶稣，目的是要使其他人相信他，并因而与约翰及其他信徒相交。（c）当我们与神相交，同时其他信徒也与神并与我们相交，我们的喜乐便会充足，并且经历到耶稣的血洗净我们。（d）显示这人是说谎者，他的一生都是虚伪的谎言。（e）一个人若在光明中行，如同神在光明中，他就可与其他信徒相交，并可经历到他的罪得到赦免和洗净。

信徒之间的相交契合

信徒的相交就是与神和与他的爱子耶稣基督相交。这种相交是一种亲密的合作配搭，分享一切我们与神之间的经历。对我来说，"相交"是我与神的关系中那种最崇高之爱（agape）的最完全表达。当你生活在神这种爱的关系里，你便会与其他信徒以同样的爱相交。

使徒约翰首先指出一点：你与其他基督徒的关系正好反映你与神的关系，倘若你与其他基督徒（弟兄）没有相交，便显示你与神没有真正的相交。

5 阅读以下经文，将"弟兄"一词圈出来，并在"爱"字下面画线。

人若说自己在光明中，却恨他的弟兄，他到如今还是在黑暗里。爱弟兄的，就是住在光明中，在他并没有绊跌的缘由；惟独恨弟兄的，是在黑暗里，且在黑暗里行。（约壹2:9-11）

从此就显出谁是神的儿女，谁是魔鬼的儿女。凡不行义的就不属神，不爱弟兄的也是如此。（约壹3:10）

我们因为爱弟兄，就晓得是已经出死入生了。没有爱心的，仍住在死中。凡恨他弟兄的，就是杀人的。你们晓得凡杀人的，没有永生存在他里面。（约壹3:14-15）

主为我们舍命，我们从此就知道何为爱，我们也当为弟兄舍命。凡有世上财物的，看见弟兄穷乏，却塞住怜恤的心，爱神的心怎能存在他里面呢？（约壹3:16-17）

亲爱的弟兄啊，我们应当彼此相爱，因为爱是从神来的。凡有爱心的，都是由神而生，并且认识神。没有爱心的，就不认识神，因为神就是爱。（约壹4:7-8）

神既是这样爱我们，我们也当彼此相爱。从来没有人见过神。我们若彼此相爱，神就住在我们里面，爱他的心在我们里面得以完全了。（约壹4:11-12）

人若说，"我爱神"，却恨他的弟兄，就是说谎话的；不爱他所看见的弟兄，就不能爱没有看见的神。爱神的，也当爱弟兄，这是我们从神所受的命令。（约壹4:20-21）

凡爱生他之神的，也必爱从神生的。我们若爱神，又遵守他的诫命，从此就知道我们爱神的儿女。（约壹5:1-2）

6 你与神的关系如何反映了你与"弟兄"的关系？

_____

_____

_____

7 如果你与神的关系良好，你会怎样对待身边的弟兄姊妹呢？

_____

8 一个人倘若自称是基督徒，自认爱耶稣，但却恶待身边的弟兄姊妹。对他们没有恩慈，充满仇恨，不断与他们争辩，在他人面前奚落他们，或是诽谤他们。在他们有需要时不给予帮助，那么，根据《约翰一书》的指引，你认为这人与神的关系是怎样呢？试在下面选出你的答案（可多于一项），或在"其他"一栏上写上你的看法。

☐我会相信这人的话，相信他是真正爱耶稣的基督徒。

☐我会怀疑这人是否真的认识神和爱神。

☐我会认为这人与神之间的关系存在严重的问题。

☐其他：＿＿＿＿＿＿＿＿＿＿＿＿＿＿＿

9 翻开《哥林多前书》13章，根据第4—8节的描述，基督徒的爱是什么？不是什么？

试将其中描述爱的字句写在下面的横线上，我已列出其中一个例子。

爱是……　　　　　　　　　　　　爱是不……

恒久忍耐＿＿＿＿＿＿＿　　　　　　＿＿＿＿＿＿＿

＿＿＿＿＿＿＿　　　　　　＿＿＿＿＿＿＿

＿＿＿＿＿＿＿　　　　　　＿＿＿＿＿＿＿

＿＿＿＿＿＿＿　　　　　　＿＿＿＿＿＿＿

＿＿＿＿＿＿＿　　　　　　＿＿＿＿＿＿＿

＿＿＿＿＿＿＿

如果你爱神，你对弟兄姊妹的爱也自然会显示出来。你会是恒久忍耐、有恩慈。不会嫉妒、自夸、张狂，不做害羞的事，不求自己益处，或是轻易发怒，不会对人斤斤计较。只喜欢真理和正义，不喜欢不义。你会包容保护，又相信弟兄姊妹。希望别人会得到最好的，你会在爱里忍耐。唯有与神维持亲密相爱的关系，才会生出像神那样的爱。在《约翰福音》13章35节中，耶稣说："你们若有彼此相爱的心，众人因此就认出你们是我的门徒了。"

10 用一些时间祷告。求神向你显明与他相交（爱的关系）、与弟兄姊妹相交的真理。请记住，凡属基督的人都是主内的弟兄姊妹。

对于你和其他基督徒的相交，神向你说了些什么？

＿＿＿＿＿＿＿＿＿＿＿＿＿＿＿＿＿＿＿＿＿＿＿

＿＿＿＿＿＿＿＿＿＿＿＿＿＿＿＿＿＿＿＿＿＿＿

对于你与神的相交，神向你说了些什么？

＿＿＿＿＿＿＿＿＿＿＿＿＿＿＿＿＿＿＿＿＿＿＿

爱是恒久忍耐，又有恩慈；爱是不嫉妒，爱是不自夸，不张狂，不作害羞的事，不求自己的益处，不轻易发怒，不计算人的恶，不喜欢不义，只喜欢真理；凡事包容，凡事相信，凡事盼望，凡事忍耐。爱是永不止息。先知讲道之能终必归于无有，说方言之能终必停止，知识也终必归于无有。

（林前13:4—8）

这两种对你与其他信徒相交的评估，结论应该是一样的。如果你认为你与神的关系良好，但与其他基督徒的关系却恶劣，那么，中间一定是出了问题。倘若你与神有亲密的相交，那么你与其他基督徒一定也能有亲密的相交。

老挝的托马斯

我曾经在温哥华一家小教会暂代牧师的职分。就在我上任前一周，有个老挝难民家庭加入了这间教会。我知道神从来不会毫无意义地把人带到教会中，身为牧师，我的责任就是去了解神把这个家庭带进我们教会的心意。

那个家庭的男主人叫托马斯，在泰国难民营信了主，自此生命有极大的改变，因而想要把耶稣的福音分享给所有的老挝人。他跑遍我们这个小区，想尽办法去找老挝的朋友，把他们带到主面前。第一个礼拜，他带了15个成人接受主，隔周，他又带领11人信主，可是他却当场落泪，因为觉得自己不够忠心，亏欠了主。

后来在我们的事务会议当中，我提出建议："我们应该开始设立一个老挝福音堂。"接着便把我所领会的神的心意告诉大家，"我相信神正在带领那个国家的人认识主，所以我们应该开始老挝的福音工作。"然后我请教会的人提出他们的看法，他们觉得神要我们来回应这项事工。大家一致表决要成立一家老挝福音堂。

我接着说："我们应该邀请托马斯来担任这个福音堂的牧师。"我也把神在托马斯身上的作为告诉大家。神已经给了他一个牧者的心肠，让他有传福音的负担，而且他也已经到当地的浸信会神学院就读，要接受装备，让神可以随己意来使用他。于是，教会一致同意邀请托马斯担任这个新堂会的牧师。

两个月之后，有人邀请托马斯，到圣路易参加一个特别为外族牧师举办的会议。托马斯问我："我可以邀请朋友一起去吗？"我不太明白他的意思，他就告诉我说他想带18个朋友跟他一起参加那个会议。他接着又问："回程时，我是否可以到加拿大各大城市走一圈？我有很多亲戚在这些大城市中，神希望我去带领他们当中一些人认识主。神若帮助我，我会帮他们找到一个牧者，那么在加拿大每个大城市中，他们都会有聚会的地方。"

我知道神正在做一件特别的事，所以我对托马斯说："你一定要去！"他真的去了。到了那一年的圣诞节，从加拿大各地来了好多老挝人，一起庆祝他们在基督里的新生命。

后来，老挝政府同意他们成立教会。于是，托马斯回到老挝，积极传福音，不久就有133个亲戚和朋友接受了主；他还设立了四间福音堂。托马斯也把温哥华和老挝的教会连结起来，希望在不久的将来，可以看到所有的老挝人都认识主。

当时托马斯来到我们教会，我们看到的只是一个老挝难民。可是神却看到一个民族和整个国家被吸引归向他。当神把一个新会友带到你的教会，你要求神让你看清楚他所要做的事。他要透过你的教会影响你那个小区，甚至整个世界。

本课摘要

教会是信徒之间一种有生命和有动力的团契相交。

"相交"是信徒与神以及与其他肢体之间的最圆满的合作配搭和团契。

你不可能一方面与神以及与他的爱子相交，而另一方面又与其他肢体没有属灵的团契。

重温今天的功课。祷告求神帮你找出一两句他期望你明白、学习或付诸实践的课文内容或经文，并回答以下问题：

在今天研读的课文中，哪些字句或经文对你最有意义？	将这些字句或经文改写为你回应神的祈祷。	神期望你做什么来回应今天所学习的？
_____	_____	_____
_____	_____	_____
_____	_____	_____
_____	_____	_____
_____	_____	_____

第3天

在天国里的相交

天国的子民是与这国度的其他分子和信徒互相有关系的。在萨斯卡通市信心浸信会侍奉了12年后，我就做了加拿大卑斯（ＢＣ）省（英属哥伦比亚）一个有11间教会和福音堂联合组成的联会所属差传机构的主席。我发觉带领教会以基督为头是一回事，带领11间教会同心合意，与神同行，那却是另一回事。我必须面对一些严重的问题：

- 神是否向个别教会说话，然后带领他们同心合意，走在一起，成为教会的联会一起运作？
- 神说话的时候，每个教会是否回应他？
- 教会与教会之间是否有相交，像教会内的信徒那样彼此相交？
- 教会是否愿意舍己，愿意经历神所提供的丰盛生命（路9:23-24）？
- 教会是否借着与有需要的教会慷慨分享自己的资源，而表达出彼此有属灵的相交？

我要面对一项新的学习，就是相信"我们所侍奉的神，能将……他也必……"（但3:17）神与他子民同工的《圣经》原则是不变的。诚然，帮助多间教会学习与神以及与其他教会维持亲密的相交确实需要许多时间。但我们的神是行奇事的神，我只不过是他拣选用来工作的器皿而已。

虽然我们只是一个很小的群体，资源十分不足，但神却在教会和整个联会里显明他自己的大能。在第1单元的起首部分已提过我们在"世界博览会"中的见证，神引领教会凭着信心前行。神透过我们联会的教会，开始了印度人的福音工作。在四年间，我们联会的教会数目和福音工场增加了一倍。学生福音工作初时由一名兼职的同工负责，后来却增至由五名全时间侍奉的同工负责。此外，表示感受到神的呼召、愿意投身福音事工的，差不多有100人。过去我们与其他教会曾一度关系紧张，现在都已变成灵活的合作，彼此相交，一同推动外展工作。由于赋予教会能力的圣灵在教会中做工，神所做的，甚至超过我们的所想所求（参弗3:20-21）。

我们所侍奉的神，能将 …… 他也必 ……
（但3:17）

神能照着运行在我们心里的大力，充充足足地成就一切，超过我们所求所想的。但愿他在教会中，并在基督耶稣里，得着荣耀，直到世世代代，永永远远。
（弗3:20-21）

1 以下一段记载是叙述在我们联会内教会之间的关系。有些事情显示了教会之间的肢体相交，请将这些事标示出来。

圣灵为我们在萨斯卡通其万省的联会建立了一个独持的相交合作。我们的教会分布于全省各地，我们在省内发展了一个工作网络，带领全省归向基督。我们好比新约时代的初期教会，以爱心实行凡物公用，教会内的资源并不属于本身的会众，教会只负责看管这些资源，教会内的一切都属于天国。我们在萨斯卡通教会的资源，全部与其他教会共用。每逢一家教会发展学生事工，需要牧者，萨斯卡通的教会便要起来帮助他们。每当我们举办青少年夏令活动，我们便邀请其他没有能力举办的小型教会参加。我们甚至要共享影印机和其他物资，每当其他教会在财政上有需要，我们会立刻通知会众，然后收集奉献。有一次我们甚至将会堂抵押，帮助一家福音堂建立他们自己的会址。

以爱心实行凡物公用。

这种分享使我们产生了一种在我们各教会之间有深入相交契合的感觉。我们彼此相属，互相需要对方。我们尽自己能力互相帮忙，协助有需要的教会。我们学习彼此相爱，安排时间聚在一起有团契和互相鼓励。这正是基督国度应有的样式。这个监视着基督徒的世界看见了应该不能不说："看哪，他们彼此多么相爱。"这种独特的爱只能从神那里得到。当人们看见这种很像神自己所拥有的那样的爱，自然会被吸引到基督和教会去。

彼此分享使我们产生一种在我们各教会之间有深入相交契合的感觉。

2 有什么事情显示我们教会之间真的有肢体相交？

_____

_____

_____

_____

_____

肢体之间的相交合作常存在于教会之间，表现于彼此的关系上。我们在我们的使命上一起合作，带领整个世界归向基督；我们合力做一些一个教会无法独力承担的工作；分堂之间互相分享，满足彼此的需要；我们愿意花时间一起相聚，彼此相爱。

这种存在于教会之间相交契合能否推展到各省、各国的教会之间呢？当然能够！这种属神的相交合作能否同样存在于不同宗派的教会之间，使他们共同合作而达成更远大的天国目标呢？当然能够！不过，凡是坚持己见的人都不能成功达到这种关系。只有神透过圣灵方能在他的子民中间缔造和维持这种相交合作。他要成为掌管整个天国的君王、统治者和主宰。当我们肯让他来管理，则各样人为的障碍都会倒下去。

当我们与神有相交契合，则同样性质或素质的交往也会在我们与以下所列的个人或群体交往中反映出来：

- 自己教会内的弟兄姊妹
- 本地的其他教会
- 省内的其他教会
- 自己国家里的其他教会

· 世界各地的其他教会

· 其他不同宗派的教会

3 根据你们教会与当地和世界各地教会，以及你们教会与不同宗派教会之间的关系，会让这个一直监视着基督徒的世界看到哪一种的相交合作呢？

_____

_____

4 有什么事情显示你的教会与其他教会或基督教机构没有肢体相交的关系呢？（例如，有些教会的体育代表队由于易怒、嫉妒、野蛮、粗暴，甚至充满仇恨的表现因而声名狼藉。这种情况反映了在彼此的团契相交方面出现问题。）

_____

假如你的教会与其他教会或基督教机构出现相交合作方面的问题，那就显示了你们与神之间的那种较深入的相交契合可能出现了问题。我并非提议要将不同宗派之间的教义统一，但大家总该像弟兄姊妹那样彼此相爱。倘若我们常将天国关系的圈子拓宽，则教会内的团契相交，定会出现新的层面、新的可能性和新的满足。这种情况正与爱心所做的工作一模一样。

爱的十种等级

我将爱心分作十种等级，假设你的爱心是在第二等级——那就是说，你只爱你的父母和爱那些疼爱你的家人、朋友。但假如神要令你能够去爱最大的敌人，就如基督在《马太福音》5章43-48节中所吩咐的，那么，你爱其他人的能力也会提升。假如你的爱心达到第十级，则每个你所爱的人都会得到更宽广的爱，胜过你一向所能给予他们的。

5 检讨你的基督徒爱心，将以下字句对照一下你自己的情况：

☐ 我不爱任何人。

☐ 我爱我的家人。

☐ 我爱那些先爱我的人。

☐ 我也爱那些我知道他们会爱我的人。

☐ 神已帮助我去爱身边那些暴躁和不友善的人。

☐ 神已教导我去爱在我的社区内那些不可爱、与我不同的人。

☐ 神已教导我去向那些公然活在罪中的人显出爱心。

☐ 神已给了我恩典去爱我的仇敌。

我们通常都不会尝试改善自己的爱心，叫自己去爱一些难于去爱的人。因为每次我们尝试去爱"仇敌"，往往都带来许多挫折感和愤怒，而不是一种新的爱，于是我们便会说："主啊，请不要将愤怒带到我的生命里，我只希望生命里有爱。"只要神使我们有能力去爱那些不可爱的人，我们的爱心便会加增。当我们愿意学习更艰深的爱，我们爱别人的能力便会增长。

我在温哥华的时候，我们的联会曾做出承诺要去爱每一个人和帮助所有温哥华的人认识主。那就是耶稣在大使命中（参太28:18 – 20）向我们发出的命令。有一次神让我结识了一个朋友，他对那些无政府主义者有很大的爱心。那些无政府主义者是一群年轻人，他们愤世嫉俗，经常扰乱法纪。那位朋友对我说："布莱卡比，跟我来，到那些无政府主义者的餐馆去，我要你听一听这群充满怒气和不满的人，我想你去看一看神如何将福音带给他们。"

那是一次很震撼的经历。我在餐馆内坐了三小时，听他们充满仇恨和不满的牢骚。借着圣灵的帮助，我决定全心全意用我的生命去爱这些人。结果，我对于以后所遇见的基督徒都可以将爱倾倒在他们的身上了。而得到爱的人都不知道我发生了什么事。就在神教导我去爱那些无政府主义者的时候，他也带给我更大的爱的能力。

 神是否感动你去爱某一个人，或是某一群人，或是一些与你不同的人？求问他，如果神真的要你更进一步推展你的爱心，请将这些神要你去爱的人的名字写出来。

教会之间的合作关系

新约时代的初期教会可说是彼此唇齿相依的。当然，每一家教会在主的面前都是独立的，但他们同时又是互相需要对方的。他们互相帮助，互相鼓励，大家维持着一种合作的关系，从而更深切地经历神。

7 请阅读以下的记载，其中好些事件清楚显示了新约时代初期教会之间的相交契合。试将这些事件标示出来，或写在课本的页边，我已标示了其中一个例子。

耶路撒冷的年轻教会： 在五旬节那一天，约有三千人相信了基督。我们不知道节期过后到底还有多少信徒仍然留在耶路撒冷。但无论如何，耶路撒冷的教会一定增加了许多信徒。在早期，他们在殿里或在个别信徒的家中有许多小组聚会，他们每天接受教导，彼此团契、擘饼、祷告。他们与其他有需要的信徒分享一切物资（徒2:42-47）。这些小的教会彼此唇齿相依，因为有肢体相交，所以他们都是"一心一意"的（徒4:32）。

耶路撒冷与安提阿的教会分享：信徒在安提阿的希腊人中间开始结出福音的果子后，耶路撒冷的教会便差派巴拿巴前往视察，和帮助这些年轻的教会。巴拿巴看见神在那里的作为，便请扫罗（保罗）前来帮忙。他们一起留在安提阿，教导这些初信的基督徒（参徒11:19-26）。

安提阿分担耶路撒冷的需要：有消息传到安提阿的教会，说饥荒临到犹太的弟兄姊妹。由于彼此要有相交合作的关系，"于是门徒定意照各人的力量捐钱、送去供给住在犹太的弟兄。他们就这样行，把捐项托巴拿巴和扫罗送到众长老那里。"（徒11:29-30）这些教会并不是完全各自独立的，因为他们一同都与基督有相交契合，所以他们也彼此相连。他们由于爱，彼此都必须关心对方的需要。

安提阿差派巴拿巴与扫罗：安提阿的教会是一个具有宣教心志的教会。他们愿意这失丧的世界都知道基督的心肠。有一天，"他们侍奉主、禁食的时候，圣灵说：'要为我分派巴拿巴和扫罗，去作我召他们所作的工。'于是禁食祷告，按手在他们头上，就打发他们去了"（徒13:2-3）。安提阿教会白白受恩，得了这些属灵的领袖，如今为了传扬天国的福音，也将这些领袖白白差派出去。

请注意，巴拿巴与扫罗（保罗）其实早已蒙召到外邦人那里传讲福音。在几年前扫罗已经悔改归正，有神的呼召（参徒9:1-19；加1:16-24）。只是在基督的身体里，他们才知道在外宣教的适当时机。圣灵是透过教会向他们说话的。所以，请放胆信靠神，你的教会能帮助你认识神的旨意，认识进行天国事工的适当时机。

耶路撒冷帮助维持纯正的教义：信徒中间对于救恩的理解出现分歧，于是保罗和巴拿巴便去到耶路撒冷提供咨询意见。耶路撒冷的使徒、长老，和教会都起来帮助平息这些争论，并在他们中间差派两名信徒前往安提阿，指导那里的外邦基督徒，鼓励他们，坚立他们。

其他教会为天国的目标一同合作：在保罗的书信中，我们看到教会为了天国的缘故与其他基督徒一同合作。

- **罗马基督徒**的信德鼓励了其他地方的基督徒（参罗1:8-12）。保罗打算接受罗马教会的帮助，按计划前往西班牙（参罗15:24）。
- **马其顿与亚该亚的教会**将捐项交给耶路撒冷的穷苦基督徒（参罗15:26-27）。
- **腓立比教会**经常在金钱上支持保罗，使他能到其他城市传福音和建立教会（参腓4:14-16）。
- **歌罗西与老底嘉教会**共同领受神的仆人（以巴弗）和保罗的书信（参西4:12-16）所带来的好处。

·**帖撒罗尼迦教会**的信徒激励了其他信徒，成了马其顿与亚该亚信徒的榜样（参帖前1:6-10）。

8 以下哪一项最能描述新约时代教会的关系？

□a. 教会各自为政，他们互不关心，也不需要与其他信徒建立关系。

□b. 教会唇齿相依，他们彼此关心，互相鼓励和帮助。

9 你的教会可有什么例子因为与其他教会或机构互相合作，从而体会到肢体合作相交？

_____

_____

_____

有一小群基督徒对一个大城市的贫民区有传福音的负担，也不知道当时还有哪间教会想要接触那个广大的福音禾场。于是，他们当中有些人听从神的带领辞去工作，自己筹措经费，靠着信心在那个地区成立了一家教会。当他们开始进行这项福音行动时，竟然听说有一家大教会要在同一个地区设立另一家教会，并要投注大量的人力和金钱，让那个教会可以很快拓展开来。听到这则消息，这个先开办的小教会并没有因此担心彼此会互相竞争，反而非常开心。因为神既然感动另一家教会在同一个地区接触未得之民，可见神的心意确实是要赢得那群广大的居民归向基督。于是，那间小教会便成立基金，全力支持第二间教会的牧养工作。他们甚至把那间教会列入预算范围，即使对方是不同宗派，也比他们拥有更丰富的资源。基于小教会对当地人民的负担，他们还是同心协助第二间教会的侍奉。而且每当有人在第二间教会信了主，第一家小教会的会友们都一起欢欣喜乐，因为知道在神的国度中又增添了一名新的肢体。

更多经历神

信徒离开了基督的身体——一家地方教会——便无法体验神为他们预备的各方面经历。基督徒在基督身体里，一起传福音，直到地极，方能更全面体会在神国度里的生命。我们倘能与神家里的其他人有团契相交，便能更多方面体验神在我们的世界显现做工。神已安排了各种渠道，借此使你和你的教会为他接触世界。你必须让他清除任何障碍，使你能够透过与其他人的相交合作，去经历他的一切安排。你要走到他面前，静候他采取行动，他会将方法、与你同工的人，和时间向你显明。

本课摘要

由于爱心，每个教会内的一切东西都属大家所有。

教会一切的所有都是属于天国的。

如果教会之间有团契相交，就会在他们的关系上表现出来。

当我们让基督来管理，人为的障碍就会倒塌。

新约的初期教会可说是唇齿相依的。

教会倘能与神家里的其他人有相交，便能更多方面体验神的确在我们的世界里动工。

10 填充题：

新约初期的教会并非各自为政的。

他们是＿＿＿＿＿＿＿＿的，他们需要与其他信徒相交，更全面地经历神和他所给予的团契相交。

11 在下面默写本周的背诵金句（约壹1:7）。

＿＿＿＿＿＿＿＿＿＿＿＿＿＿＿＿＿＿＿＿＿＿＿

＿＿＿＿＿＿＿＿＿＿＿＿＿＿＿＿＿＿＿＿＿＿＿

12 温习背诵过的金句，以便在本周的小组学习时间内向其他学员背诵。

＿＿＿＿＿＿＿＿＿＿＿＿＿＿＿＿＿＿＿＿＿＿＿

＿＿＿＿＿＿＿＿＿＿＿＿＿＿＿＿＿＿＿＿＿＿＿

＿＿＿＿＿＿＿＿＿＿＿＿＿＿＿＿＿＿＿＿＿＿＿

＿＿＿＿＿＿＿＿＿＿＿＿＿＿＿＿＿＿＿＿＿＿＿

＿＿＿＿＿＿＿＿＿＿＿＿＿＿＿＿＿＿＿＿＿＿＿

＿＿＿＿＿＿＿＿＿＿＿＿＿＿＿＿＿＿＿＿＿＿＿

重温今天的功课。祷告求神帮你找出一两句他期望你明白、学习或付诸实践的课文内容或经文，并回答以下问题：

在今天研读的课文中，哪些字句或经文对你最有意义？	将这些字句或经文改写为你回应神的祈祷。	神期望你做什么来回应今天所学习的？
＿＿＿＿＿＿＿＿＿	＿＿＿＿＿＿＿＿＿	＿＿＿＿＿＿＿＿＿
＿＿＿＿＿＿＿＿＿	＿＿＿＿＿＿＿＿＿	＿＿＿＿＿＿＿＿＿
＿＿＿＿＿＿＿＿＿	＿＿＿＿＿＿＿＿＿	＿＿＿＿＿＿＿＿＿
＿＿＿＿＿＿＿＿＿	＿＿＿＿＿＿＿＿＿	＿＿＿＿＿＿＿＿＿
＿＿＿＿＿＿＿＿＿	＿＿＿＿＿＿＿＿＿	＿＿＿＿＿＿＿＿＿

团契相交的要素（上）

与神的团契相交（爱的关系、亲密的相交），乃是得救和得永生的基本要素（参约17:3）。神主动邀请你进入与他相爱的关系中，他把圣灵放在你里面，使你与他能有正确的关系。没有任何人为的方法与步骤能维系人和神的相交。与神团契相交乃是体验神临在的一种经历，虽然神采取第一步，但你必须回应神，才可完全体验他的临在。

> 与神团契相交乃是体验神临在的经历。

1 以下七项实况是帮助你借着经历去认识神。现在考一考你的记忆。请在横线上填上适当的字，然后翻开本书的书末附录图核对答案。

实况1：_____常常在你身处的环境中做工。

实况2：神寻求与你建立一种持续相爱的____ 是实在而____的。

实况3：神邀请你_____他的_____。

实况4：神是借着_____、透过《圣经》、_____、环境，和_____对你说话，向你启示他自己、他的_____，和他的方法。

实况5：神邀请你与他同工，往往会使你面临_____的危机，这是要你以信心和实际行动去回应。

实况6：你必须在你生活中有重大的_____，来配合神的工作。

实况7：透过_____的_____，你会逐渐认识神，他也会借着你去完成他的工作。

请注意，这里的最后三项实况其实就是你对神的回应：

·你必须以行动表明对他的信心。

·你必须为他做出重大的调整。

·你必须顺服他。

当你回应神的呼唤，就会从经历中深入认识他。对神忠心顺服，会使你经历到他的临在，这就是团契相交。

持续与神相交并非随便发生的，这种相交是可以受到破坏的。有时看来似乎是很好的意图，却可以成为我们与神以及与弟兄姊妹相交的威胁。要认识有什么事情会危害相交的关系，就须先认识一下与神真正团契相交的要素：

团契相交的要素

1. 我们必须用我们的全人去爱神。
2. 我们必须顺服于神的主权。
3. 我们必须从真实和个人化的途径去经历神。
4. 我们必须完全信靠神。

我们必须用我们的全人（全心全意）去爱神

耶稣对他说："你要尽心、尽性、尽意，爱主你的神。这是诫命中的第一，且是最大的。"

（太22:37-38）

"这是诫命中的第一，且是最大的。"（太22:37-38）如果你爱神，就会顺服他（参约14:21-24）；如果你爱他，你也会爱你的弟兄（参约壹4:21；5:3）；如果你与神有美好的相交——你用你的全人去爱他——你甚至会有能力去爱你的仇敌。

凡是叫你离弃对神"起初爱心"的事物，都会危害这种相交关系，这也是以弗所教会所面对的问题（参启2:1-7）。

不要爱世界和世界上的事。人若爱世界，爱父的心就不在他里面了。因为凡世界上的事，就像肉体的情欲，眼目的情欲，并今生的骄傲，都不是从父来的，乃是从世界来的。

（约壹2:15-16）

 阅读《约翰一书》2章15-16节，有什么事物会威胁到或争夺你对神的爱？试列出来。

_____

_____

你若爱金钱或其他事物多于爱神，你与他的团契相交就会破裂。污秽的渴望和情欲都会夺去你的"起初爱心"。你甚至只会沉醉于已拥有的一切或你能够做的事情上。倘若你对神的爱不够纯全，你与神的团契相交就会破裂；这种破裂随之会反映在你与其他人的关系上。

一个人若爱其他事物多于爱神，他与神的团契相交就会破裂，他对其他人的爱也会受到损害。爱物多于爱神的人会变得吝啬、贪婪；即使看到弟兄有需要，也会将所拥有的物资只留为己用，不会施出帮助他人。他甚至会将献给神的十分之一也留作自己使用。贪婪是十分危险的（参弗5:5；约壹3:17）。

物质主义是很可怕的陷阱，把许多人对神的爱都夺去。教会有时也会因此变得自私贪婪，把神的资源只留为己用，而不愿去帮助这个失丧又有需要的世界。

3 团契相交的第一样要素是什么？

_____

_____

列出两样因妨碍你对神的爱而威胁到你与神相交的事物。

_____

我们必须顺服于神的管治主权

神是你的主人，因为他对你的爱是完全的爱，所以他要求你绝对的顺服。基督既是教会的头，他便要求教会顺服他和遵从他的旨意。你若要与神有正确的相交，就必须绝对降服于他的主权之下。

一个人若倚恃自己为生活的法则，凭自己的眼目判断是非，那么团契相交的经历就不可能在他的生命中出现，也不可能在教会生活中出现。你将效忠的焦点转移至基督以外的对象，可以说是灵性上的不贞。如果牧师、执事、举足轻重的商人，或是任何委员会要尝试来"掌管"教会，团契相交就会受到威胁。

问题通常都是出于个人本身（或教会本身）与神的关系。当一个人不肯放下自我来跟从基督，他与神的相交关系必会破裂；教会若由"自我"来控制，则所有其他权力之间的关系必会失控。在基督的身体里，凡是固执己见，基督的权柄便会被夺去，无法作教会的头。

相交的关系破裂，不单是因为信徒本身要起来作教会的头，有时也因为教会期望由牧师、其他的个别信徒或群体来掌管。其实，没有任何信徒或群体能发挥教会的头的作用，使教会仍能成为健康的身体。尽管教会外表看起来很健康，但神却看见那教会是否背叛了他儿子的管治，他并会痛恨这种情况。教会里的每个信徒都须将自己整个生命顺服于基督的主权，而基督就作为整个教会的头。

 照你的意见，你们期望谁作为你们教会的头呢？

_____

《哥林多前书》1至3章指出当时分党分派情况（即相交关系破裂）存在于教会之中，原因是有些信徒跟随保罗，有些跟随亚波罗，有些则跟随彼得（矶法），保罗谴责这种悖逆。他也指责任何企图跟随基督以外的其他对象的行为。他说跟随他或跟随亚波罗是幼稚、世俗、属肉体的行为（参林前3:1-4）。他说明教会必须要有"基督的心"（参林前2:16），和单单跟随基督。

教会要是由不肯顺服基督主权的信徒组成，这个基督的身体就不可能有团契相交。同样，在一些较大的基督教团体里（例如教会的联会或宗派），要是牧师或其他参与的人不肯顺服基督的主权，不肯在基督的管治下在身体内发挥作用，则这个团体也同样不可能有团契相交。在你生命中，或是在教会，或在

教会里的每个信徒都必须将自己整个生命顺服于基督的主权，而基督就做整个教会的头。

较大的基督教团体里，任何篡夺神在你生命中的主权的人、事、物都足以破坏你们与神的相交。任何人与神相交的关系一旦受破坏，他与其他信徒的相交关系也就自然会反映出这种景况。

6 照你的意见，你们会期望谁做你们宗派的头？

_____
_____
_____
_____

7 团契相交的第二样要素是什么？

1. 我们必须以我们的全人去爱神。

2. _____

8 试述当基督的管治一旦受到阻碍，会如何使教会里的团契相交受到威胁？

_____
_____
_____
_____
_____

9 请你以完全诚实的态度来到神面前，省察一下到底谁是你生命的主？

☐ 耶稣基督
☐ 我自己
☐ 我的配偶
☐ 我的工作
☐ 金钱和物质
其他 _____

10 用些时间为今天的学习和以下的事项祷告：

· 求问神，在你的生命中是否有任何事物令你离弃对神起初的爱心？你是否爱这些事物多于爱神？倘若他向你启示这些事物是什么，你便应向神认罪，并重拾起初的爱心。

· 求问神，你是否将生命完全交予神掌管？

· 求问神，你是否让耶稣发挥作你们教会的头的功能？

·为你的配偶、家庭、教会，或你们的宗派祷告，祈求每个人的心都由神来掌管。

11 写出本单元要背诵金句。

_____

_____

_____

_____

_____

_____

_____

_____

_____

_____

_____

_____

_____

_____

本课摘要

与神团契相交也就是经历神的临在。

与神团契相交，乃是得救和得永生的基本要素。

我必须用我的全人去爱神。

我必须顺服于神的主权。

教会除非是在基督的身体内由愿意顺服基督主权的信徒组成，这个基督的身体才可能有团契相交。

重温今天的功课。 祷告求神帮你找出一两句他期望你明白、学习或付诸实践的课文内容或经文，并回答以下问题：

在今天研读的课文中，哪些字句或经文对你最有意义？	将这些字句或经文改写为你回应神的祈祷。	神期望你做什么来回应今天所学习的？
_____	_____	_____
_____	_____	_____
_____	_____	_____
_____	_____	_____
_____	_____	_____

第**5**天 团契相交的要素（下）

唯有与永活的基督相遇才会带来功能显著的团契相交。

昨天你学习过，若要与神有团契相交就需用你的全人去爱神，并且顺服他在你生命中的治理主权。若是你容让许多的人、事、物在你的生命和教会中妨碍你与神的团契相交，你就是容许它们来分散你对他的爱和干扰你对他的跟随。在今天的课文中，我们会多认识两项团契相交的要素，以及你和神相交的障碍。

我们必须从实在和个人（个别）的途径去经历神

你和神之间的团契相交是根据你与他的个人经历，没有其他事物可以代替。你不能倚靠你的配偶、父母、牧师、主日学老师，或教会其他信徒的经历。你与神的团契相交必须是实在和个人的经历。

当你容许任何人或事在你与神的关系上使你成为一个旁观者，多过成为一个积极的参与者，这时团契相交就受到威胁。你必须直接与神相遇，否则你对神只会变得被动、冷漠，甚至退出一切的侍奉。你必须不断与神有直接的接触，否则你与神的相交就会日渐冷淡。你再不会注意神对他的教会、他的国度，或对这失丧的世界的关注。

1 当教会发生一些什么事，就能引致人成为旁观者而不是积极的参与者？

_____

_____

_____

2 在哪一方面你已用一种"观望式的宗教"取代了你在神里面的个人和真实的经历？

_____

_____

_____

_____

_____

虽然有些组织和活动的设计目的是推动福音外展、教会增长和参与侍奉，但教会一不小心就会让这些组织和活动导致信徒与神的关系变得肤浅和淡薄。它们只会帮助会众体验某种活动，而失去了个人与活着的基督接触的实在。经过妥善安排的活动、计划、方法和查经聚会固然是宝贵，但却不可取代圣灵个别带领我们的独特经历。教会必须确认，那组织本身是鼓励信徒常常与神有亲身经历的。

对他人经历过的属灵真理和实况不可单单流于认知的层面，信徒必须个别领受从神而来的相同属灵真理和实况。所以我们必须引导信徒也有这些亲身的经历，而不是倚靠他人的二手经验。

比方说，某宗派的机构有机会为神进行一项事工，而这事工是个别教会无法独力完成的。在这情况下，信徒个人和个别教会千万不可将这机构的工作取代自己对神事工的亲身参与。否则大家便会变得互不关心，灵性冷淡，不愿负起责任参与其中。唯有当一个人与活着的基督相遇，结果才会一同进入一种满有功效的团契相交中。

3 有些什么事工是宗派联合能够做得到，但个别教会大多无法独力承担的？

_____

_____

_____

_____

_____

4 在哪一方面对事工的倚赖如果被错误运用，就会成为对信徒与神的真实和个人相交的障碍？

对事工的倚赖和与神相遇并非是两者任择其一，而是要双管齐下。宗派事工、课程活动、方法、研读资料的编制等等，都是对教会极有帮助的工具。然而，这一切都不可成为个人与神接触的代替品。每个信徒都需要经历神在他们身上的作为。信徒若肯跟随神的引领，借圣灵的力量完成神的旨意，他们便会经历到与神的团契相交。

假若课程活动和侍奉成为最终的目标，追求目标过程中的方法或手段，大家为活动而活动，或侍奉只是表面上的成功指标，那么团契相交便会有陷于不清不楚和丧失的危险。教会不可只关注自己工作在数字上的成果，教会必须小心注意自己做工作的内心动机：生命是否有改变？受过创伤的人在灵里和情感上是否得着医治？信徒是否亲身经历到活着的基督确实在教会里动工？倘若没有，信徒与神之间的个人关系必定是出了什么问题。

5 团契相交的第三样要素是什么？

1. 我们必须以我们的全人去爱神。

2. 我们必须顺服于神的管治主权。

3. _____

6 教会里有什么东西能取代人与神之间那真实和个人的接触？

_____

_____

_____

7 在你的过去，有哪一样东西是你曾让它来取代了你与神之间的亲身经历的？试列举一项。（例如："我已奉献金钱给教会，我就避免亲身参与神借着教会来完成的工作。我从没试过在神要教会完成的工作上有亲身的经历。"）

_____

_____

_____

_____

_____

我们必须完全信靠神

你必须倚靠圣灵去做一些只有神方能承担的工作，你必须单单信靠神。

有一次以色列人面对困难，他们便想倚仗埃及人的兵力，而没有倚靠神，神对他们说：祸哉！那些下埃及求帮助的，是因仗赖马匹，倚靠甚多的车辆，并倚靠强壮的马兵，却不仰望以色列的圣者，也不求问耶和华（参赛31:1）。

8 教会里有什么人或事可能成为众人的倚靠对象呢？（例如，教会可能倚仗一些经济稳定的有钱人，多过信靠借着人供应一切经济力量的神。）

_____

_____

_____

_____

_____

将信靠之心放在神以外的任何事物上，会使你与神的相交关系破裂，靠赖以下的事物来完成神的工作，取代信靠神，这只会破坏你和他之间的相交关系：

- 自我、自己的能力、自己的资源
- 其他人、他们的能力、他们的资源
- 计划或方法
- 对人的操纵和压制
- 压迫手段或不道德的方法
- 欺骗
- 其他

神会提供人、关系、资源、方法和计划给教会使用。不过，教会若向试探投降，去倚仗这些多过信靠神，神就不喜悦。你的教会可能信靠了自己、牧师、精心策划的研经课程、宗派组织、银行、事工招展的方法、政府，或是其他组织机构、人或物。倘若你们倚仗这些事物中的任何一种多过倚靠神去完成神的工作，这样，你们与神以及与其他信徒的相交关系便会受到破坏。有时，宗教领袖会用压迫手段使会众遵行神的旨意，这同样否定了神亲自带领子民的能力。教会内出现冲突的时候，这些领袖也可能会倚靠人力的力量去处理教会的纷争，而不会带领会众回到神那里，单单信靠他和他的爱。

圣灵会借着信徒彰显他自己，并给予他们能力去完成只有神方能成就的工作。是神使教会成长，圣灵使教会合一，基督使教会结出属灵的果子。你和你的教会必须倚靠神，让他借着你，用他的方法，去完成他的旨意。

不错，神会呼召你与他同工。他会吩咐你做一些事情，借此他可以动工。他往往会带领你用一些计划或方法，来帮助你筹算、运作，然后完成他的旨意。他会呼召你使用你的金钱、资源、技能和才干，但你若要结出恒久的果子，你使用这一切时必须倚靠神的带领、供应、赐予和能力。没有他，你不能作什么（参约15:5）。神的同在往往会缔造和维持他与人的相交，他会借着顺服和信靠他的人结出永久的属灵果子。

> 我是葡萄树，你们是枝子；常在我里面的，我也常在他里面，这人就多结果子；因为离了我，你们就不能作什么。
>
> （约15:5）

9 **团契相交的第四样要素是什么？**

1. 我们必须以我们的全人去爱神。
2. 我们必须顺服于神的管治主权。
3. 我们必须从实在和个人（个别）的途径去经历神。
4. _____

10 你会容易信靠什么事物多于信靠神？试举出一样。

_____

_____

_____

_____

_____

_____

_____

_____

本课摘要

我必须从真实和个人化的途径去经历神。

我必须完全信靠神。

11 再次用一些时间祷告。为今天的学习祷告，求神指出有什么事情，令你用其他处事方法取代了与他的亲身接触，从而使你失去了亲历他的机会。又求神指出有什么事情，使你信靠其他的人与事，而没有倚靠神作你的供应者。也为教会祷告，免得教会不知不觉地鼓励了信徒采用一些宗教活动，取代了对神的亲身经历。求神帮助教会经常单单地倚靠他。

12 背诵或默写本周的背诵金句。

_____

_____

_____

_____

_____

_____

_____

_____

_____

_____

神所赋予的宣教负担

在少年时期，神就把宣教的负担放在我和妻子的心里。婚后没多久，我们在一场聚会中听到一位宣教士提出一个呼召，问谁愿意随主心意差派他们到他要他们去的地方。我和妻子都回应了这个呼召，走到台前向主交出生命的主权。

我们教会的宣教机构原本要差派我们到非洲宣教，可是我们的大儿子却在这时得了一种不明的病，宣教机构便建议我们暂时不要去非洲，等医生确定儿子的病情之后再去。接下来几个月，神逐渐让我们清楚知道他要我们去的地方不是非洲，而是加拿大。当我们到达加拿大，大儿子的病竟然痊愈了。之后18年，我们都在加拿大从事宣教工作，在这段时间，神亲自教导我许多凭信心与他同行的生命功课，后来经多人要求，我便把《不再一样》的课程心得撰写成书。

过去这几年，我逐渐明白，神或许没有要每个人都成为作家或牧师，但他期待他每个儿女都能够把这个世界的需要放在心里。神能够透过一个人或一家教会影响这个世界吗？当然能够！今日，他正在期待这样的人，这样的教会。

重温今天的功课。祷告求神帮你找出一两句他期望你明白、学习或付诸实践的课文内容或经文，并回答以下问题：

在今天研读的课文中，哪些字句或经文对你最有意义？

_____

_____

_____

_____

_____

将这些字句或经文改写为你回应神的祈祷。

_____

_____

_____

_____

_____

神期望你做什么来回应今天所学习的？

_____

_____

_____

_____

_____

12

·金·句·背·诵·

又要彼此相顾，激发爱心，勉励行善。你们不可停止聚会，好像那些停止惯了的人，倒要彼此劝勉。既知道那日子临近，就更当如此。

《希伯来书》10:24-25

每日经历神

与教会失联的会友

有个主日，我在一家教会讲道，谈到基督的同在如何奇妙地影响我们的日常生活。聚会结束后，有个弟兄泪流满面地走到台前。于是牧师请他在会友面前分享他的见证。这个弟兄坦言，早在10年前，他的妻子就邀请他一起到教会。来到教会之后，他很喜欢教会的人，也很享受聚会的气氛，因此决定要加入这间教会。后来，他听到儿童主日学需要师资，就自告奋勇地接下这个服侍。几年之后，他不但担任主日学老师，也担任教会的执事，尽其所能地参与侍奉。直到我去讲道的那个早上，圣灵才提醒他，他事实上并没有跟耶稣建立特别的关系。这个善良的人一直持守着宗教的礼仪，却没有跟基督建立一个真实、能改变生命的关系。

当我谈到，圣灵每天都与我们同行，亲自引导我们，这个人才恍然大悟，原来自己并没有聆听过圣灵的声音。当我提到神对我们的爱，他发现自己虽然服侍神，对神却没有爱。令他自己和教会惊讶的是，他突然意识到，虽然加入教会那么久，参与那么多的服侍，他却没有真实地经历过神。

这个人的经历也是很多人的体会。在研读《不再一样》的课程中，我曾听到一个这样的响应：

"我以前以为自己知道何谓基督徒，也知道'与神同行'是什么意思。直到研读这个课程之后，我才明白原来自己只是一个对宗教礼仪感兴趣的人，我并不是真的了解'享受与神的个别关系'到底是什么意思。"

这正是这段课程的重心所在：从单纯的宗教活动转变成与神有真实、生气蓬勃、不断增长的关系。在以下这个单元，我们将说明与神建立个别的关系之后，"每日与神同行"究竟涵盖什么意义。

回归神

当我们回转向神，神会赦免我们的罪，并和我们重新建立美好的关系。

基督徒也会失去与神亲密的关系。即使是最热心的基督徒，若不注意，他们对神的爱也会逐渐冷却下来。可是，远离神这件事你可能一开始并不会察觉，直到情况很严重了，你才发现自己已经离神很远。《圣经》中提到一些方法，可以帮助你了解自己与神的关系是正常的，还是已经远离了。

1 以下列了一些远离神的迹象。请先读左栏的经文（申28:25，30:17；摩8:11-12；约15:4-5，15:10-11），然后将合适的经文列在相关迹象的左边。与某个迹象一致的经文可能不只一处。

a.你不再听见神的声音。

b.你失去喜乐。

c.你不能结出圣灵的果子。

d.你不再过得胜的生活。

2 根据这些与神失去亲密关系的迹象，你可以对你现今与神的关系下什么结论？

a.我可能已经开始远离神。

b.感谢主！我与神的关系愈来愈深入。

c.我远离神的情况比我想象中严重。

d.其他：

答案：（a）申30:17及摩8:11-12；（b）约15:10-11；（c）约15:4-5；（d）申28:25。

远离神是怎么发生的呢？主耶稣在《路加福音》15章所说的三个比喻可帮助我们了解其中的因由。第一是迷羊的比喻（参路15:3-7）：当羊不专心跟随牧羊人，通常就会迷路。第二是失钱的比喻（参路15:8-10）：一般而言，漫不经心就容易遗失贵重的东西。没有人会故意掉落宝贵的东西，可是若不谨慎，我们甚至会把最贵重的宝物丢在不该放置的地方。第三是浪子的比喻（参路15:11-32）：在这个故事中，浪子故意选择离开父亲，让自己沉浸在放荡的生活中，羞辱他的父亲。

3 试将右边失丧的情况填写在左边合适的比喻中。可直接填写英文字母。

_____1.迷羊的比喻。　　a.不专心跟随

左栏经文：

耶和华必使你败在仇敌面前，你从一条路去攻击他们，必从七条路逃跑。你必在天下万国中抛来抛去。

（申28:25）

倘若你心里偏离不肯听从，却被勾引去敬拜侍奉别神。

（申30:17）

主耶和华说："日子将到，我必命饥荒降在地上。人饥饿非因无饼，干渴非因无水，乃因不听耶和华的话。他们必飘流，从这海到那海，从北边到东边，往来奔跑，寻求耶和华的话，却寻不着。"

（摩8:11-12）

_____2. 失钱的比喻。　　b. 有意的选择

_____3. 浪子的比喻。　　c. 漫不经心，不提高警觉。

你也可能因着同样的原因远离神。就像那只迷路的羊（a），你可能定睛在世界的欢愉和活动上，或专注在你与其他人的关系上。当你不将心思专注在神身上，很可能在你意识到之前，你早就已经偏离神很远了。你也可能像那个失钱的比喻（c），不提高警觉来守护你的心思意念，一旦试探来临，你抵抗的力量就变得很薄弱，罪就会破坏你与神的关系，使你与神失去亲密的连结。或者，你会像那个浪子（b），故意选择不顺服、沉溺罪恶的行为和活动来违抗天父的旨意。

无论你远离神多远，神都会借着愈来愈严厉的管教，让你回到他面前。神爱你，像父亲疼爱子女一般，所以他会责备、管教你，直到你从叛逆中归回神（参来12:5-11）。神管教的手绝对不会停歇，直到你面临一个危机，在当中你必须做一个慎重的选择。当你处在那样的苦境中，你就会向神呼喊。

《圣经》应许我们："我们若认自己的罪，神是信实的，是公义的，必要赦免我们的罪，洗净我们一切的不义。"（约壹1:9）当你承认神向你指明的可怕罪行，你就会向神认罪。认罪与悔改是一体的两面，一旦懊悔罪行，你就会转离恶事，归向神。当你与神的关系因着罪遭到破坏，你要向神承认你的景况，并从其中转回。你要回归神，神就会赦免你，并恢复你与他的相交团契。接受神的管教，因而带来生命的回转，重新恢复与神的关系，这种回应就是所谓的复合。有关复合的重要经文，另《参历代志下》7章13-14节。

④ **阅读经文（代下7:13-14）**

a. 当神审判他的百姓时，他们应该要做哪四件事？

1. 　　　　　　　　　　2.

3. 　　　　　　　　　　4.

b. 当神的百姓归向神，神应许要做哪三件事？请在经文中标示出来。

神修复我们与他关系的方法包含谦卑、祷告、寻求神的面（寻求他同在的经验），并要悔改（远离恶行）。

若是如此，他应许要垂听、赦罪并医治我们的地。当我们回归神（而不只是恢复宗教的活动），神就会转向我们，与我们恢复亲密、活泼的关系，并再一次成就他对我们的旨意（参亚1:3；代下15:2）。复合的意思就是神的生命回归到我们的灵里，这不仅发生在个人、教会、宗派当中，也会发生在国家当中。

⑤ 倘若你发现自己不再像从前那样爱神、尊崇神，现在就花

你们要常在我里面，我也常在你们里面。枝子若不常在葡萄树上，自己就不能结果子；你们若不常在我里面，也是这样。我是葡萄树，你们是枝子；常在我里面的，我也常在他里面，这人就多结果子；因为离了我，你们就不能作什么。

（约15:4-5）

你们若遵守我的命令，就常在我的爱里；正如我遵守了我父的命令，常在他的爱里。这些事我已经对你们说了，是要叫我的喜乐存在你们心里，并叫你们的喜乐可以满足。

（约15:10-11）

我若使天闭塞不下雨，或使蝗虫吃这地的出产，或使瘟疫流行在我民中，这称为我名下的子民，若是自卑、祷告，寻求我的面，转离他们的恶行，我必从天上垂听，赦免他们的罪，医治他们的地。

（代下7:13-14）

所以你要对以色列人说，万军之耶和华如此说：你们要转向我，我就转向你们。这是万军之耶和华说的。

（亚1:3）

他出来迎接亚撒，对他说："亚撒和犹大便雅悯众人哪，要听我说：你们若顺从耶和华，耶和华必与你们同在；你们若寻求他，就必寻见；你们若离弃他，他必离弃你们。"

（代下15:2）

人心比万物都诡诈，坏到极处，谁能识透呢？

（耶17:9）

本课摘要

你要回归神，神就会赦免你，并恢复你与祂的相交团契。

复合的意思就是神的生命回归到我们的灵里。

认罪悔改归向神当然很好，可是若能防范未然更好！

一段时间祷告。你要承认你的罪并回归神，好让你能够再次经历神的同在。倘若你并没有远离神，你可以为你能够持续委身，真实面对神来祷告。

认罪悔改归向神当然很好，可是若能防范未然更好！《圣经》中有许多的提醒，可以帮助你的心不致远离神。

6 读下列的提醒时，请将每个段落中，请把能帮助你与神有亲密关系的钥字或钥词标示出来。

a. 《箴言》4章23节警戒我们："你要保守你心，胜过保守一切，因为一生的果效，是由心发出。"要谨守你的心！我们的心是很邪恶的，如果你不随时省察、看守，你的心很快就会远离神（参耶17:9）。所以务必要小心你放入心中和意念里的东西。

b. 《箴言》11篇14节说："无智谋，民就败落；谋士多，人便安居。"要让你的身边环绕着众多敬畏神的谋士，他们一旦看到你的心开始偏离神，就会鼓励、警告你。

c. 耶稣说："你要尽心、尽性、尽意，爱主你的神。"（太22:37）要竭尽所能地爱神。爱神是你的一项抉择，你要保守你的心、你的意念和灵都处在持续爱神的景况中。

d. 耶稣又说："凡听见我这话就去行的，好比一个聪明人，把房子盖在磐石上。"（太7:24）要让顺服变成你的生活态度，只要听见神说的话，无论是什么都要立刻顺服。你若肯顺服，就可以经历神透过你并在你生命中各种不同的作为。耶稣说："人若爱我，就必遵守我的道，我父也必爱他，并且我们要到他那里去，与他同住。"（约14:23）

也许你所选的答案跟我的不同，我的答案如下所列：（a）保守你心；（b）敬畏神的谋士；（c）爱神；（d）顺服。

重温今天的功课。祷告求神帮你找出一两句他期望你明白、学习或付诸实践的课文内容或经文，并回答以下问题：

在今天研读的课文中，哪些字句或经文对你最有意义？	将这些字句或经文改写为你回应神的祈祷。	神期望你做什么来回应今天所学习的？

夫妻共同经历神

神赐给你一生的配偶，是想让你和他/他一同参与到神的工作中。

今天（针对夫妻）和明天（针对父母）两天的课程，可能不太适合你的情况。你也可以学习，或者也可以利用这两天回顾前面的课程并祷告。

常有人问我："布莱卡比，神借着你的生命为他的国度成就这么大的事，对此，你有什么看法？"我的回应总是包含两方面。首先我会说，我是一个极其平凡的人，我其实并没有做什么。我想神是要借着他在平凡人身上的作为来显明他奇妙的大能，而他拣选了我。长久以来，我都学习全心顺服神，而这样的委身所带来的结果实在令我惊讶。但紧接着，我会说："当神定意要借着一个像我这样平凡的人来完成他的旨意时，他通常会为我预备一个全然适合我，也配合神计划的配偶。"

本质上，我是一个非常害羞、内向的加拿大人；我的妻子则出生在俄克拉荷马州，也在那里成长，个性非常外向。按着本性，我们两人简直就是水火不容。可是，从起初神在我们身上就有一个永恒的计划。我们双方的父母都让我们在教会中成长，鼓励我们积极参与教会的服侍。我们的父亲都是教会的执事，双方的父母都曾经协助设立教会。因为在这样的家庭中长大，我们都将自己的生命降服于神，愿意按着神的命令做他要我们做的事，去他要我们去的地方。从小我们就热爱教会，积极参与教会的宣教工作。

神对我的计划涵盖了在加拿大担任宣教牧师，凭信心渡过一些极其艰苦的难关，也包括后来要长途跋涉，到世界各处将神指示我的话教导当地的人。对我而言，要完成神在我身上的旨意，我必须要有一个生命的伙伴，而且她必须要有神给她的独特呼召。如今，神终于把我们两个人拉在一起了！神借着一个场合让我们相遇，那是在我室友的婚礼上，我担任伴郎，我妻子则是当天的伴娘。一年后，我们步入礼堂。过去47年，我们能够一起经历神的旨意，这是何等大的喜乐啊！

1 请在下面列出你和配偶的相似和相异点，可就你们的个性、兴趣、背景、价值观等等做些比较。

相似点 　　　　　　　　　　相异点

_____　　　_____

_____　　　_____

你们若将自己降服于神，神就会使用你们的相似和相异点，让你们夫妻能够为神的国度发挥1+1>1的效果。过去几年，玛丽莲和我一起跑遍国内各处带领"夫妻共同经历神"的研习会。能够邀请夫妇一起站在神面前，寻求神对他们夫妇的心意，实在是非常美好的经验。后来我们也出版了这个课程的影音版。参加这个课程的夫妇，有极大的比例后来都有牧会的负担。其中，也有很多夫妇重新和好。夫妇们一旦了解神对他们婚姻的心意，就能够一起在生活中发现不同于以往、令人兴奋的层面。

今天我们要来探讨一些方法，让你可以和你的配偶一起经历神。

神 对 婚 姻 的 心 意

耶稣针对婚姻这样说："那起初造人的，是造男造女，并且说：'因此，人要离开父母，与妻子连合，二人成为一体。'这经你们没有念过么？既然如此，夫妻不再是两个人，乃是一体的了。所以，神配合的，人不可分开。"（太19:4-6）婚姻乃是神将一男一女结合在一起，让他们成为一体，可以完成神的心意并且荣耀神。婚姻不只是一纸人与人之间的协议和合约，而是神圣的产物。神对他所配合的每对夫妻都有特别的计划。在神眼中，婚姻是绝对神圣的，所以他恨恶离婚这件事（参玛2:16）。

成为一体是什么意思？就是表示你的生命不再属于你个人所有。你们不是两个个体，而是互为一体。当你的配偶受苦，你也会一同受苦；当你的配偶经历属灵的得胜，你也会有同样的感受。神若对妻子有一个计划，那就表示神的行动会影响到那个丈夫。

 你们夫妻在哪方面特别体会到神所赐的合一？ 请分享其中一项。

_____

_____

有时会有人对我说："我想跟随主往前行，可是我的妻子不肯。我应该径自前往，不理会她吗？"我的回应是："你们是互为一体。你不能丢下你的妻子。"也有人说："我妻子清楚感受到神要我们更多参与宣教工作，可是直到现在我都没有听到神对我说什么。"我对他说："你们是一体的。如果神对你妻子说了什么，他必定也对你说了！"因为你们是互为一体，所以你需要按着神对你配偶所说的话调整你的生活。你们要一起祷告，也要相信圣灵必定会让你们清楚、确认神的旨意。一旦清楚了，你们就能够凭信心同行。

这就是我常常要求未婚夫妻来找我婚前辅导的原因，透过婚前协谈，他们可以仔细思考神要带领未来配偶的方向。因为结婚之后，神对夫妻一方的引导一定会直接影响到另一半。我认识一些人，曾经很清楚神对他们未来的引导是在某一方面，可是结婚之后，他们却抗拒神先前对他们说过的任何话，因为他们的配偶对那些事情毫无兴趣。当我向玛丽莲求婚时，我知道早在我们相遇之前，神就已经在她的生命中动工。玛丽莲五岁时差一点死掉，之后，她就强烈地感受到自己的生命是属于神的。所以我问她："玛丽莲，神曾经告诉你，他要透过你的生命成就什么事？你又给神什么承诺呢？如果我们结婚了，我答应你，一定会用我的余生来帮助你实现你承诺神的每一件事。"

3 如果你们还没有这样做，现在就可以花一点时间，和配偶一起，把你们所知道神对你们个人做过、说过的事写在一张纸上；也把你们对神的承诺写下来。你们觉得有哪些事是神期待你们去做却还无法实现的？你们是如何体会神正在引导你们参与他的事工？

与配偶互为一体是你能听见神说话的关键。这也是使徒保罗警告信徒不要跟未信者结婚的原因（参林后6:14）。保罗说，这样做就好像要把光和暗混在一起。信与不信者在本质上是互相敌对的，不可能在灵里合一。你与配偶在属灵上的亲密连结，会影响你与神的同行。使徒保罗说，恶待妻子的丈夫，他的祷告必不蒙垂听（参彼前3:7）。因此，不要允许你的怒气或不和睦的关系延续到日落（参弗4:26），确实是聪明的做法。

倘若研读至此，你发现自己是与不信者同负一轭，你要将这个事实告诉你的小组和教会，请他们与你一起祷告，陪伴你和你的配偶，直到他（或她）信主为止。

在配偶生活中参与神的作为

有一件事可以带给你极大的快乐，就是静观神如何在你配偶的生命中施行奇妙的作为，并且参与在其中！可采用下面的几种方法：

1. 恒切为你的配偶祷告，并且和他（她）一起祷告。神比你更清楚你的配偶正在经历什么事，他深知她的恐惧和不安，也知道他要透过你的配偶成就什么。定期为你的配偶祷告，可以帮助你从神的眼光来看待对方。夫妻很容易对彼此失望。如果你只是从人的角度来看你的配偶，你会看到对方的有限、失败和软弱；但是，如果你从神的角度来看，你会发现对方在神的手中有无限的可能。在你为配偶祷告的时候，神会提醒你采取某些行动，比如对配偶说些鼓励的话，写张字条或送个礼物。神也可能让你看见对方自己尚未发现的能力。当我为玛丽莲祷告时，神让我知道她对与神同行有特殊的洞察力，可以鼓励很多

你们和不信的原不相配，不要同负一轭。义和不义有什么相交呢？光明和黑暗有什么相通呢？

（林后6:14）

你们作丈夫的也要按情理和妻子同住（"情理"原文作"知识"），因她比你软弱（"比你软弱"原文作"是软弱的器皿"），与你一同承受生命之恩的，所以要敬重她，这样便叫你们的祷告没有阻碍。

（彼前3:7）

生气却不要犯罪，不可含怒到日落。

（弗4:26）

人。虽然结婚以后，我一直都扮演"专业"讲道者的角色，但我也鼓励我的妻子单独接受一些讲道的邀约，因为我知道她必须成为神忠心的管家，把神在她身上的作为分享出去，而这些分享将会成为多人的祝福。

④ 针对以上这一点，你觉得你和配偶的祷告关系如何？请从下列答案中勾选一项，或写下你自己的答案：

　a. 我们已经学会同心合意一起祷告——实在是极大的祝福！

　b. 我们各有自己的祷告时间，只是还没有固定一起祷告。

　c. 我的配偶还不太想跟我一起祷告。

　d. 我还不太习惯在对方面前大声祷告。

　e. 其他_____

⑤ 你觉得神希望你采取什么不同的做法（如果有），来改善你和配偶的祷告关系？

　_____

　_____

属灵问题
1. 在你最近的祷告时间里，神是否向你启示了什么事？
2. 祷告的时候，神有没有把一个特别的负担放在你的心中？
3. 今天听讲道的时候，你好像特别专注，神有对你说什么吗？

　2. 常常询问你的配偶属灵问题。有些基督徒夫妇从来不会提到神的作为，他们可能以为神在做工，却从不谈论这件事。你可以问对方："在你最近的祷告时间里，神是否向你启示了什么事？祷告的时候，神有没有把一个特别的负担放在你的心中？今天听讲道的时候，你好像特别专注，神有对你说什么吗？"我也发现，当我分享神在我身上的作为时，配偶常常是我最佳的听众。在我述说我所听到的神的话语时，我的妻子往往能够发现我遗漏的部分。一起倾听神的声音往往比我们个别听到的更多。

　3. 夫妻一起回顾属灵印记。在婚姻中蒙神引导的夫妻，必定会经历一些重要时刻，听到神清楚明白地对他们说话。夫妻二人要一起确认这些属灵印记并定期回顾这些经历。这样做有两方面的好处。第一，它帮助你们了解神正在引导你们往哪里去。当我届临退休年龄，我就像其他同年纪的人一样，必须决定未来要做什么。我是不是该加入某个城郊俱乐部或买套高尔夫球具？当我们回顾神在我们夫妻身上的作为时，我们意识到过去的婚姻生活正是神在装备我们走未来的道路。后来我们成立了"布莱卡比国际事工中心"（Blackaby Ministries International），让我们可以继续回应神的邀请，在世界各地宣传福音。后来神感动我们的大儿子参与我们的服侍，我们再次确认这件事完全符合神给我们的属灵印记。我们夫妇既然清楚领受这正是神一路的带领，我们就可以回应神给我们的每一项新的邀请。

　夫妻一起回顾属灵印记的第二项好处是，你们可以有一个美好的机会，来欢庆神在你们当中的作为。每天早晨，玛丽莲会和我一起享用咖啡，一起回想神在过去这近五十年来丰富的恩典。这带给我们的喜乐是何等大呀！

6 夫妻一起回顾属灵印记有哪两项好处？

a. _____

b._____

本周内找个时间，和你的配偶一起回顾你们的属灵印记。

4. 夫妻一起服侍主。神把你带到你配偶面前有个原因，他心中有个蓝图。其中一个目的是延续敬虔的后代（参玛2:15）。夫妻若一起寻求神的作为，就会发现神要特别借着他们两人来完成神国度里的某些使命。我认识一些夫妇，常定期一起参加短宣队，一起教主日学，一起教移民英语，为别人代求，在家带领查经班，接待外国学生，也领养外国小孩。他们发现夫妻一起服侍神，所得到的回馈非常大。

有一对夫妻多年来都分开服侍，丈夫在教会中担任执事，妻子则参与短宣队。许多年之后，妻子终于说服丈夫跟她一起参加短宣队。这次的经验让这个丈夫非常感动，他流着泪对妻子说："现在终于明白，长久以来你一直在谈的究竟是什么！"多年来他们都错失了夫妻一起服侍的特殊恩典。

7 目前你们夫妻如何一起参与神的作为？

_____

_____

8 你希望你们还可以用哪些方式一起参与神的作为？

_____

_____

5. 一起奉献。有许多基督徒夫妇在每个主日忠心地把奉献放在奉献箱中，却从未体会夫妻一起奉献的喜乐。神是在你外围环境工作的神，他希望你不但亲自参与神的计划，也在财务上与神同工。玛丽莲和我一起决定要将神给我们的钱奉献在哪里，这样做带给我们很大的喜乐。我们不仅支持当地的教会，也在经费上支持世界各地的福音事工。这样的参与不只是写张支票而已，而是一起寻求神要我们如何把钱用在他的国度里。我们是一起积财宝在天。

神呼召我们每个人要与他一起传福音。而我们身边最亲近的人就是神最先会做工的所在。神若赐给你一个生命伙伴，你就要参与神在他（她）生命中的奇妙作为。

9 写出本单元要背诵金句。

本课摘要

恒切为你的配偶祷告，并且和他（她）一起祷告。

常常询问你的配偶属灵问题。

夫妻一起回顾属灵印记。

夫妻一起服侍主。

一起奉献。

重温今天的功课。祷告求神帮你找出一两句他期望你明白、学习或付诸实践的课文内容或经文，并回答以下问题：

在今天研读的课文中，哪些字句或经文对你最有意义？

将这些字句或经文改写为你回应神的祈祷。

神期望你做什么来回应今天所学习的？

在职场中经历神

长久以来，基督徒一般都认为，神的作为只在周日彰显于教会场所内。但事实上，按照《圣经》的记载，神常常是在职场中施展奇妙的作为。当神要施行拯救世人的伟大工作，他就呼召亚伯拉罕，这位当时最昌盛的商人（参创24:35）。不但如此，亚伯拉罕的儿子以撒也是成功的商人（参创26:12-14）。以撒的儿子雅各更是因着商业的敏感度累积财富（参创30:43）。而约瑟也不是以传道人或宣教士的身份服侍神，而是以治理粮食的行政总管的身份参与神的工作。摩西是在牧养群羊时奇妙地遇见神（参出3:1-6）；以利沙是在耕地的时候蒙召来加入神的工作（参王上19:19-21）；阿摩司说，他不是先知，也不是先知的儿子，而是牧人，又是修理桑树的（参摩7:14），但神也呼召他；但以理也是以国王的总理身份来服侍神。

耶稣被训练成一名木匠。后来，当他要呼召12个门徒来跟随他，他拣选了渔夫（参可1:16-20）、税吏（参可2:14），及从事其他行业的人。我相信，神呼召这些职场上的人，其中一个原因是，他们在职场上经历过节节获胜的宝贵经验。这些人一旦遇见主，经历生命的改变，往往能够在瞬间颠覆他们的世界！亚利马太的约瑟是个尊贵的议士，他虽然也害怕当时的宗教领袖，却鼓起勇气向罗马政权主事者彼拉多要求耶稣的尸体（参可15:42-43；约19:38）；卖紫色布的吕底亚也是腓立比教会的重要成员（参徒16:14-15）；帮助使徒保罗开拓教会的亚居拉和百基拉也是商人（参徒18:1-2）。

1 **是非题**

____a. 在《圣经》中，神只使用牧师和宗教领袖来做他的工。

____b.《圣经》中那些愿意被神使用的著名人物有很多都是商人。

____c. 在我们国家中，重要的宗教活动只限于教会内。

（答案：a.错，b.对，c.错）

为什么神在职场上成就那么多的作为？因为那是人们每周停留最久的所在。对今日的信徒而言，情况依然如此。教会在主日的聚会中提供圣徒装备的机会，好让他们能够在周间的工作场域里做神的工。

为什么神在职场上成就那么多的作为？因为那是人们每周停留最久的所在。

教会在主日的聚会中提供圣徒装备的机会，好让他们能够在周间的工作场域里做神的工。

他所赐的有使徒，
有先知，有传福音
的，有牧师和教
师。为要成全圣
徒，各尽其职，建
立基督的身体。

（弗4:11-12）

② 配 对 题

读旁边的经文（弗4:11-12），然后把正确的字母写在横在线：

_____ 1. 使徒和先知　　　　　　　a. 装备信徒来服侍神。

_____ 2. 神的子民（会众）　　　　b. 百节各按各职，建立基督的身体。

_____ 3. 传福音的、牧师、教师

（答案：1-a；　2-b；　3-a）

据我所见，神现今最大的作为就是他在职场中的作为。目前我与美国几家最大企业的基督徒执行长一起同工，这一群人都知道，神把他们安置在现今的职位上有他特别的目的。这些职场领袖不但可以影响数以万计的员工生活，也掌控庞大数字的广告预算，而且有管道可以接触世界的领袖，这是宣教士无法触及的。有一个商人，他的公司生产发电机，他就送了一台给非洲的一个村落，条件是他可以告诉村民，他之所以帮助他们的原因。后来，当那台发电机在村里发光的时候，那个村落的酋长和几乎所有的村民都信了主。还有一位执行长，每到一个国家做商务参访，就把《圣经》当作礼物送给当地的领袖。

也有许多人觉得，神让他们在某个公司工作，是给他们机会在同事和顾客面前为主作见证，这其中就有许多带领同事信主的故事。我认识一些公司的主管会利用午休时间，带领同事查考《圣经》。

有一些基督徒医生会为病人祷告，并且把基督的福音介绍给他们。许多在工作场所信主的人，根本没有想过自己会在周日到教会聚会，因此神把他的仆人带到工作的场域，让他们在那里遇见那些需要听到福音的人。我认为，教会应该为那些每周一早上都要进入职场的基督徒举行差传仪式，就像我们为那些到别的国家传福音的宣教士作差传祷告一般。

③ 如果你们教会有为职场宣教士（就是在工作场所为神传福音的人）举行差传仪式，以下哪些族群是你可以投入的？请勾选你们教会为数最多的族群。

□学校教师	□营销人员	□医务人员	□工厂员工
□飞行员	□公务员	□会计	□律师
□政府官员	□艺术工作者	□空服员	□公司高级主管，执行长
□媒体工作者	□消防队员	□执法人员	□银行业者
□出租车司机	□信息人员	□科学家	□工程师
□技工	□法官	□演艺人员	□农夫
□其他：			

神在全世界工作的人当中施展他的作为。许多身在职场的人心中都充满不安，因为他们知道，即使爬到最高职位或达成财务目标，也不能带给他们所求

的平安与满足。

有个基督徒在上班的时候，圣灵感动他特别注意一位同事。虽然他与这名同事并不熟识，他还是邀请对方共享午餐。用餐时，这个同事坦言，早上来上班前他才刚刚决定要跟老婆离婚。就在那一天结束前，这个基督徒带领了这名遭遇困境的同事信靠耶稣，最终跟妻子和好了。

有个销售人员在自己的小区巡视时，圣灵让他注意到一间待售的房子。过了几个星期，他发现那间房子的车道上停了一辆家具搬运车。两周后，他瞥见那个房子的前门架设了一个轮椅斜坡。每一次，只要经过那间房子，这个基督徒都会感觉到圣灵在微声催促他，要去找出到底是谁住在那里。终于有一天，当他又开车经过那间房子，他强烈感觉到自己应该停下来，去拜访屋主。所以他就走近那间房子，按了门铃。那个房子离他的教会不远，所以他决定要邀请屋主到教会。来开门的是一个行动不便的男士，他有着孤单、满怀苦毒的生命故事。对这名基督徒的爱心造访，他非常感激，也表示他早就注意到离家不远的那间教会，正在猜想那个教会的人是否友善。现在他知道了。

也有一些基督徒发现，神让他们在工作上有非凡的成就，因此他们可以将财富投资在神的国度中。突然之间，他们不再将全部心力投注在工作上，因为他们发现一个新的世界已经在他们眼前开启，就是神在国度中的作为。有些人开始使用他们的资源在世界各处兴建神的教会，也有人把金钱奉献给装备信徒的《圣经》学校及神学院，有人则支持孤儿院及那些帮助饥饿、患病者的事工。耶稣命令他的跟随者要"先求他的国和他的义，这些东西都要加给你们了"（太6:33）。这个命令不是只给全时间服侍的基督徒，耶稣希望每一个信徒都能够把建立神的国度当作第一优先的事，并且能够因此真实经历到神如何供应他们其他的需要。

④ **祷告求神打开你的眼睛，也感动你的心灵，让你明白如何在工作场所为他作见证，或如何使用这个工作平台和资源来传扬福音。你可以考虑以下几种方式（但也不限于此）：**

☐ 奉主的名服侍贫穷的人。

☐ 寻求公义来减轻人类的痛苦。

☐ 与同事、厂商、顾客分享基督耶稣的福音。

☐ 公开见证基督和他的美善。

☐ 将财务资源投注在神国度的事工上，与需要的人一起分享。

☐ 向那些需要基督榜样的人彰显圣洁与爱。

☐ 为神在人生命中的作为祷告。

☐ 提供那些面对困境的人倾听的耳和智慧的辅导。

☐为神的国度影响领袖和政府官员。

☐为真理、公正、公义、诚实和清洁表明立场。

☐使用你的专业技能来服务教会、牧职人员或宣教机构。

☐利用午休或上班前后，带领一个查经班或门徒训练课程。

☐其他：

本课摘要

据我所见，神现今最大的作为就是他在职场中的作为。

我认为，教会应该为那些每周一早上都要进入职场的基督徒举行差传仪式，就像我们为那些到别的国家传福音的宣教士作差传祷告一般。

要先求他的国和他的义。

重温今天的功课。祷告求神帮你找出一两句他期望你明白、学习或付诸实践的课文内容或经文，并回答以下问题：

在今天研读的课文中，哪些字句或经文对你最有意义？	将这些字句或经文改写为你回应神的祈祷。	神期望你做什么来回应今天所学习的？
_____	_____	_____
_____	_____	_____
_____	_____	_____
_____	_____	_____
_____	_____	_____
_____	_____	_____

不断经历神

这个课程应该只是"每日跟随基督"这全新探险旅程的开端。

有两个人一起走在往以马忤斯的路上，那是一个离耶路撒冷大约七英里远的城镇（参路24:13-35）。他们原本选择跟随耶稣，长久以来也一直对耶稣的作为和教导感动不已。没想到，耶稣却遭到残酷的十架刑罚，离开了他们。如今，他们陷在茫然困惑中，不知道接下来该怎么办。这时，他们身边突然出现一名陌生人，询问他们正在谈论什么事。他们就一五一十地把所发生的事都告诉了那个人，又说他们再也不能按着原先的计划跟随耶稣了。接下来的行程中，那个陌生人向他们说明一切，说耶稣的死并不是一个结束，而是另一个美好机会的开始，因为他们从此可以每天与神的儿子同行。耶稣并没有被带离他们，而是与他们更加亲近，这是他们以前不可能想象得到的。

有许多研读《不再一样》课程的人，在完成最后单元时都感到有些消沉，因为不能再定期参与课程和见到小组的人了。许多人告诉我们，他们最不喜欢上最后一堂课，他们担心自己的属灵生命在课程结束后会回归原点。请容我说句鼓励的话：情况不见得会如此。你透过这个课程与神相遇的生命经历，不是一个结束，而是一个开始。我求神，借着这个课程，让你学会每天与神建立真实、不一样的爱的关系。我相信，你也已经立下心志，要留心神的作为，并且参与其中。我希望你也按着神的要求调整你的生活，凡事都顺服他的话而行。就算你做到这一切，也只是一个起点！神希望你能更多认识他，经历他。他希望你能更多了解那能使你"得以自由"的真理（参约8:32），不论是神的本质、神的计划或他的道路，他都有更多要向你显明的。这个课程应该只是"每日跟随基督"这全新探险旅程的开端，当你预备好要踏入与神同行的下一阶段，或者你可以考虑采取一些步骤，帮助你与你的主有更深入的关系。

1. 继续专注在神的话语上。你要记住神给约书亚的指示："这律法书不可离开你的口，总要昼夜思想，好使你谨守遵行这书上所写的一切话。如此，你的道路就可以亨通，凡事顺利。"（书1:8）要养成每天读经的习惯，你若愿意给神机会，神必定会把更多的真理向你启示。

① 用一段时间温习所有背诵过的金句。对你而言，哪一段金句最有意义？为什么？

_____

_____

2. 继续积极参与一个能够爱你、培育你的教会大家庭。《希伯来书》的作者提醒我们："不可停止聚会，好像那些停止惯了的人，倒要彼此劝勉，既知道那日子临近，就更当如此。"（来10:25）神造我们是要互相依赖的，一旦离开教会的肢体，你就不可能经历到神所为你预备的一切。

2 你觉得你接下来应该做什么，好让自己可以继续与教会肢体连结？你可以参考下列的选项，或写下你自己的计划。

□a.为其他人成立一个新的小组，一起研读《不再一样》的课程。

□b.参与另一个小组，研读门徒训练的课程：

□c.参与一个宣教团队：

□d.接受一项服侍

□e.其他

3. **恒切祷告。**《圣经》说但以理每天三次祷告神（参但6:10），结果，他建立起一个强而有力的祷告生活，让神可以在他一开始祷告的时候就对他说话，并回应他的祷告（参但9:23）。避免让你的心渐趋冷淡的方法之一就是恒切向神祷告。当你与神亲密交谈，你就能专注于神，也有机会接受神的提醒，每日跟随他。

3 现在就停下来祷告，求神帮助你能与他建立一种深入、始终如一的相交关系。

4. **竭尽所能地持守你对神的誓言。**《传道书》警告我们："你向神许愿，偿还不可迟延，因他不喜悦愚昧人，所以你许的愿应当偿还。你许愿不还，不如不许。"（传5:4-5）透过这整个课程，神已经对你说话，你可能也在回应中许下很多誓言，所以务必要持守。

4 复习你的灵修日记簿，或书中的复习课程。把你对神的每一项承诺都抄写在另一张纸上，然后把这张纸条夹在《圣经》中，让你可以常常拿出来复习。

务必要记得，神非常看重我们对他的承诺。神是轻慢不得的！因此，你答应神的事情一定要竭力去行。不要忘了，好的意向跟顺服是不一样的。顺服绝对没有其他的替代品！

但以理知道这禁令盖了玉玺，就到自己家里（他楼上的窗户开向耶路撒冷），一日三次，双膝跪在他神面前，祷告感谢，与素常一样。

（但6:10）

你初恳求的时候，就发出命令，我来告诉你，因你大蒙眷爱，所以你要思想明白这以下的事和异象。

（但9:23）

顺服绝对没有其他的替代品！

做自我的属灵总结算

几个月前我们一起行走这段旅程。我曾祷告，求神让你经历到他在你生命中动工，借此使你更深认识他。今天，我希望你重温一下过去十二单元的功课，并回顾神在你身上做过些什么。然后，我希望你也花一些时间，与神一起数算你现今的属灵财产。假如神真的透过这课程在你身上动工，那么他其实是在装备你，使你与他有更亲密的相交，并使你准备迎接天国的任务。我盼望此刻你能感到神的临在以及他在你生命中的行动。神在你身上开始了这工作，他也必会亲自使这工作圆满地完成（腓1:6）！

神既在你身上开始了这工作，他也必会亲自使这工作圆满地完成。

> 我深信那在你们心里动了善工的，必成全这工，直到耶稣基督的日子。
> ——腓立比书1:6

回顾

A. 请你根据以下提示，用自己的说话，将六项经历神的实况写下来。

1. 神的工作_____

2. 爱的关系_____

3. 神的邀请_____

4. 神说话_____

5. 信心危机_____

6. 重大调整_____

7. 服从他_____

B. 哪一项实况对你最有意思？为什么？

_____
_____

C. 重温过去十二段的背诵金句，哪一段金句对你最有意义？为什么？

_____
_____

D. 简要地重温每日课文最后部分的回应。有哪一段字句或经文，是神用来深深地触动你的生命的？

_____

E. 神怎样将这字句或经文使用在你的生命中？

_____
_____

F. 试述你在研习《不再一样》课程中一次最深刻的经历神的体验。

_____

_____

G. 神的哪一个名字对你成为最有意义？为什么？

_____

_____

灵性检讨

祷告求圣灵引导你的思想，帮你回答以下问题。

H. 对于你与神之间那挚爱的关系，以下哪一项最能表达你的感受？
（可选多项）

- ☐ 1. 日见甜蜜
- ☐ 2. 起伏不定
- ☐ 3. 欢欣沸腾
- ☐ 4. 不冷不热
- ☐ 5. 有如栽在溪水旁的树
- ☐ 6. 需要调整一下
- ☐ 7. 冷冰冰
- ☐ 8. 磐石一般的坚固
- ☐ 9. 深广无边

其他：

I. 对于你和教会（基督的身体）之间的关系，以下哪一项最能表达你的感受？（可选多项）

- ☐ 1. 改善的路途非常漫长
- ☐ 2. 正在操练
- ☐ 3. 溃不成形
- ☐ 4. 正在休养生息
- ☐ 5. 正受考验
- ☐ 6. 逐步改善
- ☐ 7. 情况良好
- ☐ 8. 情况恶劣
- ☐ 9. 正接受深切治疗

其他：

从今以后

J. 你最大的属灵挑战是什么？

_____

_____

K. 试述一样最有意义的代祷事项，让你的小组为你祷告，好叫你在灵里有长进，并与神同行。

_____

_____

L. 你感到神要你下一步做些什么，继续受训或成为耶稣基督的门徒？

_____

_____

M. 你感到神呼召你与他一同承担什么特殊的任务吗？

_____

_____

其他

N. 你怎样为你的教会、以及教会与基督的关系祷告？

_____

_____

O. 神希望你怎样帮助其他人与他同行？试选出神指引你的答案。

☐1. 见证神在我身上已经做过的和正做的工作。

☐2. 帮助我正服侍的一群人去认识神和经历神。

☐3. 带领小组研习《不再一样》课程。

☐4. 鼓励其他人参加《不再一样》课程。

☐5. 带领小组研习《塑造主生命门徒训练》。

☐6. 带领小组研习其他的基督徒门训课程。

其他：

用一些时间祷告，感谢神在以下情况中所做的工作：

- 在你生命中   · 在你的教会中

- 在你的家庭中   · 在你所属的宗派中

- 在你的小组中   · 在这世界中

神满有恩典，让我与他同工，正如他在你身上所做的工作一样。为了他在我们身上所做的许多奇妙事情，我感谢他，赞美他。现在……

　　求他按着他丰盛的荣耀，藉着他的灵，叫你们心里的力量刚强起来。使基督因你们的信，住在你们心里，叫你们的爱心，有根有基，能以和众圣徒一同明白基督的爱，是何等长阔高深，并知道这爱是过于人所能测度的，便叫神一切所充满的，充满了你们。神能照着运行在我们心里的大力，充充足足地成就一切，超过我们所求所想的。但愿他在教会中，并在基督耶稣里，得着荣耀，直到世世代代，永永远远。阿们！

——《以弗所书》3:16-21

我很高兴你愿意研读这个课程并且坚持到最后。我相信，神会报偿你的忠心，当你继续经历神，与神同行，你必定能够经验到与神之间逐日进深的关系。

小 组 立 约 书

本人＿＿＿＿现与《不再一样》小组各学员签订契约，承诺遵行以下守则：

1. 每周出席《不再一样》小组学习之前，完成该星期之课文研习。

2. 恒切为小组内各学员祷告。

3. 除非由于控制范围以外的紧急事故，以致我无法出席小组学习，否则我必定参与所有小组学习。倘无法出席，我将尽快与小组组长或指定之学员安排补课。

4. 以坦诚开放的态度参与小组学习。

5. 对小组内各人分享的私隐不予外泄。

6. 用耐心对待主内的弟兄姊妹和教会。正如神对待我们一样，直至我们成为他期望的样式。我相信神会令其他人接受他的旨意，我不会尝试操纵他人，或强迫他人接纳我认为最好的想法。我会单单见证神可能对我们所说的话，并安心观察圣灵怎样使用这些见证。

7. 每周最少为我的牧者和教会祷告一次。

其他：＿＿＿＿＿＿＿＿＿＿＿＿＿＿＿＿＿＿＿＿＿＿＿＿＿＿＿

＿＿＿＿＿＿＿＿＿＿＿＿＿＿＿＿＿＿＿＿＿＿＿＿＿＿＿＿＿＿＿

＿＿＿＿＿＿＿＿＿＿＿＿＿＿＿＿＿＿＿＿＿＿＿＿＿＿＿＿＿＿＿

＿＿＿＿＿＿＿＿＿＿＿＿＿＿＿＿＿＿＿＿＿＿＿＿＿＿＿＿＿＿＿

＿＿＿＿＿＿＿＿＿＿＿＿＿＿＿＿＿＿＿＿＿＿＿＿＿＿＿＿＿＿＿

签署：＿＿＿＿＿＿＿＿＿　　　　　日期：＿＿＿＿＿＿＿＿

《不再一样》小组学员：

＿＿＿＿＿＿＿＿＿＿＿　　　　＿＿＿＿＿＿＿＿＿＿＿

＿＿＿＿＿＿＿＿＿＿＿　　　　＿＿＿＿＿＿＿＿＿＿＿

＿＿＿＿＿＿＿＿＿＿＿　　　　＿＿＿＿＿＿＿＿＿＿＿

＿＿＿＿＿＿＿＿＿＿＿　　　　＿＿＿＿＿＿＿＿＿＿＿

附 录

经历神的七项实况

下面的示意图列出了经历神的七项实况，使你知道如何响应神在你生命中的作为。

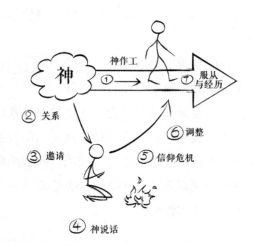

1. 神常常在你身处的环境中做工。

2. 神追求与你建立一份持续的、个人的和真实的爱的关系。

3. 神邀请你加入与他同工的行列。

4. 神借着圣灵，透过圣经、祷告、境遇和教会启示他自己，他的计划和他做事的方式。

5. 神邀请你与他同工的时候，往往会使你面临信仰的危机，要求你以信心和行动去响应。

6. 你必须在自己生命中做出重大的调整，才能加入与神同工的行列。

7. 当你顺服神、又让他透过你做成他的工作时，你自会借着经历，认识神自己。